세상의 미래

인류가 겪을 변화를 통찰하는 미래학의 향연

세상의 미래

이광형 지음

Futures of the World

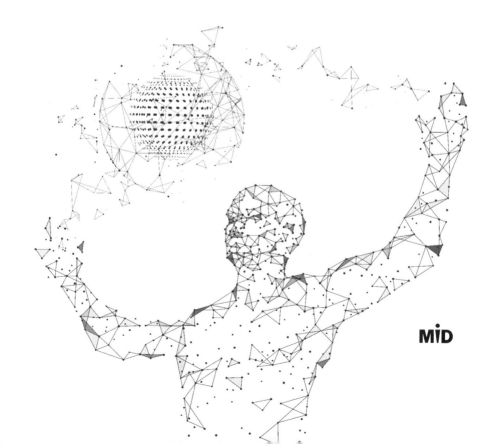

MID

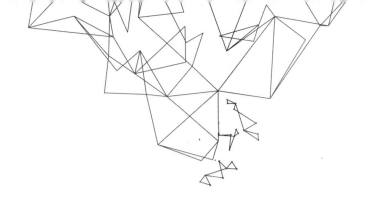

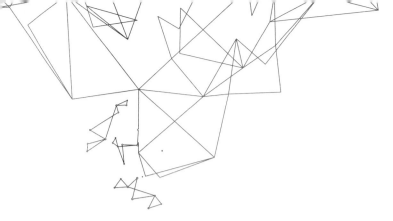

미래는
어떻게 만들어지는가?

미래를 알고자 하는 욕망은 인류의 역사와 함께 해왔다. 역사적으로 과거와 미래를 내다보는 일을 주관했던 신관이 국가에서 중요한 역할로 인정 받았다는 점과, 동서양을 막론하고 지금까지 주역, 점성술, 점과 같은 문화가 전해져 내려오고 있는 것이 그 증거다.

인간이 개인의 미래에서부터 시작해 국가, 나아가 인류 전체의 미래를 궁금해 하는 이유는 다름 아닌 미래의 불확실성에서 비롯되는 불안감 때문이다. 당장 내일 발생할 일도 알 수 없는 인간은 운명적으로 미래에 대한 기대와 불안을 함께 안고 살아갈 수밖에 없다. 알 수 없으므로 알고 싶은 것, 그것이 미래에 대한 인간의 불변하는 본성이자 욕망이다.

미래에 대한 불안감은 현대사회에서 더욱 커져가고 있다. 과학기술의 발달로 전 세계가 연결되고 연동되어 하나의 유기체처럼 움직이게 된 이래로 인간은 과거 그 어느 때보다 커진 불확실성 속에서 살아가고 있기 때문이다.

미래학은 점점 복잡해지고 빠르게 변하는 현대사회의 불확실성 속에서 발전하였다. 새로운 기술과 범람하는 정보 속에서 미래에 대한 불안감이 가중되자 미래를 과학적인 방법론으로 예측하고자 하는 욕망과 필요성도 커진 것이다.

어떤 사람들은 미래학을 특정한 미래를 알아맞히는 것으로 생각하기도 한다. 그러나 그것은 사실상 불가능하다. 미래는 많은 관련 요소들이 시간의 흐름에 따라 상호작용하여 형성되기에 정해진 것이 없기 때문이다. 그래서 미래학은 세상을 변화시킬 핵심동인을 찾는다. 핵심동인들의 상호작용과 그로 인한 큰 변화의 흐름을 파악해 발생 가능한 미래의 모습을 그린다.

미래학이 예측하는 미래의 모습은 하나가 아니다. 발생 가능한 여러 개의 모습이 존재한다. 이 복수의 미래 속에서 희망하는 모습을 찾고, 원하는 모습으로 만들기 위하여 노력하는 것이 미래학을 공부하는 목적이다. 즉, 노력으로 희망하는 미래를 만들 수 있다는 가정에서 출발하는 희망의 학문이 바로 미래학이다.

예측된 미래 중에서 부정적인 미래에 더욱 관심을 가지는 것도 희망을 이야기하기 위해서다. 긍정적인 미래는 굳이 간섭할 필요 없이 그냥 두어도 잘 되어 간다. 그러나 부정적인 미래는 희망하는 모습으로 바꾸기 위해 각별한 노력을 기울여야 한다.

다행인 것은 미래는 아직 오지 않았으며, 어느 방향으로든 바꿔나갈 수 있는 가능성 또한 열려있다는 것이다. 우리가 부정적인 미래의 그림을 지워나가는 올바른 선택과 노력을 꾸준히 한다면 미래는 얼마든지 좋은 방향으로 진행될 수 있다.

미래를 만들어 가는 여러 요소 중에서 가장 중요한 요소는 "기술"과 "인간"이다. 기술의 미래에 대한 영향력은 새삼스럽게 강조할 필요가 없다. 현대사회에서 기술을 모르면 미래를 이야기할 수 없다. 그러면서 동시에 인간이 중요하다. 인간이 모든 일을 느끼고 결정하고 실행하기 때문이다. 그래서 미래학에서는 인간을 이해하는 것이 무엇보다 중요하다. 최종 의사결정자인 인간이 어떤 것을 원하고, 어떠한 의사결정 구조를 가지고 있는가에 대해 알아야 한다. 그래야 인간이 결정하는 미래를 내다볼 수 있다.

간략하게 말해, 인간의 사고작용과 행동은 유전자와 뇌세포가 결정한다. 건물을 생각해보자. 건물을 처음 건축할 때는 설계도에 따라서 짓는다. 그러나 일단 건물이 완공되면 관리사무소가 이를 운영한다. 설계도가 아무리 비슷해도 운영 주체에 따라 전혀 다른 결과가 나올 수 있다. 유전자는 인체의 설계도에 해당한다. 뇌세포는 그 설계도에 따라서 몸을 운영하는 주체라 할 수 있다.

미래학은 역사 등의 인문학 역시 중요하게 여긴다. 인문학은 인간이 이루는 집단을 이해하는 데 도움을 준다. 국가나 민족 등 집단의 특성이 역사에 투영되어 있기에, 역사는 집단의 유전자와 뇌세포가 투영된 모습이라고도 할 수 있다. 따라서 역사학은 미래학과도 같다.

또한 미래학은 미래지향을 추구한다. 어떤 일이든지 현재의 시점에서 보는 모습과 미래의 시점으로 이동하여 보는 모습은 다르다. 현재의 관점에서 결정하는 것과 미래의 관점에서 결정하는 것에는 차이가 있을 수 있다. 사물을 미래의 관점에서 보는 습관을 가진 사람을 미래지향적인 사람이라 부른다. 미래지향적인 국민이 사는 나라는 미래지향적인 국가가 될 것이다.

세상을 바꾸는 것은 결국 인간의 욕구다. 이 책을 읽으며 독자들이 조금이라도 미래지향적인 사람으로 변하기를 원했으면 한다. 이러한 신념을 가지고 이 책을 만들었다. 이 책의 원고는 세계일보와 중앙일보에 연재하였던 미래학 관련 칼럼 내용을 바탕으로 보완한 것이다. 미래학에서 출발하여 인간의 본능, 뇌과학, 인공지능, 바이오혁명 등을 통하여 인간의 미래에 대해 언급하였다. 이러한 글을 쓸 수 있는 기회를 주신 신문사에 감사의 마음을 표한다. 그리고 원고의 재작성 과정을 도와주신 출판사 관계자 여러분들께 머리 숙여 감사드린다.

이광형

제1장

왜
미래학인가?

FUTUROLOGY

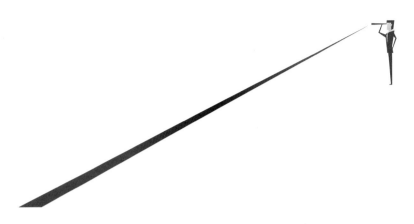

미래는
무방비를 습격한다

미국에서 자주 발생하는 토네이도에 대해 생각해
보자. 매년 막대한 인명과 재산에 피해를 주는 토네이도는 주로 미국
의 평원 지역에서 발생한다. 최고의 과학기술을 지닌 미국이지만 토
네이도에는 속수무책으로 당하고 있다. 토네이도의 진로를 사전에 예
측하지 못하기 때문이다.

왜 이런 일이 생기는 것일까? 토네이도의 생성 원리와 진행 원리는
알려져 있으나, 진로를 결정해주는 주변 환경 데이터가 충분하지 않
기 때문이다. 토네이도는 주변의 지형과 공기압에 의해 영향을 받는
데, 그 진로 주변의 공기압을 충분히 미리 알아내기가 어렵다. 그래서
정확한 진로 예측은 대체로 몇 시간 전에나 나올 수 있다.

몇 시간 전의 예측이란 인명이나 재산을 구하기에 너무 늦은 것일 지도 모른다. 그렇다고 토네이도의 진로 예측을 포기할 수는 없다. 진로 예측을 포기하는 순간 더 큰 인명 피해를 불러일으키기 때문이다. 그나마 몇 시간 전에라도 예측할 수 있는 것은 그동안 축적해 온 데이터 덕분이다. 이 데이터가 인명 피해를 줄여주고 있다.

미래학도 토네이도 예측과 비슷한 측면이 있다. 정확한 예측은 불가능하지만 지속적인 데이터를 오랫동안 축적함으로써 다가올 미래의 위험을 최대한 줄이고, 보다 희망적인 미래를 구축할 수 있도록 노력하는 것이다.

만약 미래를 정확하게 예측할 수 없다고 포기한다면, 우리는 미래를 무방비한 상태로 맞이하게 된다. 그리고 불확실성의 미래는 무방비를 습격한다. 준비되지 않은 사람에게는 미래가 갑자기 공격적으로 나타나는 것이다. 반면 미리 준비하고 대비책을 마련한 사람에게 미래는 전혀 놀라운 일이 아니다.

이러한 전제하에 미래학은 발생 가능한 복수의 미래를 탐색하고 연구하여, 우리가 원하는 모습으로 만들어 가는 것을 목표로 한다. 그래서 미래학은 우리의 노력에 의하여 미래를 변화시킬 수 있다는 긍정적인 전제를 깔고 있다. 미국의 컴퓨터학자인 앨런 케이Alan Kay는 "미래를 정확하게 예측하는 방법은 미래를 창조하는 것이다"라는 말을 했다. 희망하는 미래를 정하고, 그것을 만들어 간다면, 훗날 우리는 미래를 정확하게 예측했다는 말을 들을 수 있을 것이다.

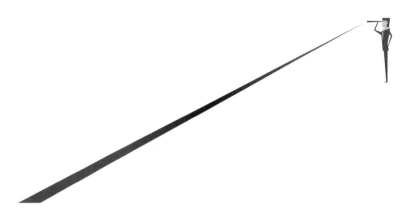

미래변화 7대 요소
STEPPER

　　어떤 사람들은 미래학을 특정한 미래를 알아맞히는 학문으로 이해하고 있다. 그러나 미래학은 특정한 미래를 예측하는 것을 목표로 하지 않는다. 좀 더 솔직히 말하면 정확하게 특정 미래를 예측한다는 것은 사실상 불가능하다. 미래는 수십, 수백 개의 수많은 관련 요소들이 시간 변화에 따라 상호작용하며 만들어지는데, 그 많은 관련 요소들을 다 파악하기란 현실적으로 불가능하기 때문이다. 특히 현대사회는 거의 모든 것이 연동되어 작동하기에, 상호작용의 범위가 점점 더 커지고 있으므로 더욱 그렇다.

　　따라서 미래예측에서 중요한 것은 변화를 일으키는 모든 요소를 파악하는 것이 아니라, 수없이 많은 관련 요소 중에서 특히 중요한 요소를 뽑아서, 이것들만 고려하는 것이다. 즉, 변화를 일으키는 핵심동인 Driving Force을 찾아내는 것이다.

만약에 사회의 변화를 일으키는 공통적인 요소가 존재한다면, 일차적으로 그 요소들을 살펴보면서 미래를 예측할 수 있을 것이다. 따라서 미래학은 보편적인 공통 요소를 찾으려는 노력을 지속해왔다. 그 노력의 결과로 탄생한 것이 미래 변화 7대 요소 'STEPPER'라고 할 수 있다. 각 요소의 영문명 머리글자를 따서 만든 STEPPER는 세상을 체계적으로 내다볼 수 있게 도와주는 방법론이라고 할 수 있다. 그 방법론을 좀 더 자세히 살펴보면 다음과 같다.

- S는 'Society'의 머리글자로 사회적 요소, 사회의 문화와 역사, 그리고 인프라를 말한다. 방송·신문 등의 미디어, 소셜네트워크서비스SNS, 교육, 건강관리, 사회안전망, 여가, 관광, 삶의 스타일, 개개인의 정직성 같은 것들이 여기에 해당된다. 예를 들어 똑같은 스마트폰 기술이 있다고 가정해 보자. '빨리빨리' 문화가 형성된 우리나라에서는 그 기술이 사회적 요소와 잘 맞아떨어져 앞서가는 정보화 사회를 이룰 수 있었다. 하지만 느긋하고 느린 문화적 관습을 가진 나라에서는 정보화 사회로의 진입이 쉽지 않았을 것이다. 이처럼 사회 요소인 문화적인 차이에 따라 미래의 결과가 달라진다고 볼 수 있다.
- T는 기술을 뜻하는 'Technology'의 머리글자다. 기술 요소는 두

말할 것 없이 사회를 변화시키는 중요한 요소이다. 공학, 연구개발, 혁신, 지식재산, 벤처기업, 자동차·도로·철도·항공·배 등 운송 시스템에 관한 기술, 통신시스템 등이 이에 속한다. 최근 20년 동안 우리 사회를 바꿔놓은 가장 중요한 요소를 꼽으라면, 당연히 인터넷과 무선통신, 의료기술 등일 것이다.

- E는 'Environment'로 환경, 생태 등의 의미를 담고 있다. 환경 요소는 기후·기상 등의 변화, 공기·물·토양 등의 오염, 토지의 이용, 해양에 건설하는 공장 등을 포함한다. 우리 인간이 살고 있는 지구의 환경은 끊임없이 변하고 있다. 지구에 속한 인간은 이러한 환경 변화에 영향을 주고받으며 살아간다.

- P는 인구를 뜻하는 'Population'의 약자다. 인구는 인구분포, 노동력, 고용, 출생률, 노령화, 소비자, 의식주 문제, 세대 갈등 등을 포함한다. 이러한 인구 요소는 우리 세계에 가장 근원적인 변화를 일으키는 중요한 요소이다. 모든 일은 사람에 의해 일어난다. 따라서 인간의 행동은 미래를 바꾸는 매우 중요한 요소가 된다.

- 두 번째 P는 'Politics'로, 정치를 의미한다. 정치는 리더십, 정치 구조, 법률, 행정, 시민의식, 정책, 사회통합, 외교 등을 말한다. 비단 국내 정치만을 말하는 것이 아니다. 외국과의 외교 문제 등 국제 관계에서도 정치는 중요한 요소이다. 특히 우리나라는 세계 유일한 분단국가라는 현실과 북한 핵문제 등으로 인해 중국·미국·일본 등 여러 국가들과의 안보 협력 관계가 미래에 중요한 영

향을 끼치고 있다. 수출 위주의 산업구조 역시 외교력의 중요성을 상승시킨다.

- E는 'Economy', 즉 경제를 의미한다. 경제는 산업, 농업, 서비스, 유통, 무역, 기업, 경영, 금융, 세금, 채권, 화폐, 통장, 생활수준, 부의 불평등 등을 모두 포함한다. 이러한 경제는 정치와 기술 개발에 영향을 주고, 다시 정치와 기술 개발은 경제에 영향을 주는 상호 관계 속에 있다.

- R, 'Resource'는 자원을 말한다. 자원에는 광물·석유·가스·석탄 등의 천연자원, 물·흙·공기 등의 자연자원, 에너지 문제, 화석 연료, 전기에너지 등이 포함된다. 그리고 이러한 자원을 잘 활용할 수 있는 사회 환경이나 에너지 효율을 높이는 시설 등도 자원 문제에 해당한다. 현대와 같이 에너지 소비량이 많아 에너지 부족이 심화되고 있는 상황에서 자원 문제는 정치·경제·기술 등 모든 문제에 영향을 준다.

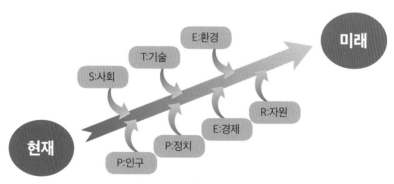

〈그림 1〉 미래변화 7대 요소 STEPPER

세상의 미래

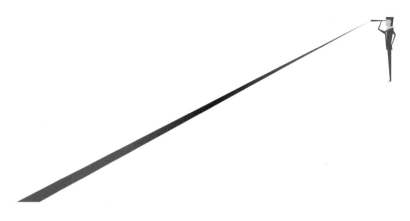

미래를 바꾸는
속도의 차이

미래학에서 미래를 예측하기 위해 사용하는 방법론인 미래 변화의 7대 요소 STEPPER만으로 미래를 예측하는 것은 아니다. 미래예측을 위해서는 이 외에도 많은 고려 사항이 동반되어야 한다. 그 중 하나가 시간이다. 미래예측을 하기 위해서는 예측하고자 하는 대상 시간을 설정할 필요가 있다. 예를 들어 10년 후를 예측하겠다든지, 20년, 30년 후를 보겠다든지 하는 목표 시계time horizon를 정해야 한다. 동일한 사물을 예측하고자 하더라도, 시계에 따라 예측하는 방법이나 결과가 사뭇 달라진다. 시계는 통상적으로 다음과 같이 구분할 수 있다.

- 단기short-term 예측: 1~5년 후
- 중기mid-term 예측: 5~20년 후
- 장기long-term 예측: 20년 이후

또한, 미래를 내다볼 때 가깝게 보이는 미래horizon 1, 중간 미래horizon 2 와 멀리 보이는 미래horizon 3가 있을 수 있다. 예를 들어서 30년 후의 미래를 연구한다 할 때, 그 거리를 다음과 같이 표현할 수 있다.

- 호라이즌 1: 1~10년의 미래
- 호라이즌 2: 11~20년의 미래
- 호라이즌 3: 21~30년의 미래

이러한 전제하에 미래를 바꾸는 속도의 차이를 고려해 보자. 예측하는 시계에 따라 중시해야 할 것이 각기 다르다. 단기 예측에서는 단기적으로 변화를 가져오는 요소에, 장기 예측에서는 장기 변화 요소에 주목해야 한다. STEPPER의 각 요소가 세상을 바꾸는 속도는 어떠할지, 순서대로 하나씩 따져보도록 하자.

내다보고자 하는 미래 시계

사회Society는 그다지 빨리 변하지 않는다. 사회의 중요한 요소인 교육이나 문화를 보면 10년 전이나 20년 전이나 차이가 거의 없다. 국가가 사회를 바꾸려고 한다 해도 그 변화 속도는 매우 느리다.

기술Technology은 가장 빨리 변하는 요소다. 지금 우리가 목도하고 있는 세상의 변화도 사실은 거의 대부분 기술이 만들어낸 변화다. 그리고 기술은 노력에 의하여 변화시킬 수 있다.

환경Environment은 국토의 위치에 따라 자동적으로 정해진 것이다. 환경은 인간의 노력으로 변화시키기 어려운 요소다. 현재 진행 중인 기후 온난화도 매우 서서히 진행 중이다.

인구Population는 출산율에 의하여 정해진다. 그러나 출산율은 인위적으로 높이려 노력해도 실제로 변화가 일어나는 경우가 드물다. 따라서 인구 역시 장기간에 걸쳐 변화하는 요소로 볼 수 있겠다.

정치Politics의 경우를 살펴보면, 정치는 매우 동적이고 자주 변화하는 것처럼 보이지만, 긴 시간을 통해 보면 실제로는 별로 변하지 않는다. 헌법이 한번 정해지면, 정치는 그 틀 속에서 움직이기 때문에 거의 비슷한 행태를 보인다.

이에 반해 경제Economy는 비교적 빨리 변한다고 할 수 있다. 세계적인 추세와 국내 상황이 어떻게 수시로 변하는가와, 정부와 기업이 이에 어떻게 대처하느냐에 따라 결과가 달라진다.

가장 변화가 없는 것은 자원Resource이다. 자원은 국토가 정해지면 거의 변하지 않는다. 가끔 새로운 지하자원이 개발되는 경우도 있지만 최근에는 그런 일도 매우 더디게 일어나고 있다.

기술, 정치, 경제가 빨리 변화

그러면 국가의 미래를 바꾸기 위해서는 무엇을 변화시켜야 효과적일까. 미래 변화 7대 요소 중 사회, 환경, 인구, 자원의 4개 요소는 변화 속도가 매우 느려서 거의 변화를 느끼지 못한다. 이에 반해 나머지 요소인 기술, 정치, 경제 3개 요소는 가변적이라 할 수 있다. 이 세 가지 중에서 정치가 많은 것을 변화시킬 수 있는 요소임에는 틀림없다. 그러나 현실적으로 정치가 큰 변화를 가져오지는 못하고 있다. 헌법과 관습의 틀 속에서 쳇바퀴만 도는 경향이 많기 때문이다. 특히, 한국의 5년 단임제 정치구조는 국가 운영을 5년 단위의 단기 과제로 만들고 있다. 정권 초기에는 매우 바쁘게 열심히 일하는 것 같지만, 지나고 보면 5년 주기로 반복하고 있는 것이 많다. 정치는 인간이 만드는 것이다. 인간의 유전자는 변하지 않기 때문에, 100년 전 행동이나, 1,000년 전 행동이나 거의 비슷하다. 인간 행동은 반복되기 때문에, 미래학에서도 역사를 보는 것이 중요하다. 그러나 경제와 기술은 노력에 의해 변화시킬 수 있는 요소다. 결국 국가를 앞으로 나아가게 만들 수 있는 것은 기술과 경제라 할 수 있다.

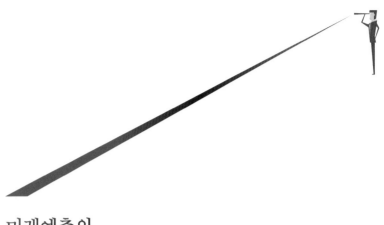

미래예측의
5단계

테니스 레슨을 받은 적이 있는 사람은 알 것이다. 처음 테니스 레슨을 받으러 가면 코치가 공을 치는 스윙 동작을 3단계로 나눠 연습하게 한다. 몇 주 동안 매일매일 하나, 둘, 셋, 소리를 내며 스윙 연습만 하게 만든다. 3단계 스윙 연습은 지루하기 짝이 없다. 그러나 이 단계를 거치지 않으면 다음 단계로 나아갈 수가 없다.

테니스 코치의 경기를 보면 그가 스윙을 3단계로 나눠 치지는 않는 것 같지만, 그는 이미 단계를 차근차근 밟아나간 사람이기에 굳이 동작을 나눠서 치지 않아도 공을 잘 맞힌다. 초보자가 그걸 보고 3단계를 무시하고 치면 공은 절대 맞지 않는다. 초보자는 단계별로 구분해 스윙해야 실수하지 않고, 공을 맞힐 수 있는 것이다.

초보자가 나중에 고수가 되어보면 알 수 있다. 고수의 경우 초보자처럼 3단계 스윙을 하지 않는다고 해도, 스윙의 핵심 요소를 지키기 때문에 공을 잘 맞히는 것이다. 이처럼 어떤 일을 하거나 행동을 할 때 단계를 차근차근 밟아나가고, 체계적인 방법론을 가지고 있는 것은 매우 중요하다.

미래를 예측하는 작업 역시 마찬가지다. 불확실한 미래를 대상으로 하는 작업이기에 더욱더 체계적인 방법론이 필요하다. 앞서 말한 STEPPER가 미래예측을 위한 방법론의 실행을 위한 데이터라면 그 데이터를 가지고 실질적으로 예측을 해나가는 시행과정은 5단계로 구분해볼 수 있다. 좀 더 쉬운 설명을 위해 '일자리의 미래'를 예측한다고 가정하고 이야기를 풀어나가도록 하겠다.

미래예측 1단계: 문제 정의

문제를 정확하게 정의하는 일은 매우 중요하다. 이는 모든 프로젝트에서 마찬가지이다. 많은 사람이 이 단계를 가볍게 생각하고 다음 단계로 진행하다가 어려움을 만나곤 한다. 처음에 문제를 정확히 정의하면 다음 단계에서 할 일이 명확해지고 일의 진행도 빨라진다.

문제 정의는 주로 프로젝트를 발주하는 사람들과의 협의를 통해 이뤄진다. '일자리의 미래'를 예측한다고 할 때, 왜 이 일을 하는지 목적을 정확히 해야 한다. 먼저 일자리의 예측 결과를 이용할 사람이 정책

결정자인지 노동조합장인지, 결과를 어느 목적에 이용할 것인지를 정의하고, 프로젝트를 진행하는 데 주어진 기간과 예산을 알아본다. 그리고 10년 후의 미래를 예측할 것인지, 20년 후의 미래를 예측할 것인지 그 대상 시간 프레임을 정한다.

아울러 프로젝트 참여자와 이해관계자를 확인할 필요가 있다. 팀이 어떻게 구성되고, 외부 전문가들은 얼마나 활용할 수 있는지 등을 알아본다. 또 프로젝트의 결과가 나왔을 때 이를 활용하는 사람, 프로젝트에 자금을 제공하는 사람, 프로젝트에 관심을 가지고 영향력을 행사하는 전문가 등 다양한 이해관계자를 확인해야 한다.

프로젝트를 진행하기 위한 데이터를 구할 수 있는가를 알아보는 일도 매우 중요하다. 확보할 수 있는 데이터에 따라 시간을 절약하거나 미래예측의 정확도를 높일 수도 있다. 따라서 이 프로젝트와 유사한 프로젝트가 과거에 있었는지, 있다면 그것을 활용할 수 있는지 등을 체크해본다. 어떠한 예측 방법을 적용할지도 결정해야 한다. 그 후 정해진 예측 방법을 어떻게 통합하고 구성할 것인지 정한다. 프로젝트를 투명하게 진행하기 위해서는 이해관계자들이나 결과사용자들과 항상 소통해야 한다. 프로젝트를 시작하면서 이들과 어떻게 소통할 것인가에 대한 고민 또한 필요하다.

마지막으로, 프로젝트의 결과를 어떻게 전달할 것인지 결정한다. 예를 들어, 서면 보고서를 제출할 때에는 몇 부를 인쇄하고 배포는 어디까지 할 것인지를 정한다. 이 과정에서 프로젝트 결과를 어떻게 적용·

실행할 것인지를 고민하고, 피드백에 대해 이야기를 나눈다. 실행 과정에서 데이터와 보고서의 업데이트는 어떻게 할 것인지도 결정한다.

미래예측 2단계: 관련 요소 추출

2단계에서는 예측할 미래 변화와 관련된 요소를 추출한다. 이 단계에서는 관련된 모든 요소를 찾는데, 앞서 설명한 STEPPER를 활용하면 편리하다. 먼저 일자리의 미래가 STEPPER의 어떤 요소와 관련되어 있는지 찾아낸다. $S^{Society}$에서는 양극화, 빈부격차, 소통 부재 등의 문제를 미래 일자리와 관련해 고려할 수 있다. $T^{Technology}$에서는 자동화, 인공지능 로봇 등을 찾을 수 있으며, $E^{Environment}$에서는 온난화를 찾을 수 있다. $P^{Population}$에서는 노령화, 출산율, 세대 차이 등을 찾아낼 수 있다. 이러한 과정을 통해 $P^{Politics}$, $E^{Economy}$, $R^{Resource}$에서도 관련 요소를 찾을 수 있다. STEPPER별로 나눠보면 빠뜨리지 않고 관련 요소를 찾을 수 있으므로, 이 과정에 충실할수록 좋은 결과를 낼 수 있다.

미래예측 3단계: 핵심동인 결정

3단계에서는 추출된 관련 요소 중에서 핵심동인을 결정한다. 관련 요소 사이의 관계를 네트워크 형태의 상호작용 그림으로 표시한다.

그림에서 관련 요소 사이의 인과관계, 종속관계를 찾아서 다른 것에 영향을 많이 주는 독립적인 요소를 찾아낸다. 예를 들어, 요소들 사이의 상호 관계를 +, -로 표시할 수 있다. 영향을 주는 관계를 +로, 영향 받는 관계를 -로 표시한다. 결국 관련 요소 중에서 + 표시를 많이 가지는 요소가 독립적으로 다른 요소에 영향을 준다고 볼 수 있다. 이러한 과정을 통해 일자리의 미래에서는 자동화, 인공지능 로봇, 노령화 등을 핵심동인으로 결정할 수 있다.

미래예측 4단계: 미래예측

4단계에서는 3단계까지 진행된 미래예측 방법을 적용해 실제로 미래를 예측한다. 앞 단계들은 이 4단계의 미래예측을 잘 해내기 위한 준비 단계라 할 수 있다. 이때 3단계에서 결정한 핵심동인은 중요한 역할을 한다. 자동화, 인공지능 로봇, 노령화 등의 핵심동인을 고려해 일자리의 미래를 예측해야 한다.

일반적으로 미래예측은 한 가지 방법만을 이용하지 않고, 여러 가지 방법을 동시에 이용한다. 예를 들어 방법 A의 결과를 방법 B가 이용하는 결합도 가능하고, 방법 A와 B의 결과를 C가 이용하는 조합도 가능하다. 여러 방법의 특성을 활용해 적절히 융합해야 좋은 예측 결과를 얻을 수 있다. 여러 방법의 결과를 각각 독립적인 미래로 받아들이는 경우도 있을 수 있다.

미래예측 5단계: 예측 결과 통합 해석

예측 결과를 통합한다는 것은 여러 개의 방법에서 나온 여러 개의 미래를 비교해 통합 해석하는 것을 말한다. 여기서 강조할 것은 예측되는 미래가 하나가 아닌 여러 개의 미래가 될 수 있다는 점이다. 미래예측은 특정한 미래를 알아맞히는 과정이 아니다. 즉, 예언과는 다르다는 말이다. 발생 가능한 미래를 미리 내다보면서 그에 따른 대응을 탐색하는 과정이다. 따라서 여러 방법을 통해 나온 결과를 굳이 하나의 결과로 통합하려고 노력할 필요가 없다. 통합적인 해석 과정을 통해 실현 가능한 미래가 어떤 것인지 확실히 할 수 있고, 희망하는 미래에 도달하기 위한 전략을 수립할 수 있다. 예를 들어 일자리의 미래에 대한 예측에 있어 '기술발전에 따른 새로운 일자리 증가'와 '인공지능 로봇에 의한 일자리 감소'라는 두 가지 미래가 나왔다고 하자. 이두 가지의 예측된 미래 중 희망하는 미래는 어떤 것인가? 희망하는 미래를 설정하고 미래가 그렇게 변하기 위해 전략을 수립하는 것이 미래학의 필요성이다.

이상에서 미래예측 5단계를 살펴보았다. 미래예측 경험이 많은 고수들은 이 단계들을 일일이 따르지 않고 예측할 수도 있을 것이다. 하지만 사실 알고 보면 그러한 고수들도 테니스 코치처럼 각 단계의 핵심 사항은 모두 체크하면서 진행해왔음을 알 수 있다. 미래예측에 왕도는 없다. 좋은 데이터를 활용해 각 단계의 핵심 사항을 빠뜨리지 않고 따라가는 수밖에 없다.

미래변화의 원리

미래를 변화시키는 가장 기본적인 요소에는 '인간'과 '기술'이 있다. 당연히 기술이 중요하지만, 결정하는 주체는 인간이다. 그래서 인간의 의사결정 방식을 이해해야 한다.

인간을 이해하기 위해서는 '역사'와 '철학'을 공부해야 한다. 인간이 무엇을 좋아하고 싫어하는지 알아야 한다. 인간의 과거 행적인 역사를 보면서 미래를 유추하는 것이다. 그리고 인간의 의사결정은 뇌에서 나오기 때문에, 뇌의 메커니즘을 이해해야 한다. 즉 '뇌과학'을 공부할 필요가 있다.

기술을 이해하기 위해서는 '과학'과 '자본'을 이해해야 한다. 과학이 자본을 만나서 산업기술로 발전하여 우리 생활에 직접 영향을 준다. 그리고 미래를 조금 더 세부적으로 변화시키는 것들로는 7대 요소 STEPPER가 있다.

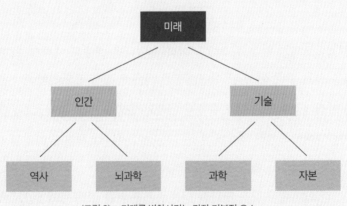

〈그림 2〉 미래를 변화시키는 가장 기본적 요소

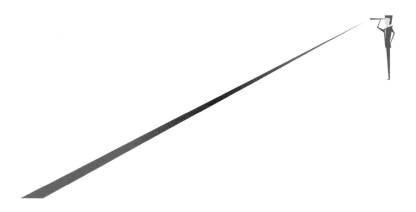

미래는
관리되어야 한다

우리는 항상 데이터를 모으고 축적해야 한다. 데이터를 모으는 일을 멈추면 변화하는 미래를 제대로 예측할 수 없기 때문이다. 이미 여러 번 언급했듯이 미래란 매우 유동적이어서 오늘의 미래예측이 1년 후에 예측한 미래와 동일할 수는 없다. 그렇기 때문에 미래예측이란 예측에서 끝나는 것이 아니라 계속 관리되어 지속적인 미래예측을 할 수 있어야 한다는 말이다.

그런 의미에서 더욱 정확한 미래예측을 위한 미래 관리 5단계에 대해 이야기해보자. 미래를 제대로 다루기 위해서는 각 과정을 단계별로 나누어 체계적으로 관리할 필요가 있다. 미래를 5단계로 나누어 관리하면 중요한 요소를 빠뜨리지 않고, 오류를 줄일 수 있다. 미래

관리 5단계는 프로젝트에 참여하는 멤버들과 프로젝트에 관련된 모든 사람의 의사소통 수단으로써도 매우 중요하다.

미래 관리의 1단계: 미래예측

첫 번째 단계인 미래예측은 과거의 데이터를 분석해 미래를 예측하는 것이다. 과거의 데이터를 분석하고 미래의 혼돈 속에서 규칙을 찾아 변화된 모습을 찾는다. 과거의 데이터에서 핵심 요소와 패턴을 찾으면 그것들의 미래 전개 과정을 예상할 수 있다. 이러한 미래예측의 첫걸음은 문제를 정의하는 것이다. 이 세상에는 많은 문제가 존재한다. 그 문제들을 제대로 정의하지 못하면 문제를 해결할 수 없다. 그래서 미래예측 프로젝트를 성공적으로 수행하기 위해서는 예측해야 할 문제를 정의하는 데 큰 노력을 기울여야 한다. 만약 문제 정의가 제대로 되지 않으면, 나중에 미비점이 발견됐을 때 되돌아와서 다시 문제를 정의하게 되는 경우가 많다. 이 단계에서 이용할 예측 방법도 결정하고, 최종 보고서를 어떤 형태로 작성할 것인지, 또 보고는 어떻게 할 것인지를 결정한다.

무엇보다 주어진 문제와 관련된 요소를 파악하는 것이 중요하다. 관련 요소 중에서 변화를 유발하는 핵심동인을 찾는다. 그 후 미래예측 방법을 이용해 예측 작업을 한다. 일반적으로 예측에는 여러 가지 방법이 이용된다. 어느 한 가지 방법만으로는 주어진 문제의 복잡한 요소들을 다 표현하고 다룰 수 없기 때문이다. 마지막으로 예측된 결과를 통합한다. 일반적으로 예측 결과는 복수로 나온다. 이것들을 어떻게 통합해 활용할 것인지 결정한다. 일반적으로 도출되는 복수의 미래를 고려하여 각각에 맞는 전략을 수립하기도 한다. 앞서 살펴본 STEPPER가 미래 관리의 1단계인 미래예측에 해당한다.

미래 관리의 2단계: 미래 설계

미래 설계는 미래예측이 끝난 후에 진행할 수 있다. 미래예측을 통해 예측된 결과를 참고해 우리가 희망하는 미래를 설정한다. 그리고 희망 미래에 관한 핵심동인을 다시 검토한다. 희망 미래를 만들기 위해 꼭 필요한 요소를 점검하는 것이다. 마지막으로 희망 미래와 핵심동인을 고려해 비전을 확정한다.

미래 관리의 3단계: 미래 전략

3단계인 미래 전략은 희망 미래가 정해졌을 때 고려할 수 있다. 먼저 핵심동인을 이용해 희망 미래를 표현한다. 그리고 핵심동인을 중심으로 현재와 희망 미래 사이의 차이점을 파악해 현재와 희망 미래의 간격을 줄일 수 있는 전략을 세운다. 전략은 핵심동인을 중심으로 표현할 수 있다. 이때 많이 사용하는 방법이 백캐스팅backcasting이다.

백캐스팅은 미래에 달성하고자 하는 어떤 목표를 설정해놓고, 그 목표에 도달하기 위해서 현재 어떤 일을 시행할 것인지를 파악하는 방식이다.

미래 관리의 4단계: 미래 계획

미래 계획은 미래 전략을 실행하기 위한 좀 더 구체적인 실행안을 만드는 것이다. 앞으로 펼쳐질 수 있는 여러 개의 미래에 비추어, 복수의 전략과 계획이 어떻게 효과를 발휘할 것인지를 검토한다. 각 전략과 계획을 평가하고 검증해 전략과 계획들 사이의 우선순위를 정하고 계획을 확정한다. 전개 가능한 미래별로 또는 전략별로 실행 계획을 수립할 수 있다. 이것은 우리가 희망하는 미래라는 비전에, 그 미래 비전이 현실화될 수 있도록 하는 실행 방법을 링크시키는 작업이라고 할 수 있다.

미래 관리의 5단계: 유지보수

5단계에 해당하는 유지보수는 보고서를 작성하고, 이를 통해 주요 이해관계자들과 의사소통하는 과정을 가진 후, 그 과정을 통해 잘못된 것을 바로잡고 정확성을 기하는 것이다. 이를 위해 예측, 전략, 결과를 보고서의 형태로 프로젝트 발주자에게 제출한다. 어떤 형태로 제출할지는 협의를 통해 결정한다. 그리고 매년 상황의 변화에 따라 전략과 계획을 수정하는 피드백 작업을 한다. 정기적으로 실행 데이터를 업데이트해 예측 보고서와 미래 전략을 수정 보완한다. 먼 미래는 불확실성으로 인해 예측이 어려우므로 매년 수정 보완된 실행 데이터를 업데이트해야 정확한 미래 관리가 가능해진다. 아무리 좋은 미래예측보고서라 하더라도 제대로 관리하지 않으면 쓸모없는 보고서가 되고 만다.

마지막으로 대한민국의 미래를 제대로 관리하려면 어떻게 해야 하는가를 생각해 본다. 우리 국민이 원하는 미래가 희망 미래라고 생각할 때, 평상시에도 장기적인 관점에서 국민들이 원하는 바를 토론하고 수렴해나가는 과정을 지속해 나간다면, 그것이 곧 대한민국의 미래 전략이자, 미래 관리가 될 것이라 믿는다.

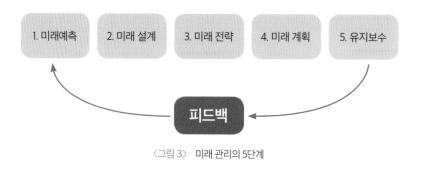

〈그림 3〉 미래 관리의 5단계

세상의 미래

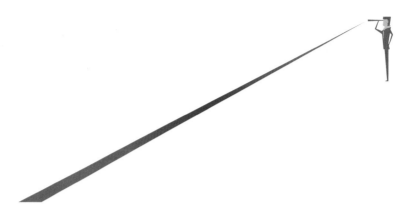

미래예측에서
미래 전략 수립으로

　　　　　　미래예측을 좀 더 잘하기 위하여 고심하다 보면, 요리가 생각난다. 미래예측과 요리 사이에 공통점이 있기 때문이다. 좋은 요리를 만들기 위해서는 3요소가 제대로 갖추어 져야 한다. 재료와 도구, 기술이 바로 그것이다. 이 세 가지가 구비되지 않으면 좋은 요리를 만들 수 없다. 좋은 재료는 당연히 필수적인 요소이다. 그리고 요리사는 주방 도구들의 사용법을 잘 알고 있어야 한다. 요리사는 메뉴가 정해지면, 그에 맞는 도구들을 찾아서 이용한다. 마지막으로 요리사의 기술이 좋아야 한다. 동일한 재료와 도구가 주어져도 요리사에 따라 결과는 천차만별이 될 수 있다.

〈그림 4〉 요리를 잘 하기 위해서는 요리 도구의 사용법을 알고 있어야 한다.

요리 3요소 vs 미래예측 3요소

미래예측에도 3요소가 있다. 데이터, 도구, 그리고 기술이다. 미래를 예측하기 위해서는 당연히 과거의 데이터가 있어야 한다. 그리고 예측 도구인 예측 방법들을 알고 있어야 한다. 미래예측 방법들은 현재 약 40여 개가 개발되어 있다. 좋은 미래예측가가 되기 위해서는 많은 예측 방법들을 알고, 예측하고자 하는 대상이 정해지면, 그에 적합한 방법을 골라서 사용할 줄 알아야 한다. 미래예측 방법은 한 가지 방법만 이용되는 것이 아니라, 일반적으로 서너 개의 방법이 함께 이용된다. 따라서 미래예측가는 요리사가 기술을 연마하듯 많은 경험과 지식을 쌓고, 또 넓혀 나가야 한다.

어떤 사람은 한 가지 예측 방법을 익힌 다음 모든 것을 그 방법으로 해결하려고 하기도 한다. 이것은 요리사가 본인이 자신 있는 한 가지 도구만을 이용하여 요리를 하려고 하는 것과 비슷하다. 또 어떤 사람은 예측 방법을 배웠으니, 당연히 좋은 결과가 나와야 한다고 생각하기도 한다. 이것은 요리 도구의 사용법을 배웠으니, 당연히 좋은 요리를 할 수 있다고 생각하는 것과 비슷하다. 그러나 요리 도구의 사용법만을 안다고 좋은 요리를 만들 수는 없는 것과 마찬가지로, 좋은 미래 예측 전문가가 되기 위해서는 다양한 예측 방법의 사용법을 두루 익히고, 연습으로 실력을 쌓아야 한다. 그런 후에는 예측 대상이 정해졌을 때, 그에 적합한 예측 방법을 골라 사용할 수 있다.

3차원 미래예측법

앞서 언급했듯이 미래예측 방법에는 40여 개가 존재한다. 여기에서 모든 것을 배우기는 어려울 것이니, 맛보기로 한 가지를 소개하고자 한다. 바로 '3차원 예측법'인데, 이 예측법에서는 이 세상에 존재하는 모든 사물이 다음 세 가지 요소와 관련되어 있다고 가정한다.

- 시간time: 시간의 흐름 속에서 특정 시간에 존재한다.
- 공간space: 공간 속에서 특정 위치 또는 특정한 모양을 가지고 있다.
- 분야field: 사물의 특성에 따라서 고유한 분야와 연결되어 있다.

이 세 가지 3차원 요소는 이 세상 모든 사물에 관련되어 있기 때문에, 이 요소들의 변화는 바로 사물의 변화를 가져온다. 이 3차원 요소를 활용하면 3차원적이고 입체적으로 사물을 볼 수 있다. 예를 들어, 볼펜이라는 사물을 이 요소들을 통해 보자. 볼펜은 오늘 현재 시점에 존재하고(시간), 대한민국에서 기다란 형태로 존재하며(공간), 플라스틱 재질로 글을 쓰는 도구로 이용된다(분야).

그럼, 이 세 가지 3차원 요소를 변화시켜 보자. 볼펜은 어떻게 변화할 수 있을까? 볼펜은 10년 후의 시점에(시간), 사우디아라비아에서 둥그런 형태로(공간), 전자 재질로 글쓰기와 지압용 도구로 이용될 수 있다(분야).

시간을 변화시켰더니, 시점이 현재에서 미래로 이동했다. 공간과 분야를 바라보는 시점이 현재에서 미래로 이동한 것이다. 이런 방법을

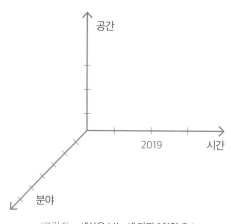

〈그림 5〉 세상을 보는 세 가지 3차원 요소

세상의 미래

통해 볼펜의 미래 모습을 그려볼 수 있다. 이와 같이 3차원 속에서 시간 이동을 하며, 미래를 바라보는 방법을 '3차원 예측법'이라 부른다.

3차원 예측법은 예측 문제를 3차원 좌표 위에서 정의한다. 그리고 정의된 예측 문제를 시간축으로 이동한다. 그리고 사물의 공간과 분야 특성을 공간x분야의 평면 위에 표시한다. 이 평면은 테이블로 나타난다.

미래 전략 수립 3단계

미래학의 일반적인 과정은 미래예측, 희망 미래 설계, 미래 전략 수립의 3단계를 거친다. 이 3단계를 정리하면 다음과 같다.

• 미래예측

미래예측은 시간축 위에서 미래로 이동하는 것이라 말할 수 있다. 시간축을 레일이라 생각하면, 미래를 탐구하는 것은 데이터를 가지고 전방향으로 슬라이딩sliding하는 셈이다. 미래예측은 현재에서 미래로 나아가며 세상을 보는 작업이다. <그림 5>에서 공간x분야의 테이블은 예측 대상의 특성을 표시한다.

• 희망 미래 설계

예측된 여러 가지의 미래 중에서 우리가 선호하는 미래를 찾는다.

〈그림 6〉 　미래예측: 전방향 슬라이딩

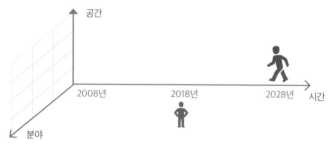

〈그림 7〉 　미래 전략: 후방향 슬라이딩

그리고 이것을 우리의 목표 또는 비전으로 설정한다. 목표가 정해지면, 이제 우리는 그것에 도달하기 위한 생각을 하게 된다.

• 미래 전략 수립

이제 목표에 도달하기 위한 전략을 세워야 한다. 3차원 그림에서 보면 미래 전략은 시간축 위를 후방향 슬라이딩 하는 것이라 할 수 있다. 이 작업은 단순히 미래에서 현재로 돌아오는 것이 아니라, 현재의 할 일을 결정하는 작업이라 할 수 있다.

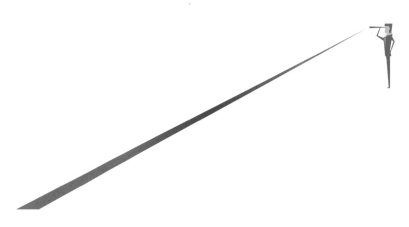

대한민국의 성장과
함께 한 미래학자들

　　　　　　미래를 예측하고 말한다는 것은 아무도 가보지 않은 세계를 그리는 것과 같다. 그 그림은 정확하지도 않고 이해가 되지 않는 것도 많다. 때문에 미래를 이야기하는 미래학자는 미친 소리 하는 사람, 이상한 말을 하는 사람으로 치부되기 쉽다.

　이에 대해 '세계 미래학계의 대부'로 불리는 짐 데이터^{Jim Dator} 교수는 "미래학자는 미친 소리를 듣는 것을 두려워해서는 안 된다"고 말한다. 과연 미래학자들이 말하는 미래는 정말 '미친 소리'에 불과한 것일까? 이에 대해서는 세계적인 미래학자 앨빈 토플러^{Alvin Toffler}나 허만 칸^{Herman Kahn}이 우리나라 경제에 미친 영향을 살펴보는 것으로 대답을 대신하겠다.

앨빈 토플러와 김대중 대통령

2016년 6월 27일, 세계적인 미래학자 앨빈 토플러가 별세했다. 1928년에 태어난 토플러는 뉴욕대 영문학과를 졸업한 뒤 미국 중서부 공업지대에서 용접공으로 일했다. 그는 노동조합 관련 잡지에 글을 기고하며 저널리스트로 두각을 나타내게 되었다. 정치 및 노동 분야에서 시작해 컴퓨터와 정보통신기술ICT에 대한 컨설팅을 하며 정보화 사회에 대한 식견을 넓혀간 토플러는 1970년 현대사회의 발전 방향을 제시하는 저서『미래 쇼크』를 출간한다. 1980년에 출간한『제3의 물결』은 20세기 후반과 21세기에 다가오는 정보사회를 정확하게 예견해 세간의 주목을 받았다.『제3의 물결』에는 '재택근무', '전자정보화 가정' 등의 용어가 처음으로 등장했다.

이러한 세계적 석학 앨빈 토플러는 한국과도 인연이 깊다. 그는 김대중 대통령에게 미래 정보화 사회의 비전을 심어주고, 정보인프라 확충 사업을 제안했다. 2001년에는 김대중 대통령에게 '위기를 넘어서: 21세기 한국의 비전'이라는 보고서를 제출했다. 7개 장, 100여 페이지로 구성된 이 보고서에서 토플러는 "한국이 지식기반 경제로 전환해야 한다"고 했으며, "그러기 위해서는 정보인프라를 이용해 사회를 혁신하고, 인터넷과 새로운 통신서비스의 활용이 필요하다"고 강조했다. 또한 토플러는 "바이오-정보기술의 융합이 성장을 창조할 것이고, 지식기반 사회로 진입하기 위해서는 교육체계도 변화해야 한다"고 조언했다. 이 만남이 우리나라를 인터넷 강국으로 만들었다.

필자 본인도 앨빈 토플러와 간접적인 인연이 있다. 2001년 봄, 필자는 KAIST에 세포, 단백질, 유전자, 뇌 등 생명체와 생명현상을 탐구하기 위한 바이오기술과 이를 신속하고 정확하게 처리하기 위한 정보기술 융합 분야를 연구하고 교육하는 새로운 학과를 만들겠다고 제안했다. 미래산업 창업자인 정문술 회장이 300억 원을 기부할 테니 미래에 우리나라 국민이 먹고살 수 있을 바이오·정보 융합기술을 개발하라고 부탁했기 때문이다. 정문술 회장과 필자는 정보기술IT 이후에 미래의 한국 경제를 책임질 것은 생명공학BT과 정보기술의 융합이라고 뜻을 모았다. 그러나 융합학과 신설 제안에 대해 대학 본부와 주위의 반응은 냉담했다.

〈그림 8〉 정보기술과 생명공학이 세상을 바꿀 것이라 예견한 앨빈 토플러

설득에 어려운 시간을 보내고 있던 2001년 6월, 지식기반 사회와 정보화시대 도래를 예언한 세계적인 미래학자 앨빈 토플러가 한국에 왔다. 토플러의 인터뷰 기사가 모 신문에 실렸다. "정보·바이오기술 선진국이 미래를 이끈다"는 제목이 눈에 번쩍 띄었다. 나는 신문을 복사해 가지고 다니면서 학교 관계자들을 계속 설득했다. 토플러의 예측 내용을 보자 조금씩 반응이 생겼다. 이렇게 해서 카이스트에 바이오 및 뇌공학과가 신설됐다. 그리고 17년이 지난 지금에는 모든 사람이 정보와 바이오, 뇌 융합이 살 길이라고 입을 모아 말하고 있다.

허만 칸과 박정희 대통령의 중화학 공업

사회학자로서 미래학의 원조이며 세계적인 석학인 허먼 칸 박사(1922~1983)는 박정희 대통령의 미래학 교사로 알려져 있다. 칸 박사는 랜드^{RAND} 연구소 연구원으로 있으면서 시나리오 미래예측 기법을 개발했다. 1961년에는 허드슨연구소를 개설하여 회장을 맡았고, 1960년대 후반부터 한국을 자주 방문했다.

박정희 대통령이 칸 박사에게 배고픈 국민을 배불리 먹일 수 있는 쌀 개량에 대해 물었다고 한다. 이에 대한 칸의 대답은 전혀 다른 것이었다. "한국의 노동력은 소중하다. 이들에게는 공장에서 공산품을 생산하게 하고, 그것을 수출해 번 돈으로 값이 별로 나가지 않는 쌀을 사서 먹이는 것이 좋다. 그러기 위해서는 농촌을 개량해 농촌 인력을

〈그림 9〉 대한민국 산업의 밑그림을 그리는 데에 일조한 허만 칸

농사일에서 해방시키고, 다른 기술을 배울 수 있게 해야 한다"라고 조언했다.

박 대통령은 이에 크게 공감하며 농촌 개량 사업을 시작하고 수출 중심 국가를 만들기 시작했다. 또한 칸 박사는 "에너지원 확충과 국토를 보전·개발하고 수출을 증대시키기 위해서는 기술예측을 통해 신기술을 미리 파악해 개발할 필요가 있다"며 "특히 중화학 공업, 전력·수송·항만을 확충하라"고 제시했다. 이로 인해 우리나라 기본 산업 경제 구조의 밑그림이 그려졌다.

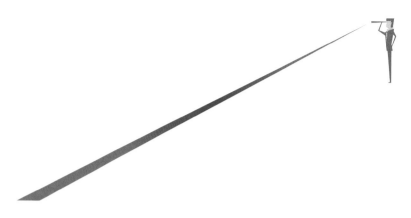

미래를 내다본
미래학자들

　　학문적으로 미래를 연구하려는 움직임은 2차 세계대전 전후에 시작됐다. 미국의 랜드연구소나 스탠포드연구소 등에서 체계적으로 미래학을 연구하기 시작했다. 미래학이란 말이 처음 나온 때는 1943년, 독일계 미국의 정치사회학자 오시프 플레이트하임Ossip Flechtheim이 쓴 「역사의 미래 확장」이란 논문에서였다. 오시프 플레이트하임은 그 논문에서 '미래학Futurology'이라는 단어를 최초로 사용했다.

　미래학의 선구자는 1919년에 태어나 2011년에 사망한 미국의 사회학자 대니얼 벨Daniel Bell이라고 할 수 있다. 그는 1960년에 발행한 『이데올로기의 종언』을 통해 사회주의 이념이 주도하는 세계가 조만

간 막을 내릴 것이라고 예측했다. 미국과 유럽뿐만 아니라 소련에서도 기술적 기능이 이데올로기에 우선하게 됨으로써 마르크스주의가 쇠퇴할 것을 예측해 공산주의의 몰락을 내다본 셈이 되었다.

이후에도 미래의 모습을 예측하려는 학자들의 시도는 계속되었다. 존 나이스비트John Naisbitt는 1982년에 쓴 『메가트렌드』에서 현대사회의 변화된 모습을 예측했다. 그는 산업사회에서 정보사회로, 국가경제에서 글로벌경제로 사회가 바뀔 것이라고 내다보았다. 제레미 리프킨Jeremy Rifkin은 저서 『한계효용 제로 사회』에서 공유경제라는 개념을 제시해 미래에는 자본주의와 공유경제가 상호 공존하는 사회가 될 것이라 예측했다. 현재 구글에서 기계학습 연구를 이끌고 있는 레이 커즈와일Ray Kurzweil은 『특이점이 온다』를 통해 인공지능 기술이 인간을 초월하는 시대가 올 것을 예측했다.

미래학 역사에서 대중적으로도 인지도가 높은 허만 칸과 앨빈 토플러 역시 빼놓을 수 없는 세계적인 미래학자다. 허만 칸과 앨빈 토플러는 앞서 살펴보았듯 우리나라 경제 구조 변화를 정확히 예측하여 그에 대한 비전을 제시함으로써 그 패러다임을 바꿀 수 있도록 도움을 준 사람들이기도 하다. 세계미래학회장을 역임했던 짐 데이터 교수는 현재 카이스트 문술미래 전략대학원에 겸직교수로 재직중인데, 체계적으로 미래학을 다루며 수많은 제자를 길러내었다.

미래를 연구하는 사람들이 모인 '로마클럽' 또한 미래학에 있어 빼놓을 수 없는 단체다. 로마클럽은 1968년 세계 각국의 과학자, 경제학자, 교육자, 경영자를 구성원으로 하여 설립된 민간 연구 단체다. 이들은 천연자원의 고갈, 환경오염, 개발도상국에서의 폭발적인 인구 증가, 핵무기 등 인류의 위기에 대한 해결책을 모색하기 위해 1972년에 「성장의 한계」라는 보고서를 발표했다. 그들이 내놓은 미래예측은 현재 전 세계가 안고 있는 문제점과 정확하게 일치한다.

한국에서는 1971년 한국 최초의 미래 보고서인 「서기 2000년의 한국」이 발표됐다. 이 보고서는 남한의 인구를 5,000만 명으로 예측했고, 가족제도가 변해 핵가족 개념이 대두될 것이라 내다봤다. 지금부터 50여 년 전에 발표된 미래 보고서가 작금의 현실을 적확하게 예측했다는 것은 놀라운 일이다.

이처럼 미래학과 미래학자들에 의한 미래예측은 많은 부분에서 현실에 발생한 문제들과 일치한다. 그럼에도 미래학을 쓸모없는 학문이라고 생각하거나 미래학자들을 미친 소리나 하는 과학자들로 폄하하는 사람도 있다. 하지만 틀릴지라도 스스로 미래를 예측하고 변화를 대비하는 것이 오히려 현명한 일이 아닌가 생각한다.

이를 증명하듯 선진국에서는 미래학을 소홀히 여기지 않고 있다. 1975년 미국의 휴스턴 대학에서 미래학 석사 과정이 개설된 것을 필두로, 하와이 대학 등 세계 여러 대학에서 미래학 석박사 과정이 개설되었다. 우리나라에서는 이한빈, 최정호, 김경동, 김진현 등의 학자들이 1968년에 '2000년 학회'를 만들었고, 2013년에는 카이스트에 문술미래 전략대학원이 설립돼 미래학 강의가 시작되었다. 그리고

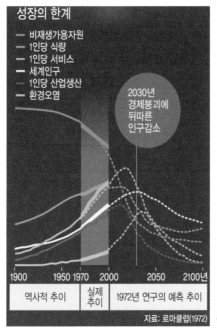

성장의 한계
— 비재생가용자원
— 1인당 식량
— 1인당 서비스
— 세계인구
— 1인당 산업생산
— 환경오염

2030년
경제붕괴에
뒤따른
인구감소

| 1900 | 1950 | 1970 | 2000 | 2050 | 2100년 |

| 역사적 추이 | 실제 추이 | 1972년 연구의 예측 추이 |

자료: 로마클럽(1972)   〈그림 10〉 로마클럽 보고서 핵심내용

2016년 초에는 학술연구를 지향하는 학자들을 중심으로 '미래학회'
가 설립되었다.

　미국·영국·핀란드 등 선진국에서는 국가미래 전략을 매우 중요한
국가의 기능으로 간주하고 있다. 미국에는 미국평화연구소United States
Institute of Peace와 같은 많은 민간 싱크탱크가 있다. 영국은 의회과학기
술처Parliamentary Office of Science & Technology, 프랑스는 미래 전략총괄위원
회Commision General a la Strategie et a la Prospective, 핀란드는 미래연구소Finland
Futures Research Centre를 두고 있다.

선진국의 문턱에 다가선 한국은 이제 스스로 미래를 개척해나가야 하는 상황이 되었다. 2014년에는 미래창조과학부 주관으로 미래준비위원회가 구성돼 「10년 후 대한민국」이라는 보고서 시리즈를 출간했다. 카이스트는 21세기 선비정신을 강조하며 매년 『대한민국 국가미래 전략』 시리즈를 출간하고 있다. 그리고 2018년에는 국회미래연구원이 출범하였다.

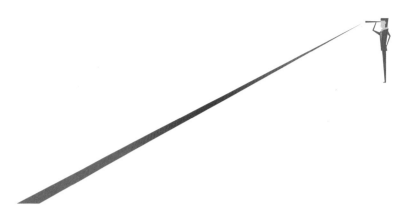

미래학에
미래는 있을까?

필자는 대학 시절에 산업공학을 공부했다. 산업공학과가 생긴 지 3년밖에 안 된 시점이었기 때문에, 산업공학과가 무엇을 공부하는 곳인지 아는 사람이 거의 없었다. 그래서 주위 사람들에게는 공학과 경영학 사이에서 생산에 관련된 분야를 집중적으로 파고들어 공장 운영을 최적화하는 방법을 공부한다고 설명하는 것이 일이었다. 미팅에 나가서 산업공학과를 다닌다고 하면, 상대방이 이상한 표정으로 바라봤던 기억도 있다. 학과를 다니면서 계속 들었던 말은 산업공학이라니 그것이 무슨 학문이냐. 공학도 아니고 경영학도 아닌 '잡탕 학과' 아니냐는 말이었다. 그러나 현재는 어떤가? 산업공학은 우리 사회의 필수적인 학문 중 하나로 자리 잡았다.

이러한 예는 또 있다. 필자는 한국에서는 산업공학을 전공했지만 프랑스에 유학을 가서는 컴퓨터 분야로 전공을 바꾸었다. 1980년대 중반에 유학을 마치고 한국에 돌아오니 대학에서 막 컴퓨터학과를 신설하는 중이었다. 이번에도 주위 사람들은 '컴퓨터가 무슨 학문이냐'며, 수학이나 전자공학에서 다루면 되는 것이지, 굳이 학과를 만들기까지 할 필요가 있느냐는 말을 했다. 사실 그 당시 컴퓨터학과에서 가르치는 교과목을 보면 기존의 수학과나 전자공학과에서 다루는 과목을 조합한 것이 많았다. 하지만 시대가 변했고 이제는 산업공학이나 컴퓨터학과에 대해 그런 말을 하는 사람이 없어진 지 오래되었다.

세상 변화에 따라 변화하는 학문

이야기한 김에 하나 더 이야기하자면, 필자는 17년 전에 21세기는 바이오와 정보기술IT, 뇌과학이 결합되는 분야에서 새로운 돌파구가 나올 것이라 생각했다. 그런 이유로 바이오뇌공학과를 신설해 21세기를 준비하자고 제안했다. 다양한 분야의 전문가가 모여서 함께 연구하고 교육해야 한다고 말했다. 많은 사람들이 이 제안은 말도 안 되는 소리라고 했다. 생물학과 전자공학이 만나서 무슨 학문이 되느냐고 핀잔을 주었다. 우여곡절 끝에 학과가 만들어지고 17년이 흘렀다. 이제는 융합이란 단어가 들어가지 않으면 연구비가 나오지 않는 세상이 됐다. 아무도 바이오뇌공학이 학문이냐고 질문하는 사람이 없다.

이처럼 어떤 학문은 과거에는 중요했지만 현대에 소멸되기도 하고, 반대로 어떤 학문은 과거에는 중요하지 않거나 아예 존재하지도 않았지만 현재나 미래에 매우 지대한 영향을 끼치는 중요 학문으로 대접받기도 한다. 그렇다면 미래학의 미래는 어떨까? 이에 대해 대답하기 전에 '학문'에 대해 먼저 알아보는 편이 좋겠다.

'학문學問, Study, Learning, Discipline'이란 학자들의 연구활동 결과를 축적해 놓은 지식체계라고 말한다. 따라서 학문은 '지식체계'와 '연구활동'의 두 가지 관점에서 볼 수 있다. 학문에는 지금까지 그 분야의 학자들이 발견하고 축적해 놓은 개념과 연구 방법론이 있다. 현재를 사는 학자들은 그 전까지 축적된 지식과 연구 방법을 이용해 새로운 사물에 대한 현상을 이해하거나, 새로운 연구 방법을 개발한다. 이러한 활동을 '학문을 한다'고 말한다.

그런데 학문별로 각각 다른 지식체계가 형성돼 있어서, 동일한 현상과 사물에 대해 학문 사이에 서로 다르게 이해하고 표현하는 경우가 많다. 특히 분석적 연구 방법을 주로 활용하는 서양 학문에서는 학문이 세분화되어 학문 사이에 교류가 적은 단점을 보여 왔고, 그러한 단점을 극복하고자 하는 노력이 최근 유행하는 학문 융합, 또는 융합학문이라고 할 수 있다.

학문에 대해 조금 더 얘기해보자면, 동양과 서양의 학문의 뿌리는 다르다. 동양 학문의 뿌리를 찾는다면 가장 깊은 곳에서 공자를 만나게 된다. 공자는 서양의 그리스 학파보다 100여 년 앞서서 인간의 삶의 의미와 방식에 대해 깊은 성찰과 연구를 하고 제자를 가르쳤다. 인간의 삶에서 최고의 덕목을 '인仁'이라고 보았으며, 자기 자신을 이기고 예를 따르는 삶이 곧 인이라고 정의했다. 공자는 이러한 사상을 제자들과의 질문과 토론을 통해 정립했고, 이 대화를 기록한 것이 바로 논어다. 논어에서는 지식을 배우는 것이 '학學'이고, 그 지식을 비판적인 관점에서 질문하는 것이 '문問'이라고 한다. 논어에서는 널리 배워 뜻을 돈독하게 하며, 절실하게 질문하라고 말한다. 또한 배움만 있고 생각이 없으면 망령되고, 생각만 있고 배움이 없으면 위태롭다는 말도 있다.

　서양 학문의 뿌리는 그리스의 소크라테스라고 할 수 있다. 그 후 플라톤을 거쳐서 아리스토텔레스에 이르러 학문적 체계가 잡히고 분화가 시작됐다. 학문은 보편적인 진리를 획득하는 것이고, 이것은 각각의 사물 속에서 보편적인 것을 찾아 인식함으로써 획득된다고 보았기 때문에, 그는 귀납법적인 연구의 틀을 확립했다. 아리스토텔레스가 연구한 분야는 생물학, 정치학, 윤리학, 논리학, 형이상학, 역사, 수사학 등 매우 다양하다. 그의 연구는 다방면에 걸쳐 저술로 남아 후대에 각 학문의 뿌리가 됐다. 가장 큰 업적은 동물학과 형식논리학 분야의 연구라 할 수 있다. 그가 사용한 관찰과 이론의 연구는 19세기까지 동물학 연구의 기본 방법론이었다. 철학과 논리학에서 그는 삼단논법과 형식논리와 함께 살아 숨쉬고 있다. 결국 오늘날의 학문 체계는 그의 학문으로부터 분화되어 오늘에 이르게 됐다고 할 수 있다.

학문도 정적인 것이 아니라 동적인 것

이번에는 자연과학과 사회과학에 대해 알아보자. 과학이란 자연 현상에 대한 호기심에서 출발해, 자연의 원리나 법칙을 찾아내고, 이를 해석해 일정한 지식체계를 만드는 활동을 말한다. 과학 연구의 목적은 현상이나 법칙을 발견하는 것에만 있지 않다. 과학 연구는 거기에 더해 그것을 설명하는 데에도 그 목적을 둔다. 새로 발견된 현상을 설명하기 위해서는 경험적 사실로부터 귀납적 방법을 써서 결론을 얻는 경우가 많다. 그러기 위해서는 가설을 설정하고 실험이나 관찰로 그 가설을 검증해야 한다. 과학의 연구방법은 16~17세기에 갈릴레오 갈릴레이Galileo Galilei와 프랜시스 베이컨Francis Bacon, 그리고 아이작 뉴턴Isaac Newton에 의해 그 기초가 확립됐다.

자연과학 실험이 가능한 것은 자연현상이 재현 가능하기 때문이다. 자연현상은 동일한 조건을 설정해 놓으면 반복해서 일어나게 할 수 있다. 즉, 재현 가능한 현상에 한해 실험이 가능하고 과학적인 검증이 가능하다는 이야기가 된다. 과거 사회과학은 사회현상을 실현할 수 없으므로 실험이 불가능하다고 생각했다. 하지만 근대에 사회현상에도 과학적인 방법론을 적용해 정확성을 높이고자 하는 노력이 시작됐다. 18세기 후반부터 애덤 스미스Adam Smith나 데이비드 리카도David Ricardo와 같은 사람은 의해 경제에 과학적 연구방법을 적용하였다. 그리하여 사회현상 연구에도 자연과학적 방법을 도입하는 문이 열렸고, 사회과학이라는 말이 통용되게 되었다.

이처럼 학문도 변화한다. 시간과 사회의 변화에 따라 새로운 학문이 탄생되고 소멸되기도 한다. 학문도 변하고 연구 방법론도 변화한다. 결국 학문도 정적인 것이 아니라 동적인 것이다.

이제 미래학에 대해 이야기해보자. 미래학은 과연 어떤 미래를 껴안고 있을까? 최근 필자는 미래학에 대해 과거 산업공학과 컴퓨터학, 바이오뇌공학 때 받았던 것과 비슷한 질문을 받는 경우가 많다. 미래학이 무슨 학문이냐고 묻는다. 우선 연구자가 많지 않고, 지식이 축적되어 있지 않고, 과학적인 엄밀성이 부족하다는 뜻이 포함돼 있을 것이다.

그러나 필자는 '오지 않은 사회'의 연구, 오직 시간만이 답이 되는 미래학의 탄생도 변화된 시대의 요청이라고 생각한다. 연극의 3요소로 희곡, 배우, 관객이 있듯이 학문에도 3요소가 있는데 연구대상, 연구자, 연구필요성이 그것이다. 그런 의미에서 미래학의 발전은 무궁무진하게 열려있다고 봐도 무방하다. 미래라는 것이 무한대이므로 그 속에서 연구대상이 정해지고, 급변하고 불확실한 미래에 대한 불안에서 오는 필요성이 존재하는 한, 앞으로는 자연스레 연구자가 늘어나고 지식이 축적되어 사회과학으로써 자리를 잡아갈 것이 분명하다. 현재 시점에서 보지 않고 미래의 시점에서 보면 이는 분명해진다. 미래를 보면 현재는 보지 못하는 것을 보는 경우가 많다. 이것이 바로 미래학을 공부하는 묘미이자, 미래학의 미래다.

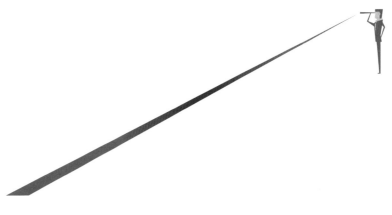

가까운 미래,
먼 미래

　　　　　지금까지 미래학의 탄생과 역사 및 미래학의 미래예측 방법 등에 대해 살펴보았다. 미래는 본질적으로 복잡하고 불확실하다. 그렇기 때문에 미래에 닥칠 위험 요인을 미리 감지하고, 앞으로 일어날 일에 대비하는 미래예측은 꼭 필요하며 매우 중요하다. 미래를 관리하지 않고 방치하면 불확실성은 계속되며, 방치된 미래는 갑자기 들이닥치게 될 것이기 때문이다.

　이런 미래를 다루는 미래학에 있어 우리가 놓치지 말고 생각해봐야 할 것이 있는데 바로 미래에 대한 시간 개념이다. 과거는 고정되어 있지만 미래는 고정되어 있지 않다. 내일도 미래이며, 수백 년 후도 미래다. 가까운 미래도 있고, 현대를 사는 사람들은 경험하지 못할 먼 미래도 있다. 우리는 미래를 준비함에 있어 가까운 미래도 준비해야 하지만 후손들을 위한 먼 미래도 걱정하고 준비해야 할 책임이 있다.

문제는 미래를 향한 우리의 시선이 생각보다 매우 협소하다는 것이다. 2013년 4월, KAIST 미래학 심포지움에 흥미로운 설문조사가 발표되었다. 600명의 우리나라 국민을 대상으로 미래에 대해 어떤 시간적인 관점을 가지고 있는가를 물었는데, 국민들은 대개 13.5년 후를 미래로 생각한다는 결과가 나왔다. 그러니까 미래가 어떻게 변할지 생각할 때, 우리나라 국민들은 13년 후를 생각한다는 것이다. 젊은 사람보다는 나이 든 사람이, 고학력자보다는 저학력자가, 고소득층보다는 저소득층의 사람이 미래를 좀 더 짧게 생각하는 경향이 있는 것으로 나타났다.

모든 것이 급변하는 한국 사회에서 13.5년이 충분한 미래라 할 수 있을지 모르겠다. 하지만 미래학 연구에서 주로 20년 후를 고려하는 경향이 있는 점을 생각하면, 그다지 길게 보고 있다고 말할 수는 없을 것 같다. 이렇게 미래를 가까운 시각으로만 바라본다면 지금 당장의 문제는 해결할 수 있을지 모르지만, 장기적으로는 우리에게 해를 끼치는 결정이나 선택을 할 수 있다. 특히 정부의 정책을 수립하고 집행하는 입장이라면 더욱 그렇다.

과거 실행된 산아제한 정책이 대표적인 예다. 산아제한 정책은 단기적으로 인구 증가를 막는 데에는 성공했지만, 장기적으로는 국가를 저출산의 늪에 빠지게 하는 결과를 가져왔다. 이것이 바로 우리가 미래학을 공부해야 하는 이유다. 이제 우리에겐 가까운 미래와 먼 미래를 동시에, 균형 있게 바라보려는 노력이 필요하다. 균형 있게 미래를 보는 방법은 아주 간단하다. 어떤 사물이나 문제를 만나게 되면, 이것이 영향을 미칠 당장의 영향뿐 아니라, 10년 또는 20년 후에는 어떻게 보일까 생각해 보면 된다. 단 10초면 된다. 어떤 결정을 할 때, 스스로 '잠깐'이라고 소리친다. 그리고 미래의 관점에서 한번 생각해 본다. 이렇게만 한다면 우리는 미래지향적인 사람이 될 수 있고, 국가는 미래지향적인 국가가 될 수 있다.

미래학의 5대 특징

미래학이 과연 무엇이냐고 묻는 사람들이 있다. 손에 딱 잡히는 구체적인 것이 없다는 말이다. 그때마다 답한다. 문제가 명확하게 존재한다. 미래를 알고 싶어 하는 인간의 욕구가 있는 한, 방법론과 연구자가 생겨날 것이고, 시간이 흐르면 지식이 축적될 것이다.

필자가 생각하는 미래학의 키포인트 다섯 가지를 정리해보면 다음과 같다.

(1) 미래학은 '복수의 미래'를 다룬다. 전체적인 트렌드를 찾지만, 특수한 미래를 알아맞히는 일은 못한다. 발생 가능한 복수의 미래를 펼쳐 보면서, 미래 대응력을 기른다.

(2) 미래학은 노력으로 '원하는 미래'를 만들 수 있다는 전제를 깔고 있다. 복수의 미래 중에서 긍정적인 미래보다 '부정적인 미래'에 관심을 가진다. 그래서 부정적인 요소를 피하고, 원하는 모습으로 만들어 간다.

(3) 미래학은 사물을 현재의 시점에서 보지 않고, '미래의 시점'에서 본다. 사

물을 미래의 관점에서 보면 또다른 모습을 볼 수 있는데, 이것이 미래예측이다. 이와 같이 미래의 관점에서 보며 결정하는 방식을 미래지향적 방식이라 말한다.

(4) 미래를 결정하는 요소는 너무 많기 때문에, 모두 고려할 수 없다. 그래서 가장 중요한 '핵심동인'을 뽑아서, 이것들의 상호작용을 관찰하여 미래를 예측한다. 미래예측의 성공여부는 핵심동인 추출에 달려 있다.

(5) 미래학은 '미래 대응력'을 높여 준다. 미래학에서는 발생 가능한 미래를 도출하고, 그것들의 대응 전략을 수립한다. 이렇게 준비해 놓으면, 실제로 어떤 상황이 발생해도 당황하지 않고 여유 있게 준비된 대응책을 펼칠 수 있다.

제2장

인구로 보는 미래

FUTUROLOGY

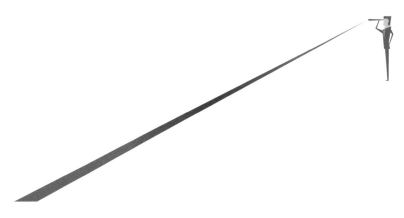

절반으로 줄어드는 100년 후,
대한민국의 인구

미래를 예측할 때 염두에 둬야 할 요소는 많다. 특히 STEPPER에 속하는 주요 요인들은 어느 하나 소홀히 여길 수 없지만, 2018년 현재 우리가 보다 심각하게 여겨야 할 것은 인구 문제다. 인구는 모든 요소들에 절대적인 영향을 끼치기 때문이다. 더 큰 시야로 바라보면 인구 문제는 국가의 존망을 넘어 인류라는 종의 생존과 멸망에 관계된 요소이기도 하다. 그러므로 미래학자들은 이렇게 말하곤 한다. "인구를 보면 미래가 보인다."

이 말에는 많은 함의가 담겨있다. 사실 인구는 미래에 커다란 영향을 미치는 요인이다. 인구수에 따라 국가의 생산력이 달라지며, 인구 분포의 변화에 따라 국가의 경제 구조는 물론 사회와 문화에도 커다란 변화가 일어난다. 가족 구조와 생활상의 관계, 인구가 환경에 미치는 영향 등도 빼놓을 수 없다. 국가의 미래 전략도 인구수나 인구 구조 등에 따라 달라지며, 국가발전을 위해 필요한 인구정책의 수립은 국가의 주요정책이 된다.

과거 우리는 인구의 중요성에 대한 인식이 부족했다. 그 결과로 우리는 너무 근시안적으로 산아제한 정책을 시행하였는데, 이는 현재 우리 사회가 직면한 많은 문제를 불러오게 되었다. 이를 바로잡지 않으면 미래에는 더욱 큰 위기에 봉착할지도 모른다.

가장 큰 문제는 저출산으로 인한 인구수의 감소다. 2014년 보건사회연구원의 예측에 의하면, 이대로 가면 100년 후에는 대한민국의 인구가 2,200만 명으로 줄어들 것이라 한다. 매 100년마다 인구가 1/2로 줄어든다는 말도 가능하다. 통일이 변수가 되겠지만, 인구 구조에 엄청난 변화가 일어날 것은 자명해 보인다.

딸아들 구분 말고 하나만 낳아 잘 기르자

"딸아들 구분 말고 하나만 낳아 잘 기르자"는 구호가 사방에서 들리던 때가 있었다. 그리 오래된 일도 아니다. 불과 몇십 년 전의 일이다. 그때는 아이를 적게 낳는 것이 국가에 애국하는 일이라고 했다. 이름하여 산아제한 정책이다. 일본의 식민통치와 분단의 아픔, 6.25를 연이어 겪어 가난에 시달리던 우리나라에 필요한 정책이었다. 당

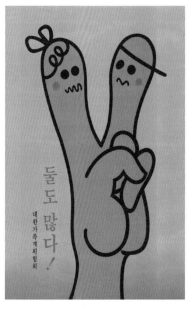

〈그림 1〉 　70년대의 인구정책을 반영한 포스터.

시에는 피임이라는 개념이 적어 출산율이 높았다. 구체적으로 살펴보면 1955년 우리나라의 출산율은 6.33명의 수준을 보이며 1962년까지 대략 6명 수준을 오락가락했다. 지금으로써는 상상하기 어려운 출산율이다. 가난했던 시대, 높은 출산율은 사회적 문제로 인식되었고, 국가는 1962년에 출산을 제한하는 산아제한 정책을 도입했다. 적극적인 정책 시행으로 출산율은 1970년에 4.53명으로, 1980년에는 2.83명으로 빠르게 떨어졌다. 1983년에는 인구 대체 수준까지 떨어져 출산율이 2.06명이 되었다. 인구 대체 수준이란 인구가 더 이상 늘어나지도 줄어들지도 않게 현상 유지를 하기 위한 출산율을 말한다. 유럽경제위원회UNECE는 선진국의 경우 가임 여성 1인이 2.1명을 낳아야 인구의 현상 유지가 가능하다는 보고서를 내놓기도 했다. 그러므로 우리나라는 1983년에 이미 산아제한 정책을 그만두었어야 했다.

13년 동안 눈감고 운전한 인구정책

그러나 안타깝게도 우리나라가 산아제한 정책을 폐지한 시기는 1996년이다. 인구 대체 수준에 도달한 지 13년이 지나고서야 산아제한 정책을 폐지한 것이다. 1996년에는 출산율이 이미 1.57로 떨어진 상태였다. 더욱 웃기는 것은 1990년대 초까지만 해도 예비군 훈련장과 같은, 병원도 아닌 곳에서 수많은 남성이 불임수술을 받는 어처구

니없는 일이 일상적으로 일어났다는 것이다.

결과론적으로 말하자면 산아제한 정책은 실패한 미래정책이자 인구정책이다. 현재의 국가경쟁력을 위협하는, 심각하게 저조한 출산율의 시작점이 바로 산아제한 정책이기 때문이다. 그렇다고 처음부터 잘못된 정책이라고 매도할 수는 없다. 다만 시행과정에서 장기적인 안목을 가지지 못했고, 따라서 적정선을 지키지 못하고 마지노선을 넘어섬으로써 미래의 위험을 불러일으켰다고 보는 것이 맞겠다.

만약 인구정책을 수립하고 시행한 자가 미래를 내다보았다면 1970년대 후반에 이미 산아제한 정책을 어떻게 소프트랜딩soft landing 시킬 것인지 고민했어야 했다. 그랬다면 산아제한 정책은 실패한 정책이 되지 않았을 것이며, 출산율 저하로 인한 작금의 각종 문제를 예방할 수도 있었을 것이다. 그러나 불행하게도 그 당시 우리 정부에는 미래 전략가가 없었다.

근시안적인 미래에 시선을 고정시킨 산아제한 정책이 몰고 온 파장은 크다. 산아제한 정책이 출산율 감소와 인구 감소의 모든 원인은 아니라 하더라도 큰 역할을 한 것은 분명하다. 1970년대 말, 아니 늦어도 1980년대 초에 우리나라가 산아제한 정책을 그대로 밀어붙이지 않고 서서히 종료해갔다면 오늘날, 그리고 미래에 더욱 거세게 불어닥칠 인구 감소 문제는 지금처럼 심각한 사안은 아니었을 것이다. 적어도 프랑스의 출산율 2.01이나 OECD 국가 평균 1.7에 비교하여 현저히 낮은 상황은 막을 수 있었을 것이다.

물론 모든 책임을 산아제한 정책의 실패로 돌릴 수는 없다. 사회적 변화와 문화적 변화로 인한 결혼연령의 고령화, 가족관계 붕괴, 싱글족의 탄생 등 여러 가지 복합적 요인들 또한 작용했다. 이는 출산율 감소가 비단 우리나라만의 문제가 아닌 전 세계적 선진국형 추세임을 볼 때 분명하다.

그래도 우리는 배워야 한다. 미래는 매우 유동적이라는 것을. 항상 변화의 가능성을 염두에 두고 정책과 대책을 수시로 검토하고 수정해야 한다는 것을. 분명히 말하지만, 오늘 옳은 것이 내일도 옳을 것이라는 확신은 미래에 통하지 않는다.

출산율을 보지 않고 결정한 대학정원 증원

근시안적인 미래예측으로 실패한 정책의 예는 비단 산아제한 정책뿐만이 아니다. 현재 수많은 대학이 안고 있는 정원 미달 사태 역시 인구 감소와 가변적 미래를 예측하지 못하고 시행된 정책으로 인한 결과다. 1990년대 중반, 정부는 대학진학 희망자가 많다는 통계를 믿고 대학 신설을 허가해 주었을 뿐만 아니라 대학의 정원 또한 대폭 늘려주었다.

그러나 그 당시만 하더라도 출산율은 이미 1.5로 낮아진 상황이었고, 지금에 이르러서는 너무 많은 대학에 비해 대학 진학자가 모자란 상황이 초래되고 말았다. 불과 10~30년 만에 세상이 이렇게 급변한 것이다. 재정난에 시달리는 대학, 폐지된 학과, 노후하거나 방치된 대학 건물, 사용하지 않는 연구동 등 얼마나 많은 손실이 그 과정에서 발생했는지 모른다.

청년실업문제도 산아제한 정책과 무관하지 않다. 현재 우리나라는 10% 정도나 되는 청년실업으로 고통을 겪고 있다. 그러나 동시에 중소기업에서는 구인난이 심각하다. 실업난과 구인난이 동시에 나타나고 있는 것이다.

이러한 문제의 근본 원인은 어디에 있을까? 국가의 인적자원 활용에 대한 장기적인 그림이 없었기 때문에 발생한 문제라 할 수 있다. 우리 사회에는 고등교육을 받은 사람이 넘쳐나고, 노동 현장에서 일할 사람은 부족하다. 사람은 교육이 만든다. 교육 정책의 실패에서 오는 현상이다. 일자리와 인력의 미스 매치mis-match이다. 앞에서 언급했듯이, 1990년대 중반에 대학 정원을 대폭 늘려서, 사회의 인력 수요 공급의 균형을 깨뜨린 결과다.

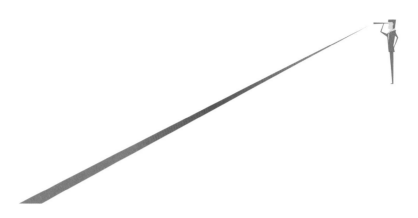

미래 식견 없는 산아제한 정책의
결과와 여파

       낮은 출산율과 그로 인한 인구수의 변화, 인구연령별 분포의 변화는 미래사회의 문화 및 산업, 복지, 국가정책, 국가 경쟁력 등 모든 것에 영향을 미친다. 인구수의 변화만 잘 파악해도 그로 인해 변해갈 미래사회의 모습을 여러 면에서 유추해볼 수 있다. 이러한 전제하에 먼저 우리나라의 인구수와 출산율에 기반하여 예측되는 인구수의 변화를 얘기해보기로 한다.

  현재 우리나라의 인구는 약 5천만 정도다. 그리고 여성 일인당 합계출산율은 2017년 기준, 1.05이다. 여성 일인당 출산율이기 때문에 남녀를 기준으로 하면 일인당 출산율은 어림잡아 0.5라고 할 수 있다. 이를 기준으로 계산해 보면 5천만의 인구가 다음 세대가 되면

5,000 × 0.5 = 2,500만, 그 다음 세대에는 2,500만 × 0.5 = 1,250만 명이 된다. 대략적으로만 계산해도 현재와 같은 출산율이 계속되면 3세대 후, 약 100년 후에는 대한민국의 인구가 현재의 절반 아래로 떨어진다는 말이 된다. 실제로 보건사회연구원의 2014년 보고서에 의하면, 이대로 2050년을 맞이한다면 노인(65세 이상) 비중이 39%가 넘는 초고령사회가 될 것이고, 100년 뒤에는 전체 인구가 2,200만 명대로 줄어들 것이라고 한다.

국가 다이어트 시대

이러한 예측은 우리가 현재 알고 있는 대한민국이라는 국가의 모든 것이 1/2로 줄어들 것이라는 말이다. 영토의 크기와는 별도로, 인구의 감소는 또 다른 의미로 작은 국가가 된다는 의미이다. 현재와 비교해서 국력도 1/2, 국내 소비시장도 1/2, 경제력도 1/2. 연구력도 1/2 정도로 줄어들게 될 것이다. 식당의 손님도 1/2, 버스 손님도 1/2, 학생도 1/2로 줄어든다. 국가의 모든 경제활동이 반토막 나는 것이다.

인구의 감소로 본의 아니게 발생하는 이 국가적 다이어트 사태는 개인과 사회, 국가 모두에게 충격과 불안을 안겨주는 고통의 시대가 될 것이며 모든 분야에서 불경기를 불러올 것이다. 사회와 국가 시스템 역시 근본적으로 바뀌어야 한다. 5천만이라는 현재 인구에 적응된 국가 및 사회 시스템이 2천만 국가의 시스템으로 바뀌는 과정을 거쳐야 하기 때문이다. 그 과정은 오랜 시간을 필요로 하며 수많은 시행착오가 생길 것이 분명하다.

어떤 사람들은 아예 인구 감소에 신경을 쓰지 말자고 말한다. 인구 2천만의 국가로 살면 되지 않으냐고 말한다. 그럴 수도 있다. 이미 한반도는 인구밀도가 높다. 인구가 절반으로 줄면 쾌적한 삶을 누릴 수 있을 것이다. 그러나 그것은 생각만큼 쉬운 일이 아닐 수 있다. 굳이 실업률의 증가를 고려하지 않는다 하더라도 인구의 감소는 그 자체만으로도 내수경제의 축소와 국가생산력의 감소를 의미한다. 5천만의 인구를 가진 현재도 수출의존도가 높은 국내 산업 구조가 인구가 절반으로 줄었을 경우엔 더욱 불균형을 이룰 수 있다.

또한 출산율이 1.05 수준으로 떨어진 현재에서 인구 감소가 머물고 있는 것이 아니라는 점을 상기해야 한다. 저출산이 개선되지 않으면 앞으로도 인구는 계속 줄어든다. 누구도 인구 2천만이 되는 시점에 인구 감소가 멈출 것이라고 장담할 수 없다. 출산율이 2.1에 도달해야 인구 감소가 멈추게 된다는 점을 기억해야 한다.

인구, 인공지능, 일자리 관계

인구 감소와 고령화는 당연히 생산인구의 감소로 이어지며, 사회적으로는 경제활동 인구가 감소함으로써 소비인구 역시 줄어들어 경제가 제대로 돌아가지 않게 된다. 산업이 축소되고 일자리가 줄어드는 악순환으로 이어져 실업률이 증가할 가능성 역시 높아진다. 여기에 앞으로 가속화될 인공지능 사회와 자동화에 의한 일자리 감소까지 생각한다면 실업률의 증가는 더욱 커질 수 있다.

일부에서는 인구와 일자리가 동시에 줄기 때문에, 실업문제가 해결될 것이라 말한다. 하지만, 산업과 경기가 침체되어 일자리가 더욱 줄어들 것이라는 견해도 있다. 한 가지 희망적인 사실은 애완동물이 증가하여, 소비의 한몫을 담당할 것이라는 예측이다.

인구 감소는 인구 구조도 변화시킨다. 인구 감소는 고령화사회로 이어진다. 이로 인해 변화할 사회를 예측해 볼 필요도 있다. 이미 한국은 고령 인구가 증가하고 어린이 및 청년 인구는 감소하는 추세다. 어린이용품 사업, 주택건설 사업, 20대가 선호할 만한 커피숍이나 의류 사업 등의 산업은 미래의 호황산업이 아니게 될지도 모른다.

인구 감소로 인한 인구 구조 변화는 앞으로 정치 지형도 바꾸어 놓을 것이다. 앞으로 정치가들은 지역주의보다는 세대주의를 신경 써야 할 것이며, 공약도 세대별로 맞춤공약을 내놓아야 효과적일 수 있다. 이는 이미 2017년 대선에서도 증명된 바 있다.

이처럼 인구수의 감소로 인한 인구변화와 구조를 보면 미래가 보인다. 개인의 직업 선택에서부터 사업가의 사업 구상, 학자들의 미래 전망, 정부의 정책 구상에 이르기까지 앞으로 빼놓지 않고 고려할 사항의 중심에는 '인구'가 있을 것이다. 이제 모두의 책상 위에 인구 구조 및 분포도 그림을 붙여 놓아야 하는 시대가 되었다.

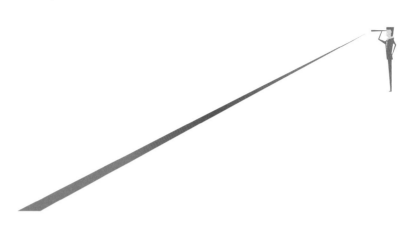

인구 구조의
변화와 복지

　　　　　　산아제한 정책의 실패로 인한 인구수의 감소는
인구 구조의 변화로 이어졌다. 우리나라의 각 연령대별 인구수를 보
여주고 있는 그래프를 살펴보면 40세에 포진한 인구수가 90만 명에
가까운 반면 초등학교에 다니는 어린이의 수는 그 절반 정도에 불과
한 45만 정도에 머물러 있음을 알 수 있다. 이러한 인구 구조 상태가
초래할 미래는 필연적으로 여러 가지 문제를 발생시킨다. 그 중에서
도 점차 앞당겨지고 있는 은퇴시기와 고령화사회의 도래까지 감안하
면 부양 인구는 늘어나고 생산 인구는 늘지 않는 현상이 가장 크게 대
두될 것이다. 부양 문제를 어떻게 해결할 것인가에 대한 고민은 미래
사회의 화두 중 하나다.

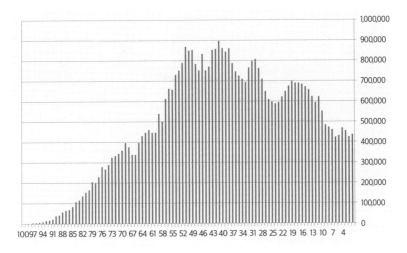

<그림 2> 2015년도 연령별 인구수(인구주택총조사, 2015.)

지속 가능한 복지로

문제는 자연스럽게 복지 문제로 연결된다. 많은 사회학자들이 예견하듯 이미 현재 진행형인 청년인구의 감소와, 이와 병행되는 고령인구의 부양 문제는 개인의 문제가 아닌 사회 문제로, 결국엔 국가가 떠안아야할 복지 문제로 확고하게 자리 잡을 가능성이 크다. 사회발달과정을 염두에 두더라도 선진국은 반드시 복지국가를 지향하게 된다. 그러나 복지에는 반드시 국가 예산이 필요하고, 이는 곧 세금 문제로 이어지기 마련이다. 세금을 내는 것은 결국 줄어들고 있는, 생산을 담당하는 국민이기 때문이다. 인구 감소로 국민의 수가 줄어드는 상황에서 점차 늘어가는 복지 정책을 어떻게 감당할 것인가는 앞으로 우리나라 전체가 고민하고 숙고해야 할 숙제다.

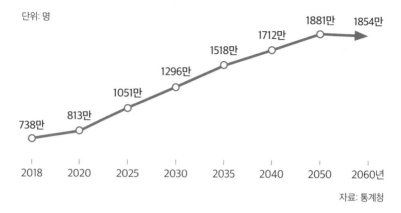

단위: 명

1881만 1854만
1712만
1518만
1296만
1051만
813만
738만

2018 2020 2025 2030 2035 2040 2050 2060년

자료: 통계청

〈그림 3〉 65세 이상 고령인구 전망

　이상적으로 말하자면 복지가 늘어나는 것은 옳은 일이다. 그러
나 노인(65세 이상) 비중이 2018년 738만 명(14%)에서 2050년에는
1,881만 명(39%)이 될 것으로 예상되는 현실을 인식할 필요가 있다.
즉, 노령인구는 늘어나고 세금을 내야 할 인구는 줄어들고 있는 것이
다. 세율을 무작정 올릴 수도 없는 상황에서 취업난과 실업률의 증가,
주택난, 물가 상승 등 개인적인 어려움은 가중되고 있다. 사회적으로
는 빈곤층이 늘어나고 있고 빈익빈부익부 현상은 날로 심해지고 있
다. 중산층은 이미 붕괴되었다고 말하기도 한다. 복지와 세금은 이처
럼 복잡하고 여러 가지 사회 문제와 얽혀있어 쉽사리 해답이 제시되
지 않는다.

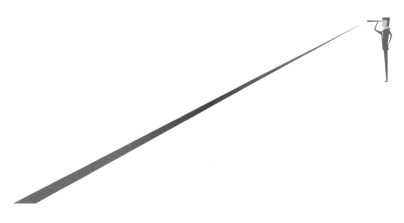

이민 정책과
다문화 사회

생산인구수의 급감을 막기 위해서는 출산율 증가 정책이 반드시 필요하다. 우리는 출산율을 높이기 위하여 매우 많은 노력을 해왔지만, 아직 그 효과는 나타나지 않고 있다. 지금까지의 출산장려 정책에 문제가 있다는 것이다. 출산장려 정책만으로는 지금의 인구 감소를 감당하지 못하는 사태에 이미 이르렀음을 의미하는지도 모른다. 따라서 출산율 증가를 위한 출산장려 정책과 임산부 및 출산과 육아에 대한 복지 정책을 꾸준히 개선하고 펼쳐나감과 동시에 다른 방향의 인구증가 정책도 고민해 볼 필요가 있다.

깊게 고려해봐야 할 것은 이민 정책이다. 미국과 캐나다, 호주 등 많은 선진국들은 오랜 기간 인구 유입정책을 펴왔다. 상대적으로 우리나라는 지금까지 이민 정책이 거의 없었다고 말할 수 있다. 그러나 앞으로도 이런 상태로 국제사회에서 생존하는 것이 가능할까 생각해 보면 고개를 젓게 된다. 이민 정책은 우리에게 있어 꼭 필요한 정책으로, 하루라도 빨리 우리나라 사정에 알맞은 정책을 수립하여 실행해 나가는 것이 좋을 것이다.

다문화, 이민, 민족갈등

물론 무차별적인 이민 정책으로 인해 발생할 문제도 간과해서는 안 된다. 사회적 인식 변화와 여러 가지 사회 안전망의 구축이 필요하다. 이민자들의 문화와 우리 문화의 충돌에 대한 대책도 필요하고, 언어 교육의 문제, 정착 후 심리적 안정을 위한 시스템 등 고려하고 준비해야 할 사항이 한두 가지가 아니다. 그러므로 더욱 차근차근 착실히 준비할 필요가 있다. 얼마나 계획적으로 준비하고 시행하느냐에 따라 이민 정책으로 인한 문제가 줄어들 수 있다.

선별적 이민을 받는 방법도 고려해볼 수 있다. 실제로 미국의 경우엔 외국의 능력 있는 사람들을 선별적으로 골라 이민을 받아주고 있다. 이 이민 정책으로 미국은 젊은 인구를 유지하며, 내적으로도 활기를 유지하고, 경제를 계속 성장시킬 수 있었다. 우리나라도 동남아시아 등 여러 나라의 사람들을 선별적으로 받을 수 있을 것이다.

출산율 저하로 인한 인구 감소는 엄연히 닥쳐올 가까운 미래다. 인구의 감소는 생각지도 못한 질문들을 안겨줄 수 있다. 인구수의 감소로 인해 이민 정책이 활발히 이루어지면 우리는 가까운 미래에 국가, 국민, 민족에 대한 새로운 개념을 가져야 할지도 모른다. 지금보다 전 세계적으로 인구수 감소 현상을 겪는 나라가 많아지면 보다 젊고 우수한 인재를 자국에 유입하기 위한 이민 정책은 정책을 넘어 국가 간 경쟁 양상으로 나타날지도 모른다.

이 상황에서 우리는 아직 단일민족이라는 관념과 그것에 대한 우월의식에서 아직 벗어나지 못하고 있지 않은가 싶다. 실제로 우리나라는 외국인의 유입에 대한 거부감이 심할 뿐 아니라, 이들에 대한 차별 역시 강하다. 21세기인 현재에도 여전히 국제결혼은 신기한 일이고, 다문화가정에 대한 편견이 아직 남아있으며, 외국인의 대한민국 국적 취득은 힘든 것이 현실이다. 난민 문제에 있어서도 국제사회의 여러 선진국들이 함께 고민하고 난민들에게 구호의 손길을 내밀고 있지만, 우리나라에서 난민 문제는 여전히 별세계에서 벌어지는 남의 일로 치부될 뿐이다.

탈북자에 대한 배려도 아직 미진하다. 현재 국내에는 3만 명 정도의 탈북자가 살고 있다. 이들이 새로운 사회에 적응하여 정착할 수 있게 돕는 일은 매우 중요하다.

머지않은 미래에 우리는 선택해야 한다. 국가존속까지 위협할 수 있는 인구 감소를 모른 체할 것인지, 아니면 다른 민족도 우리 민족으로 받아들여 국가를 유지하고 발전시켜갈 것인지 말이다.

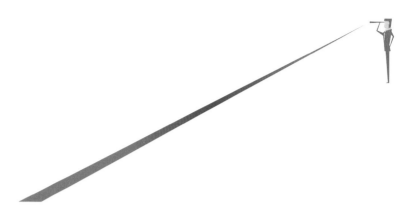

변연계는
자유가 필요하다

영국의 저명한 진화생물학자 리처드 도킨스^{Clinton}

Richard Dawkins는 그의 저서 『이기적 유전자』에서 "인간이란 유전자를 존속시키기 위해 프로그램된 기계에 불과하다"고 말했다. 그는 인간이 신과 같은 절대자에 의해서 창조된 것이 아니며, 창조자의 뜻에 따라 움직이는 생물체가 아니라고 말한다. 인간은 생명을 지배하는 유전자의 이기적인 본능에 따라 작동하는 기계라는 것이다.

인간은 유전자에 의해 움직이는 생물 기계?

이 본능에는 자기 자신을 지키려는 개체보존의 본능인 식욕, 수면

욕 등과 자신을 유지 보존하려는 종족 보존의 본능인 성욕, 모성애 등이 있다. 유전자에 각인된 이러한 본능은 실제로 뇌의 변연계^{limbic} ^{system}가 담당한다고 알려져 있다.

뇌 속의 가장 깊은 중심부에 존재하는 변연계는 생명체를 유지하고 보호하기 위한 가장 기본적인 기능과 감정을 관장한다. 이 변연계는 모든 동물에 발달되어 있으며, 개체 보호와 보존을 위한 역할을 훌륭하게 수행하고 있다.

개체 보존의 본능과 종족 보존의 본능은 생명체의 가장 기본적인 본능으로, 생명체가 지구상에 태어난 37억 년 전부터 발휘되던 것이다. 37억 년 동안 수많은 돌연변이를 통한 진화에서 이러한 본능을 충실하게 실현하지 못하는 생물체는 지구상에서 사라졌다. 현재 지구상에 남아 있는 모든 종은 이 원초적인 본능에 충실했기 때문에 존재하고 있다. 개체 보존과 종족 보존의 본능 말이다.

종족 보존의 본능이 위축된 현대사회

모든 동물에게 발달되어 있는 변연계와 달리, 고등동물일수록 뇌의 겉부분에 피질이 발달해 있다. 대뇌의 피질 중에서 앞쪽에 있는 전두엽은 사고, 판단, 기억, 감정조절 등 고차원의 정신작용을 관장한다. 이곳에서는 본능의 절제나 조절의 역할도 맡고 있다. 그런데 전두엽이 극도로 발달한 현대 인류에게 이상한 현상이 나타나고 있다. 자기 자신의 목숨을 스스로 끊는 일이 많아지고, 종족을 번식시키려는 활동을 지속하지 않으려는 현상이 대두되고 있다. 전두엽이 지나치게 활성화되어 37억 년 동안 생명 활동을 관장해오던 변연계를 억압하고 있는 것이다. 특히 한국인의 전두엽은 어떠한 외부 압력 때문에 변연계를 억압하고 있는 것일까 생각해 볼 필요가 있다. 도대체 현재 우리 사회의 어떠한 요소들이 욕구를 충족시키지 못하게 하고, 본능까지 억압하게 만드는지 알아볼 필요가 있다.

무엇이 종족 보존의 본능을 억압하는가

현재 우리 사회는 사회 불안정성과 미래 불확실성이 높아 생계를 걱정하는 사람이 많아지고 있다. 청년 실업률은 10%에 육박하고 있다. 직장을 가지고 자신 있게 미래를 꿈꿀 수 없는 사람들이 10%에 이르는 것이다. 결혼을 통해 가정을 형성하고 아이를 낳아 잘 키울 자신감이 없어진 것은 당연한 일일지도 모른다.

또한, 우리 사회에는 결혼 생활을 보장해 줄 주거 공간을 마련하기 어려운 젊은이들이 많다. 직장을 잡지 못한 사람들은 주거공간을 마련하지 못해 행복을 꿈꾸기 어렵게 만든다. 사람은 사회를 이루어 공동체 생활을 해야 한다. 작게는 가정에서부터, 크게는 회사·학교·국가라는 사회를 구성하고, 그러한 사회 속에 소속돼 교류함으로써 안정을 찾는다. 그러나 현실에선 당당한 사회의 구성원으로서 자신감을 가지고 미래를 설계하기가 어려운 사람이 많다. 그리고 출산 후에 나타나는 여성의 경력단절은 사회적 소외에 대한 두려움을 갖게 한다.

원초 본능마저 잊게 하는 우리사회의 과당 경쟁도 문제다. 한국 사회는 매우 심한 경쟁 사회다. 어린이 시절부터 성인이 된 후에도 경쟁의 강도가 매우 높다. 이러한 경쟁 속에서 자신이 살아남기 어려울 것이라 생각하는 사람과 자녀를 기를 자신이 없는 부모가 많아지고 있다. 또 한편으로는 현대사회는 질 중심으로 삶이 바뀌고 있다. 직장에서 일찍 퇴근해 여유로운 삶을 즐기는 것을 우선적으로 생각하는 경향이 보편화되고 있다. 이처럼 현재 자기 자신의 행복을 추구하려는 경향은 자녀 양육을 희생으로 생각할 수 있게 만든다. 결혼보다 비혼으로 자신만의 여유를 향유하고자 하는 사람이 늘고 있다.

이렇게 복합적인 사회적 이유로 한국의 변연계는 억압당하고, 출산율은 점점 저하되고 있다. 이런 현상은 과거 필자가 유학했던 1980년대 프랑스에서도 있었다. 이때 프랑스는 다양하고 정교한 출산 장려 정책을 펼쳤다. 그 결과 선진국 중에서 유일하게 출산율을 2.0으로 만들어냈다. 프랑스의 출산장려 정책을 참고해 볼 필요가 있다.

프랑스의 결혼 출산 장려책

우선 프랑스는 결혼 제도부터 다양하다. 정식 결혼 외에 동거결혼, 계약결혼 등도 모두 정상적인 가정으로 인정해준다. 이러한 가정에서 태어난 아이도 차별 없이 국가의 보호를 받는다. 현재 프랑스에서 태어나는 아이의 절반이 이러한 '비정상' 커플에서 태어난다고 한다. 동거나 계약결혼의 경우, 법적인 다툼 없이 간단하게 헤어질 수 있기 때문에 선호되기도 한다. 결혼 형태에 상관없이 함께 사는 커플은 소득수준에 따라 정부에서 주거비용을 지원받는다.

그리고 프랑스에서는 임신을 하게 되면, 그때부터 매달 산모의 영양비가 지급된다. 산모의 정기적인 건강검진은 무료다. 출산 비용이 무료인 것은 말할 것도 없고, 산모에게 위로금 또한 나온다. 이 위로금은 집의 월세보다 큰 금액이다. 아기가 태어나면 도우미 서비스가 제공되고, 매월 우유와 기저귀 값 등의 아동수당이 지급된다. 아동수당은 3세 이전까지 나오는데, 아이가 3세가 되기 전에 동생이 태어나면 2배가 아니라 3배의 수당이 나온다. 아이를 연속해서 낳게 하려는 의도가 담겨 있다. 탁아소 비용은 소득수준에 따라 비용을 내는데, 저소득자 부모에게는 무료로 제공된다. 병원 진찰비와 모든 예방접종 비용도 마찬가지로 무료다. 여기서 참고할 사항은, 아무도 부모들이 얼마의 비용을 내는지 모른다는 점이다. 탁아소뿐만 아니라 초중등학교 식비 등 납부금을 학교에 내지 않고, 시청에 내기 때문이다.

종족 보존의 본능이 발현될 수 있는 여유가 필요해
또한 프랑스에서는 사회안전망의 구축으로 혹시 내가 경쟁에서 밀

리더라도 나를 지지해 줄 안전장치가 있다는 것을 믿게 해준다. 잘 짜인 사회안전망 덕에 경쟁의 강도가 완화되고, 실패하더라도 재기의 꿈을 꿀 수 있게 된다. 이러한 프랑스의 사회정책은 삶이 그다지 치열하지 않다는 생각을 하게 만들어 준다. 다시 말해 뇌의 전두엽이 감정을 조절하는 변연계를 억압하지 않도록 해주는 것이다.

우리나라에서도 출산장려책과 사회보장책이 실시되고 있다. 그러나 경제적인 지원이 만능인 것은 아니다. 인간의 깊은 곳에 존재하는 본능적 기작mechanism에 관심을 가질 필요가 있다. 나와 국가의 미래가 어떻게든 잘 되어 갈 것이라는 믿음을 갖게 만들어 주는 것이다. 여기에는 사회적·문화적 배려 또한 수반되어야 한다. 그래야 변연계가 본연의 임무인 본능에 충실하게 될 것이다. 우리 사회는 지금 변연계에 자유를 허許해 주는 정책들이 필요하다.

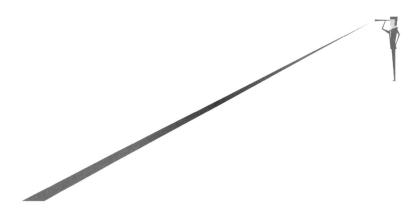

1인 가구의 증가와
감정 로봇

　　　　　　미래사회를 예측함에 있어 '인구'는 인구 감소와
고령화로 인한 사회변화 외에도 많은 데이터를 우리에게 제공해준다.
1인 가구와 독신 가구의 증가 등 가구 형태의 변화, 만혼의 증가, 남녀
성비율의 역전현상 등 인구로 파악할 수 있는 정보는 매우 다양하다.

　1인 가구의 증가 이유는 여러 가지가 있다. 경제적인 사정으로 결
혼을 늦추거나 안 하는 경우가 많아지면서 1인 가구를 형성하기도 하
고, 고령화와 가족 붕괴 등으로 인해 노인들이 독거생활을 하는 경우
가 많아지는 것도 1인 가구 증가의 이유가 된다. 점점 심화되고 있는
개인화 현상도 무시할 수 없는 요소다.

　1인 가구의 증가는 우리 사회에 하나의 현상으로 머무르는 것이 아

니라 다시 경제, 사회, 문화, 정치 등 각 분야에 영향을 미쳐 변화를 가져온다. 편의점의 발달, 소포장 식재료의 등장, 1인 식당의 탄생 등이 그 예이다.

고독한 사람들의 친구, 로봇

미래에는 1인 가구의 증가로 인해 더욱 극적인 변화가 일어날 것으로 보인다. 그중에서도 감정 로봇과 1인 가구와의 유대관계 형성은 현재에는 존재하지 않는 또 다른 형태의 관계로 자리 잡을지도 모른다. 인간의 표정과 목소리, 맥박수 등 방대한 양의 정보를 데이터화해서 인간의 감정 상태를 추출하고, 이에 적당한 반응을 하는 인공지능의 개발은 이미 세계 각국에서 이루어지고 있다. 이런 인공지능을 탑재한 감정 로봇들이 어린이나 독거노인, 혼자 생활하는 사람들의 말벗으로 일상생활 깊숙이 파고들 여지가 많다. 개인화 현상 등으로 사람들과의 소통이 어려운 사람도 감정 로봇과의 대화는 훨씬 편안하게 느낄 것이다.

이러한 감정 로봇과 인간의 유대관계 형성에는 장단점이 존재한다. 사람의 감정을 파악하고 그에 맞는 대응을 하는 로봇이 곁에 있음으로써 1인 가구가 느끼는 외로움 등이 덜어지고, 고독사가 줄어들 수 있다는 것 등은 장점이다. 그러나 말 상대가 되어줄 감정 로봇으로 인해 점점 사람과의 유대관계가 약해질 수 있다는 가능성도 있다.

감정 로봇이 인간의 일상에 어디까지 침투하고 인간과 얼마만큼의 관계를 형성할 수 있는지는 아직 미지수다. 그러나 그 범위는 생각보다 깊고 우리의 예상보다 빠르게 현실화될지도 모른다.

분명한 것은 1인 가구의 증가 등으로 감정 로봇 산업이 점점 발달할 것이라는 점이다. 그러므로 우리는 감정 로봇에 대한 사회적 공론화를 통해 가치판단을 서서히 확립해나가는 것이 필요하다.

한 가지 예를 들어보자. 12년 전 일본의 소니사에서 판매한 로봇 강아지 '아이보Aibo'가 있었다. 일부 사람들에게 열광적인 애정을 받은 이 로봇 강아지는 여러 가지 사정상 살아 있는 반려동물을 키우지 못하는 사람들에게 대리만족감을 심어줬다. 일본에서는 자신이 키우던 로봇 강아지가 고장 나면 장례를 치러주는 사람도 있었다. 이는 로봇 강아지와 사람과의 교감을 보여주는 증거이기도 하다.

반면 로봇 강아지를 학대하는 사람들도 있었다. 살아있는 생명체가 아니라는 이유로 차고 때리고 하는 경우, 우려되는 점이 적지 않았다. 로봇 강아지에 대한 폭력과 학대가 살아있는 생명체로 옮겨갈 경우에 대해 사회학자나 심리학자들은 우려를 표했다.

현재 12년 전의 로봇 강아지는 절판된 상태다. 그러나 얼마 전 새로운 버전의 '아이보'가 전보다 훨씬 다양한 기능을 탑재하고 새롭게 출시되었다. 새로운 버전의 아이보는 LED 재질의 눈에 다양한 표정을 나타낼 수 있으며, 인공지능에 가까운 기능의 탑재로 주변의 소리에 반응함은 물론 안면인식 기능을 통해 시간이 지날수록 주인 등 친숙

〈그림 4〉 로봇 강아지 아이보는 사정상 반려동물을 키우지 못하는 사람들에게 대리만족감을 심어줬다.

〈그림 5〉 2018년 새로 출시된 아이보의 모습.

한 얼굴을 기억한다고 한다. 관절의 움직임도 예전보다 많아졌고, 만지면 재롱을 피우기도 한다. 키우는 사람과의 관계 등에 따라 성격과 개성이 달라진다고 하니 단순히 장난감 로봇이라고 볼 수만은 없을 것 같다. 앞으로도 계속 발전에 발전을 거듭할 감정 로봇과의 관계를 어떻게 맺을지, 감정 로봇과 관계를 맺으면서 동시에 인간관계가 소원해지지 않도록 하는 방법은 없는지 등 앞으로 사회과학적으로 연구할 부분 또한 많아질 것 같다.

세상의 미래

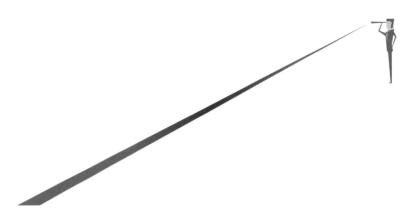

그러나 세계의 인구는
여전히 많다

우리나라는 출산율 저하로 고심하고 있지만, 지구 전체로 볼 때 세계 인구는 여전히 많은 편이다. 세계 인구는 70억 명을 넘어섰고 머지않아 80억 명에 이를 것이다. 현재와 같은 인간의 소비형 문명으로는 지구가 이 인구를 감당하기 어려울 것이다.

인간이 지구에 큰 부담을 주고 있다는 것은 온난화 현상, 사막화 현상 등으로 알 수 있다. 우리나라의 경우에도 해마다 녹조 현상에 몸살을 앓고 있으며, 하루가 멀다 하고 미세먼지 경보가 내려지고 있다. 여름은 더욱 더워지고 사계절의 구분도 점점 모호해지고 있다. 이로 인해 해마다 호흡기 질환자는 늘어나고 있으며, 여름철 더위로 인한 사망자 뉴스도 끊이질 않고 있다.

세계의 인구가 지구가 감당하기에 너무 많다는 것은 아직도 세계 곳곳에 식량난으로 고생하는 사람들이 많다는 사실만으로도 알 수 있다. 물론 이 문제는 인구수만의 문제는 아니다. 식량난을 겪고 있는 나라들의 경제적 상황, 정치적 문제 등 복잡한 현실과도 관계가 있다.

아프리카 등에 위치한 저개발국의 경우 피임에 대한 의식이 부족하여 인구 억제가 실질적으로 이루어지지 않아 가난이 대물림되고 식량난이 가속되기도 한다. 특히 어린아이들이 굶주림에 희생되는 안타까운 일이 멈추지 않고 있다.

이런 아이러니한 상황들을 타개하기 위해서는 인류애를 바탕으로 한 전 세계적인 공조가 필요하다. 우리나라의 경우 국가적으로는 출산율을 높이는 정책을 수립해야 하겠지만, 저개발국의 지원에 있어서는 피임 교육, 식량지원, 약품 및 의료지원 등을 멈추지 말아야 한다. 지구 환경과 자원부족 문제에 대해서도 관심을 기울여야 한다.

지구의 환경 문제는 국가 차원에서만 생각할 일이 아니다. 국민들도 적극적으로 생각하고 참여해야 한다. 그 실천은 생각보다 어렵지 않다. 거대한 정책 수립이 아니더라도 재활용, 분리수거 등 일상생활의 작은 실천에서부터 시작된다. 여름철 에어컨의 적정 온도를 지키고 일회용품의 사용을 줄이는 것만으로도 환경보호, 자원절약에 참여할 수 있다.

저개발국의 지원에 있어서는 새로운 식량자원의 개발도 생각해볼 수 있다. 실제로 최근에는 새로운 식량자원으로 단백질 등이 풍부한

세상의 미래

곤충이 대두되고 있다. 곤충을 활용한 식량 개발은 현재 전 세계적으로 이루어지고 있다. 우리나라도 이에 적극적으로 참여하여 다른 선진국에 뒤처지는 일이 없도록 해야 할 것이다.

결론적으로 인구 문제와 그로 인한 여파는 국가마다 다르고, 국가와 세계의 입장에도 차이가 있다는 점을 알고 각각의 상황에 따른 대처가 필요하겠다.

미래의 복지: 한국에서 기본소득이 가능할까?

기본소득은 재산, 노동의 유무와 상관없이 모든 국민에게 개별적으로 무조건 지급하는 소득을 말한다. 모든 사람이 최소한의 인간다운 삶을 누리도록 보장해주어, 생계의 위험이라는 긴장에서 해방되도록 돕는다는 취지를 가지고 있다. 즉, 재산의 많고 적음이나 근로 여부에 관계없이 모든 사회구성원에게 무조건적으로 지급하는 것으로 무조건성, 보편성, 개별성을 특징으로 한다. 역사적으로 보면 토마스 모어의 소설 『유토피아』에서 처음 등장하였다. 기본소득의 재원은 기존의 세원 외에 로봇세를 거두어 충당하자는 의견이 있다. 그러나 재원 마련 등의 현실 가능성이 떨어지고 오히려, 기존 복지체제를 위협할 수 있다는 우려와 포퓰리즘 논란이 있다.

기본소득은 주로 스위스, 핀란드, 네덜란드 등 북유럽 국가에서 도입이 활발하게 논의되고 있다. 스위스에서는 2016년 정부가 매달 성인에게 2,500프랑(약 300만 원), 18세 미만 어린이 및 청소년에게는 625프랑(약 78만 원)씩 기본소득을 지급하는 방안에 대해 찬반 투표가 있었다. 처음의 결과는 76.9%의 반대로 거부되었다. 반면 핀란드 정부는 실험적으로 2017년 1월 1일 부터 2년 동안 일자리가 없어 복지수당을 받는 국민 중 2,000명에게 매달 560유로(약 70만 6,000원)의 기본소득을 지급하기 시작하였다. 기본소득 지급 대상은 무작위로 선정되었다. 기본소득 수급자는 사용처를 보고하지 않아도 되고 2년 내에 일자리를 얻어도 기본소득 전액을 받을 수 있다. 핀란드 정부는 2년간 지급되는 기본소득이 사회의 긴장 정도, 빈곤, 고용 등과 어떤 영향이 있는지 분석 검토하여 그 성과가 확인되면 적용 대상을 확대할 예정이다. 한편, 실험 기간을 연장하자는 의견이 있었으나, 핀란드 정부는 연장하지 않기로 한 바 있다.

한국 내에서도 기본소득에 대한 논의가 활발하다. 기본적인 취지에는 공감하는 사람들이 많을 것이다. 그러나 재원이 문제. 성인 약 4천만 명에게 일인당 연간 840만 원(월 70만 원)을 추가로 지급한다고 가정하면 매년 약 330조 원이 필요하다. 여기에 기존 복지비용(노령연금, 실업수당 등) 약 100조를 절약한다고 해도 230조 원이 추가로 필요하게 된다.

현재 OECD 국가들의 조세부담률 평균은 26%이고 한국은 19.3%이다. 이를 보면 아직도 세율을 더 올릴 여력이 남아 있다고 볼 수도 있을 것 같다. 하지만 한국은 세금에 대한 거부감이 매우 큰 나라에 속한다. 따라서 세율을 올려서 기본소득을 시행하기는 어려울 것으로 보인다. 만약 로봇세를 거둘 수 있게 된다 해도, 로봇세로 기본소득을 모두 충당한다는 것도 어려울 것 같다. 특히 통일을 앞둔 우리에게는 통일비용에 더 우선순위가 높을 것이다.

제3장

미래의 화두,
AI

FUTUROLOGY

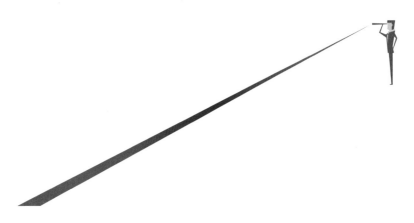

우리는 이미 인공지능
사회에 살고 있다

2016년 구글Google의 인공지능개발 자회사인 구글 딥마인드Google DeepMind가 개발한 인공지능 바둑 프로그램 알파고 AlphaGo와 한국의 세계적인 바둑기사 이세돌 9단의 바둑대결이 있었다. 인공지능을 전공한 필자는 이 대결 소식을 듣고 감개가 무량했다. 그렇게 오랫동안 인공지능 연구가 이어졌지만, 인공지능 분야는 아직 기대에 부합하는 결과를 내지 못하고 있었다. 그런 와중에 드디어 인공지능이 사람과 대결할 수 있을 정도로 진보했다니, 정말 기분이 좋았다.

인공지능의 겨울시대를 거쳐서

그럴 수밖에 없었다. 인공지능의 개념이 1956년에 도입되자 초기에는 많은 기대를 받으며 연구비도 많이 투입되었다. 그러나 기대한 것과 달리 연구결과는 미미했고, 1990년대 초반부터 사람들은 실망하기 시작했다. 인공지능 연구는 실현 불가능한, 연구를 거듭해도 실현되지 않을 영역의 기술이라고 생각하기 시작했다. 이로 인해 연구비도 줄어들고 자연스레 인공지능을 공부하는 학생도 줄어들었다. 인공지능 연구계에서는 이 기간을 '인공지능의 겨울Winter of AI'이라고 말한다. 그렇게 천대받던 인공지능이 인간을 상대로 세계적인 대결을 한다니 감회가 새로웠다. 그러면서도 내심 필자는 인공지능이 아직은 인간을 이기지는 못할 것이라 생각했다.

대국이 시작되기 전 많은 전문가들의 의견 역시 마찬가지였다. 대부분의 전문가들은 이세돌 9단의 승리를 예상했다. 바둑이라는 게임이 가진 복잡성을 인공지능이 따라잡기에는 아직 부족하다는 것이 사람들의 판단이었다.

이러한 흐름 속에 필자의 바람은 인공지능이 한판이라도 이세돌 9단을 이겨 인공지능의 가능성과 위력을 보여주는 것이었다. 그래서 열심히 알파고를 응원했다. 필자의 머릿속이 혼란스러워진 것은 첫판에서 이세돌 9단이 맥없이 패한 후였다. 예상 밖의 결과에 놀라워하며 두 번째 대국에서는 인간을 응원하고 있는 것을 발견했다. 필자도 결국 인간이었다.

결과적으로 말하자면 모두 알다시피 세계의 이목을 집중시키며 유튜브를 통해 전 세계에 생중계된 다섯 번의 대국 중 네 번을 알파고가 이겼다. 그리고 2016년을 대표하는 사건 중 하나로 기록될 인간과 기계의 바둑대전에서 인간의 패배는 많은 사람들에게 충격을 안겨줬다. 이는 AI에 대한 관심을 높이는 계기가 됨과 동시에 AI에 대한 두려움을 가지게 만드는 사건이 되었다.

인공지능 기술에 대한 충격과 두려움이 아이러니한 점은, 우리가 이미 인공지능, 즉 AI 사회에 살고 있기 때문이다. 우리가 그것을 아직 실감하지 못했던 것은 AI를 로봇 등에 한정해서 생각하는 경우가 많았기 때문이다. 그러나 인공지능은 이미 그보다 훨씬 광범위한 분야에 자연스럽게 침투해 있다.

예를 들어 가정의 에어컨, 세탁기, 자동차의 내비게이션, 맥도날드의 무인주문기계, 번역 웹 등의 기계 번역 기술, 스팸메일 필터링 서비스, 은행의 무인현금지급기, 공장의 자동화 설비, 주차장의 무인주차 요금계산기 등은 실생활에서 너무나 쉽게 볼 수 있는 인공지능의 적용이라고 할 수 있다. 점점 현실화되어 가고 있는 자율주행 자동차, 우편 배달 드론, 웨어러블 컴퓨터Wearable Computer 등도 AI임은 물론이다.

이쯤 되면 우리는 AI와 함께 살아가고 있다고 해도 과언이 아니다. 앞으로 우리는 AI와 더욱 근접한 생활을 하게 될 것이다. 그에 비해 AI에 대해 우리가 알고 있는 지식은 그리 많지 않다. 막연하게 AI가 인간의 일을 대체할 것이라는 전망에 따른 실업률의 증가 등을 우려하고만 있는 상황이다.

인공지능에 대한 기대와 우려

미래의 AI, 인공지능 사회에 불안이 없는 것은 아니다. 그러나 희망역시 존재한다. 불안이 아닌 희망의 미래로 나아가기 위한 인간의 올바른 선택과 노력이 필요할 뿐이다. 그런 의미에서 이쯤에서 AI란 과연 무엇인지 정확히 알고 생각해 볼 시점이 된 것 같다. AI의 발전 속도와 AI에 대한 우리의 가치관이 균형을 이뤄야 인간을 위한 미래를 설계하고 올바르게 나아갈 수 있기 때문이다.

먼저 AI의 개념을 정리해 보자. AI란 인간이 만든 컴퓨터 등의 기계가 딥러닝 등의 기계학습을 통해 사고, 추론, 계획, 판단 등의 지식을 다룰 수 있는 능력을 획득하는 것을 말한다. 그러나 인공지능은 지식은 가지고 있지만 자아의식은 없다. 자아의식이 없기 때문에 감성도 없다.

또한 AI는 크게 합리적인 판단과 계산을 할 수 있는 '이성理性 인공지능'과 감정을 느끼고 표현할 수 있는 '감성感性 인공지능'으로 나눌 수 있다. 지금까지는 이성 인공지능 쪽이 많이 연구되고 발달해 왔다. 알파고 역시 이성 인공지능 쪽에 해당한다. 그러나 앞으로는 감성 인공지능 연구가 활성화될 것으로 전망된다.

참고로 구글은 알파고 이후에 '알파고 제로'를 개발하였다. 2017년 알파고 제로는 중국의 커제 9단을 3대 0으로 이겼다. 기존의 알파고는 기존의 데이터(기보)를 이용하여 학습을 하였다. 그러나 알파고 제로에게는 바둑의 규칙만 주었지 데이터는 주지 않았다. 규칙만을 가지고 스스로 학습을 하였다. AI가 또 한 단계 앞으로 나아간 것이다.

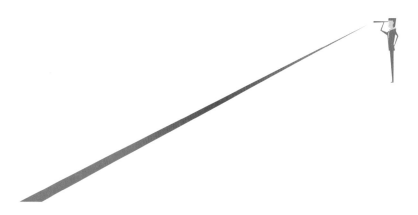

인공지능은
어떻게 학습하는가?

　　　　인공지능에는 다양한 기술이 존재한다. 일반인들
에게는 인공지능 자체가 하나의 기술처럼 보일지 모른다. 그러나 이
를 전공하는 사람들에게 인공지능은 인간의 뇌를 모방하고자 하는 방
법들의 집합체일 뿐이다. 그 속에는 매우 다양한 기법과 접근법이 있
고, 이것들의 용도와 이용법은 차이가 많기 때문이다.

　예를 들어서 건축이라 하면, 집이나 건물을 짓는 일을 말한다. 그러
나 건물을 지을 때는 매우 많은 기술이 적용된다. 목재 또는 벽돌로
집을 짓기도 하고, 철근을 넣는 철근콘크리트 방식도 있다. 완전히 철
제 기둥만 세워서 올리는 방식도 있다. 이 방법들은 각각의 특성이 있
기 때문에 건물의 위치나 용도에 따라서 방법을 골라 사용한다.

인공지능에 있는 다양한 기법들

인공지능도 마찬가지다. 컴퓨터가 사람의 뇌와 유사하게 작동하도록 하려는 목적은 동일하지만, 문제의 특성이나 데이터의 종류에 따라 적합한 방법을 골라서 사용한다. 인공지능을 실현하기 위한 기술에는 인공신경망Artificial neural network, 딥러닝Deep learning, 퍼지이론Fuzzy theory, 유전자 알고리즘Genetic algorithm, 서포트벡터머신Support vector machine 등이 있다.

인공신경망은 학습에 좋은 성능을 보인다. 딥러닝 기법은 인공신경망과 결합하여 학습의 효율을 높이는 데 좋은 성능을 보인다. 퍼지이론은 인간의 애매한 느낌을 수리적으로 표현하여 컴퓨터가 계산할 수 있게 해준다. 유전자 알고리즘은 유전자가 진화해 오는 과정을 모방하여 주어진 문제를 최적화하는 데 유효하다. 서포트벡터머신은 데이터를 간단하게 분류하는 데 자주 사용된다. 10여 개의 인공지능 기법 중에서 가장 널리 알려진 것이 바로 인공신경망이다. 구글이 만든 알파고는 인경신경망 방법을 이용하여 개발되었다.

구글의 알파고를 만든 인공신경망

인공신경망은 1943년 미국의 신경외과 의사인 워렌 맥컬록Warren McCulloch과 논리학자 월터 피츠Walter Pitts에 의해서 기본 개념이 제시되었다. 이들은 인간의 뇌 속에 있는 뇌세포가 전기 스위치와 비슷하게 작동한다고 생각하고, 이것을 모방하면 인간의 뇌와 비슷한 일을 할 수 있을 것이라고 생각했다. 1956년에 인공지능이란 단어가 제시되기 전의 일이었다. 그 후 1958년 미국의 심리학자 프랭크 로젠블래트Frank Rosenblatt는 퍼셉트론Perceptron이라는 개념을 제안하였다. 퍼셉트론은 인공신경망 속에 있는 노드Node를 표현하는데, 퍼셉트론은 간단한 연산을 하여 옆 노드에 결과를 넘겨준다.

우리는 막연히 인공지능이 인간의 뇌를 모방하여 일을 한다고 말한다. 그런데 과연 어떻게 그런 일을 하는지에 대해서는 말하지 않는다. 여기서는 매우 간단한 바둑의 예를 보면서, 어떻게 인공신경망이 이러한 신기한 일을 하는지 알아볼 것이다. 독자들은 펜을 들고 10분만 따라오기 바란다. 인공지능의 작동 원리를 아는 사람이 될 수 있다.

그림의 바둑판을 보자. 흑돌 3개가 바둑판의 한쪽 귀에 놓여 있다. 이러한 상황에서 백은 어디에 놓아야 할까? 예를 들어서 그림의 백돌처럼 우측에 놓아야 한다. 바둑 초보도 알 수 있는 기본 정석이다. 이러한 정석을 그림에서는 점선으로 표시했다. 점선의 오른쪽 부분에 놓아야하고, 왼쪽에 놓으면 안 된다. 이런 것을 컴퓨터가 이해할 수 있도록 하기 위해서는 수학으로 표현해야 한다.

바둑을 수학으로 표현하기

그림처럼 좌표 (x1,x2)를 만든다. 〈그림 1〉에는 흑돌 3개를 좌표

(0,0), (1,0), (0,1)로 표현하고, 백돌의 위치는 (1,1)로 나타낸다. 백돌을 놓을 수 있는 지역을 표시하기 위하여, 변수 t를 도입한다. 오른쪽 지역을 t > 0라 표시하고, 왼쪽 지역을 t < 0으로 표시한다.

바둑의 정석을 수식으로 표현하여, 학습 데이터를 만든다. 즉, 4개의 조건이 붙은 데이터이다.

(0,0)이면 t < 0

(1,0)이면 t < 0

(0,1)이면 t < 0

(1,1)이면 t > 0

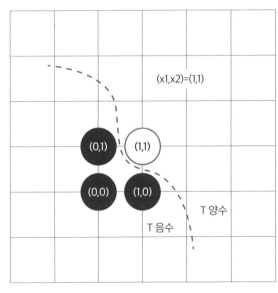

〈그림 1〉 흑돌 3개가 놓여 있을 때, 백은 점선의 오른쪽에 놔야 한다.

여기서 좌표 (0,0)은 t 값을 음수가 되게 한다는 뜻을 나타내고, (1,1)은 t 값이 양수가 되게 한다는 뜻이다.

바둑 배우는 인공신경망 만들기

바둑을 배울 수 있는 인공신경망을 만들어 보자. 망의 구조는 연구자의 경험과 지식에 의하여 결정된다. 필자는 〈그림 2〉와 같이 인공신경망을 만들었다. 3개의 입력노드(1, x1, x2)와 1개의 출력노드(t)를 만들었다. 첫 번째 입력노드의 값은 항상 1로 하자. 그리고 둘째, 셋째 노드에는 좌표값 (x1, x2)이 들어간다. 그리고 가중치 (w1, w2, w3)는 입력과 출력 사이의 연결강도를 나타낸다.

입력 노드는 입력 값과 가중치를 곱하여, 출력 노드(t)에 넘겨준다. 즉, 입력(1, x1, x2)과 가중치(w1, w2, w3)가 곱해져 출력 t가 된다.

$$1 \cdot w1 + x1 \cdot w2 + x2 \cdot w3 = t$$

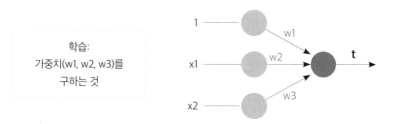

학습:
가중치(w1, w2, w3)를
구하는 것

〈그림 2〉 바둑 학습을 위한 인공신경망, 입력 노드 3개, 출력 노드 1개

세상의 미래

결국 여기서 학습이라는 것은 학습 데이터의 조건을 만족시키는 가중치(미지수)의 값을 구하는 것이다.

바둑 학습 데이터 만들기

이제 학습 데이터를 준비해보자. 앞에서 준비한 데이터 '(0,0)이면 t < 0'을 앞의 수식에 대입하면 아래와 같이 된다.

$$1 \cdot w1 + 0 \cdot w2 + 0 \cdot w3 < 0$$

마찬가지 방법으로 '(1,0)이면 t < 0'을 대입하면, 다음을 얻는다.

$$1 \cdot w1 + 1 \cdot w2 + 0 \cdot w3 < 0$$

이렇게 하면 결국 아래와 같이 4개의 수식으로 종합할 수 있다.

$$1 \cdot w1 + 0 \cdot w2 + 0 \cdot w3 < 0$$
$$1 \cdot w1 + 1 \cdot w2 + 0 \cdot w3 < 0$$
$$1 \cdot w1 + 0 \cdot w2 + 1 \cdot w3 < 0$$
$$1 \cdot w1 + 1 \cdot w2 + 1 \cdot w3 > 0$$

인공신경망 학습시키기

여기에는 3개의 미지수(w1, w2, w3)가 있고, 4개의 수식이 있다. 우리가 중학교 때 배운 연립방정식과 비슷하다. 그런데 미지수는 3개인데, 수식이 4개이다. 미지수와 수식의 개수가 다르면 연립방정식을 풀 수 없다(이것이 가물가물하면 중학생 딸에게 물어보라). 또한 수식들은 부등호가 들어 있는 조건식이다. 이럴 때 미지수를 구하는 방법이 인공신경망 학습법이다.

4개의 조건식을 만족시키는 미지수(w1,w2,w3)를 여러 가지로 시도해본다. 여기에는 많은 시행착오가 따른다. 그래서 인공신경망 학습에는 계산 시간이 많이 소요되기 마련이다. 하지만 우리의 문제는 간단하기 때문에, 몇 차례의 시행착오 끝에 미지수를 구할 수 있었다. 〈그림 3〉 참조.

w1=-3, w2=+2, w3=+2

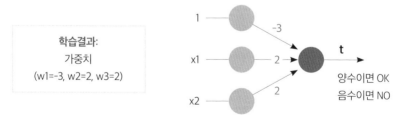

〈그림 3〉 학습결과, 가중치 결정 w1=-3, w2=2, w3=2

학습된 인공신경망을 예제에 적용

앞에서 학습된 신경망을 수식으로 표현하면 다음과 같이 된다.

$$1 \cdot w1 + x1 \cdot w2 + x2 \cdot w3 = 1 \cdot (-3) + x1 \cdot (+2) + x2 \cdot (+2) = t$$

이제 학습된 인공신경망을 이용하여, 〈그림 4〉와 같이 예제를 풀어보자. 좌표 (2,0)을 인공신경망에 대입해본다.

$$1 \cdot (-3) + 2 \cdot (+2) + 0 \cdot (+2) = 1$$

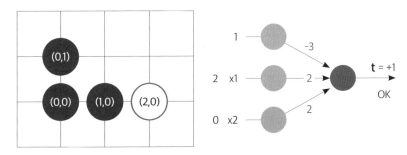

〈그림 4〉 좌표 (2,0)을 적용해 보면, t=+1이 되어서, 놓아도 좋다는 결론

결과가 t=+1로 양수가 나왔다. 즉, 이 점에는 백을 놓아도 좋다는 뜻이다. 그러면 이제 (1,-1)에 대하여 적용해보자.

$$1 \cdot (-3) + 1 \cdot (+2) + (-1) \cdot (+2) = -3$$

t=-3이 된다. 음수이다. 여기에는 놓지 말라는 뜻이다. 우리가 알고 있는 바둑 지식과 일치한다.

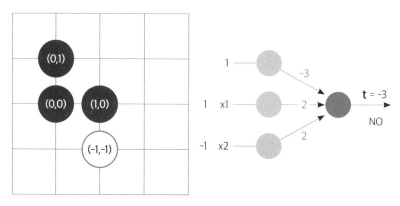

〈그림 5〉 좌표 (1,-1)을 적용해 보면, t=-3이 되어서, 놓지 말라는 결론

이제 인공신경망이 어떻게 학습되고, 어떻게 답을 주는지 알았다. 알파고의 인공신경망도 사이즈의 차이가 있지만, 기본적인 작동 원리는 이와 동일하다. 알고 보니 매우 단순한 계산으로 작동한다. 이제 나도 인공지능 원리를 아는 사람이 되었다.

세상의 미래

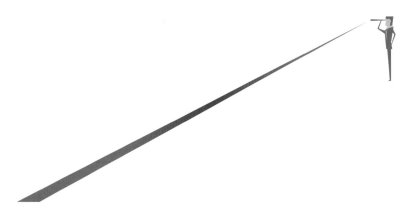

감성 인공지능은
가능할까?

『로봇과의 사랑과 섹스Love and Sex with Robots』라는 책의 저자 데이비드 레비David Levy 박사는 35년 내에 인간과 인간형 로봇인 휴머노이드의 결혼이 보편화될 것이라고 전망했다. 데이비드 레비 박사의 예측이 실제로 이루어질지는 모르지만, 인간형 로봇인 휴머노이드의 탄생이 가능한지 아닌지는 따져볼 수 있을 것이다. 이에 관해 2014년 나는 한 가지 질문을 받은 적이 있다. 감정을 가진 인공지능, 즉 인간의 희노애락을 표현할 수 있는 인공지능의 탄생이 가능한가에 대한 질문이었다.

당시는 마침 영국의 레딩대학교가 개발한 컴퓨터 프로그램인 '유진 구스트만Eugene Goostman'이 튜링 테스트Turing test를 통과하고, 인간의 감정을 이해하는 일본 로봇 '페퍼Pepper'의 등장 소식으로 인공지능업계가 떠들썩할 무렵이었다.

튜링 테스트

'튜링 테스트'라는 것은 컴퓨터 공학의 아버지라고 불리는 영국의 수학자이자 암호해석가인 앨런 튜링Alan Turing이 1950년에 발표한 논문 「기계도 생각할 수 있을까Can Machines Think」에 나오는 인공지능 판별법이다. 이 논문에서 앨런 튜링은 컴퓨터가 인간과 자연스럽게 대화를 주고받을 수 있다면 의식이 있다고 봐야한다고 했다. 그리고 의식을 가진, 사람처럼 생각하는 컴퓨터야말로 진정한 인공지능으로 볼 수 있다는 정의를 내렸다. 이 튜링 테스트를 유진 구스트만이 통과했다는 것은 인공지능의 새 시대가 열렸다는 것이나 마찬가지였다.

때문에 유진 구스트만이 정말 튜링테스트를 통과했는지가 논란의 대상이 되었다. 결론적으로 말하자면 유진 구스트만을 사람과 같이 생각하고 말하는 진정한 인공지능으로 보기에는 어렵다는 게 우세한 의견이다. 튜링테스트가 유진 구스트만에게 유리하게 진행됐다는 것이다. 그럼에도 불구하고 유진 구스트만의 탄생은 주목할 만한 일이었다. 앞으로 유진 구스트만을 넘어서는 인공지능이 만들어질 것이 분명하고, 언젠가는 사람과 구별하기 힘들 정도로 질의응답이 가능한 인공지능이 탄생할 것이라는 예측을 가능하게 했기 때문이다.

그러나 사람과 대화를 나누는 것만으로 인간형 로봇인 휴머노이드가 탄생했다고 말하기는 어려울 것이다. 궁극적으로는 사람의 감정까지 학습하고 표현할 수 있는 로봇이 진정한 인간형 로봇인 휴머노이드라고 할 수 있다.

이에 대한 개인적인 의견은 '충분히 가능하다'이다. 사실 그동안 이성 인공지능이 발달한 속도에 비해 감성 인공지능이 발달하지 못했던 것은 순전히 시장논리 때문이었다. 시장이 이성 인공지능을 원했기 때문에 돈이 되는 이성 인공지능의 발전으로 저울추가 기울어졌던 면이 없지 않다. 그러나 앞으로는 감성 인공지능에 대한 시장수요가 늘어나리라 예상된다. 그리고 감성 인공지능을 만들 수 있는 기본 원리는 이미 다 알고 있는 것이나 마찬가지다. 투자와 지속적인 연구만 있으면 얼마든지 감성 인공지능을 만들 수 있을 것이다.

감성 인공지능의 원리

감성 인공지능의 원리는 이렇다. 사람의 감정과 희로애락을 무수히 잘게 쪼개 유한 개의 작은 단위Primitive Component로 나눈다. 예를 들어 화를 내는 감정 표현이 나오기 위해서는 수많은 경우의 수가 있지만 결국 그 경우의 수란 유한할 수밖에 없다. 유한하기 때문에 통계적 확률 조건들만 부여하면, 연속적 조합Sequential Combination을 통해 인공지능도 감정의 표현이 가능해진다.

이렇게 연속적으로 조합된 경우의 수는 거의 무한에 가까울 수 있다. 사람이라면 불가능한 계산이겠지만 이성 인공지능은 무한에 가까운 경우의 수도 순식간에 계산할 수 있다. 따라서 경우의 수를 통해 얻어진 희로애락의 감정을 표현할 수 있게 된다.

이성 인공지능이 기계학습을 하듯이 감성 인공지능 역시 학습이 가능하다. 일본의 소프트뱅크가 만든 '페퍼'의 경우 사람의 감정을 학습한다. 클라우드 서버에 각자의 경험을 공유하면서 학습하고 진화한다. 그리고 사람의 감정에 공감을 나타내며, 그에 맞는 말과 행동을 할 수 있다. 페퍼가 감정로봇이라고 불리는 이유다.

〈그림 6〉 일본의 소프트뱅크가 만든 로봇 페퍼.

세상의 미래

페퍼의 활용도는 다양하다. 처음에는 가정용 휴머노이드로 개발되었지만 현재는 피자헛에서 주문을 받기도 하고, 은행이나 카페에서도 일하고 있다. 감정로봇의 발달은 가속화될 전망이다. 미쓰비시 종합 연구소에 따르면 2025년에는 인공지능과 사람이 자연스럽게 대화를 나눌 수 있게 될 것이며, 2030년에는 인공지능이 인격을 가지게 될 가능성이 있다고 한다.

예측의 시기는 틀릴 수 있지만 인공지능이 감정로봇으로 진화하고 있다는 것만은 의심할 여지가 없다. 여기에 인간의 외형까지 갖춘다면 데이비드 레비 박사가 말한 인간과 인간형 로봇인 휴머노이드의 결혼이 현실화될지도 모른다.

그렇다고 해서, 인공지능이 자아의식을 가질 것이라는 보장은 없다. 앞서 언급한 감성 인공지능은 감성을 모사하는 것일 뿐이다. 자신이 스스로 감성을 느끼고 있음을 인식한다고 보기는 어렵기 때문이다. 자아의식 없이, 단순히 감성을 흉내 내는 수준이라는 것이다.

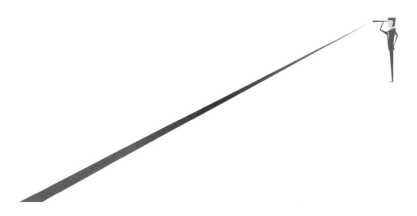

창의성을 가진
인공지능이 가능할까?

제2차 세계대전 중에 컴퓨터를 개발한 이유는 빠른 계산력이 필요했기 때문이다. 포탄의 탄도를 계산하고, 암호를 해독하는 일은 빠를수록 좋았다. 이를 위해 전쟁 중에 개발된 컴퓨터는 큰 도움이 됐다. 이후, 반도체 기술의 발달은 계산력뿐만 아니라 컴퓨터의 기억력을 향상시켜 인간의 능력을 추월하게 되었다. 이제 컴퓨터를 대상으로 계산력이나 기억력을 시합하겠다는 사람은 없다.

주목 받고 있는 인공신경망과 딥러닝

계산력과 기억력에서 인간을 추월한 컴퓨터가 나아갈 방향은 추론 능력의 향상이었다. 추론이란 존재하는 사실로부터 새로운 사실을 찾아내는 것을 말한다. 예를 들어 1천 명의 건강검진 기록부가 데이터베이스에 저장되어 있다고 하자. 기억된 데이터에서 50대가 위암에 잘 걸리고 60대가 폐암에 잘 걸리는 경향이 있다는 것을 알게 되면, 이것은 새로운 사실을 알아낸 것이다. 즉 기억된 데이터로부터 새롭게 추론해낸 사실이다. 이러한 컴퓨터의 추론 능력에 대한 연구는 1980~1990년대에 많이 이루어졌다. 그 결과 컴퓨터는 월등한 추론 능력도 가지게 되었다.

추론 능력을 갖춘 다음 차례는 학습이었다. 인간은 스스로 배우며 지식을 넓혀간다. 반면, 인공지능은 기억시켜준 것만 기억한다. 인공지능에게 스스로 배우도록 하는 것이 학습력이다. 그동안 학습을 위해서는 인공신경망Artificial neural network을 중심으로 베이지안 네트워크Bayesian network, 서포트벡터Support vector machine 등의 기법이 이용되었다. 이 기법들은 인공지능의 학습 가능성을 보여주는 데 성공했지만, 계산 시간이 너무 많이 걸리기 때문에 실용성이 떨어졌다.

그런 와중에 2006년 토론토대학교의 제프리 힌튼Geoffrey Hinton이 딥러닝 개념을 이용한 전처리 과정을 다층 신경망에 추가하여 좋은 결과를 얻었다. 딥러닝은 기본적으로, 부분적으로 단계별 학습을 하여 효율성을 올리는 기법이다. 앞에서 언급한 알파고도 인공회로망에 딥러닝 기법을 적용한 것이다. 딥러닝 개념으로 인해 인공지능은 학습도 인간처럼 할 수 있게 되었다.

주목해야 할 유전자 알고리즘

학습 능력까지 갖춘 인공지능 앞에 남은 장애는 감성과 창의성이다. 이 두 가지는 아직 인공지능이 도달했다고 볼 수 없다. 앞에서 언급한 것처럼 인간의 감성을 모방하는 인공지능은 그다지 어렵지 않게 출현할 것이다. 문제는 응용할 대상을 정하고, 그것을 위하여 얼마나 많은 돈을 투자하느냐에 달려 있다고 생각한다.

마지막 남은 단계는 창의성이다. 창의성은 바꾸어 말하면 예상하지 못한 변칙이다. 인공지능 기법 중에 유전자 알고리즘Genetic algorithm이 있다. 이것은 생물체의 유전자가 보존되고 변화하는 과정을 모방한다. 여기 이용되는 돌연변이 기능은 돌발적인 상황을 만들어 낼 수 있다. 즉 변칙적인 결과를 내는 기법이다. 앞으로 창의성을 가진 컴퓨터를 만들 때 바로 이 유전자 알고리즘을 이용하게 될 것으로 생각한다. 이 부분 역시 응용 분야를 정하고 집중적인 투자를 하면 분명 결과가 나올 것이라 생각한다.

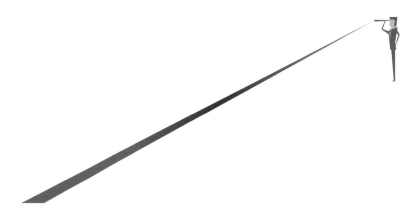

인공지능 사회의
두 가지 시나리오

미래 인공지능 사회의 도래에 있어 인간을 가장 두렵게 하는 것 중 하나는 AI가 일자리를 빼앗아감으로써 인간이 일할 수 있는 기회가 사라진다는 전망일 것이다. 세계경제포럼^{WEF}은 2020년까지 전 세계에서 총 710만 개의 일자리가 사라지는 반면, 새로 생기는 일자리는 200만 개가 될 것으로 예상했다. 결국 줄어드는 일자리의 수는 총 510만 개가 된다. 실제로 AI는 이미 많은 부분에서 인간의 직업을 대체하기 시작했다. 연간 판매되는 로봇 양의 증가를 봐도 알 수 있다.

하드웨어와 일자리 변화

국제로봇연맹IFR에 따르면 2015년 세계에서 판매된 로봇은 전년보다 12% 늘어난 24만 8000대로 역대 최대였다. 중국에 판매된 로봇은 전년보다 17% 늘어난 6만 8000대로 전체의 27.4%에 달한다. 2014년 한국의 제조업 분야에서는 근로자 1만 명당 로봇은 478대가 일하고 있는 데 비해, 중국은 1만 명당 36대가 일하고 있었다. 로봇의 유연성, 정확성, 자율성이 높아지면서 쓰임새가 넓어졌고, 또한 어렵고 힘든 일을 대신해 주는 장점 때문에 보급이 더욱 빨라지고 있다.

기계가 인간을 대체하게 된 것은 하루아침의 일이 아니다. 18세기 산업혁명에서도 비슷한 일이 일어났다. 인간의 노동을 기계가 대신해 생산 효율은 올라간 반면, 기계 때문에 실업자가 된 사람들이 점점 많아지게 됐다. 실업률이 올라가자 기계는 더 이상 힘든 일을 대신해주는 고마운 존재가 아니라 적이 됐다. 그로 인해 19세기 초 영국의 방직공장에서는 러다이트운동Luddite Movement이 일어났다. 러다이트운동은 기계 파괴 운동이다. 노동자들은 방직기계 등 사람의 일자리를 차지한 기계를 부수기 시작했다. 하지만 기계 파괴 운동은 계속되지 않았다. 생산의 기계화로 생산성이 증가하자 경제가 활성화되었고, 이에 따라 새로운 직업들이 생겨난 것이다. 사람들 사이에 기술 개발이 새로운 일자리를 만드는 선순환의 씨앗이라는 인식이 확산되자 러다이트운동은 멈출 수밖에 없었다. 현대사회에 존재하는 대부분의 일자리가 산업혁명 후에 생겨난 것임을 감안한다면 당연한 결과다.

소프트웨어와 일자리 변화

그렇다면 앞으로 다가올 또 다른 기계혁명이자 산업혁명인 인공지능 시대에도 같은 일이 벌어질까? 인공지능 기계가 인간의 일자리를 대체해도 새로운 직업이 생겨나는 선순환으로 사회에는 아무런 문제가 발생하지 않을까?

안타깝지만 18세기 산업혁명 시대와 인공지능으로 열리게 된 새로운 시대는 그 전망이 같다고 할 수 없다. 과거에는 기계가 노동을 대체하는 비율이 제한적이었다. 예를 들어 한 개의 로봇은 한 개의 일자리를 대체했다. 또한 로봇을 만드는 과정에 필요한 새로운 일자리가 많이 생겼다. 일자리가 사라진 것이 아니라 일자리가 로봇을 만드는 새로운 일자리로 바뀌었다고 봐야 하므로 일자리가 없어졌던 것은 아니었다. 즉 로봇의 노동 대체율이 1대 1이었다고 볼 수 있다. 하지만 지금 일어나고 있는 인공지능시대의 AI로 인한 노동 대체는 종전과 다른 양상을 보이고 있다. AI는 단순한 기계가 아니라 소프트웨어다. 소프트웨어는 무한 복제가 가능하다. 처음 AI를 개발하는 데는 많은 노동이 필요하지만, 복사하는 데는 노동이 필요하지 않다. 따라서 AI의 노동 대체율은 1대 N이라 할 수 있다. AI는 산업혁명 시대와는 다르게 높은 비율로 일자리를 대체하게 될 것이다.

일자리가 줄어들고 실업률이 증가하게 되는 것은 당연하다. 실업률이 증가한다는 말은 경제활동 인구가 줄어든다는 말이다. 경제활동인구가 줄어들면 소비인구가 줄어들어 경제가 위축된다. 경제활동 인구의 감소와 소비인구의 감소는 소득세와 간접세 등 정부의 세금 수입이 줄어들게 된다는 의미다. 반면 실업자의 증가로 정부에서 보살펴야 할 대상은 늘어나게 된다.

인공지능의 보급과 실업률

실업자가 많아지면 여러 가지 사회 문제가 발생한다. 만약 실업률이 20%에 이른다면, 사회는 매우 불안해진다. 길거리에는 노숙자가 많아지고, 도둑과 강도 등의 범죄가 늘어날 것이다. 실업자들은 생존을 위해 집단행동을 할 가능성이 있다. 실업자들은 정치적인 행동을 할 것이다.

정부는 복지정책의 일환으로 실업자들의 생존을 위해 다양한 조치를 취할 수밖에 없다. 생존을 위한 기초생활비는 물론, 의료비 지원과 여가활동을 위한 수당도 생길 가능성이 있다. 이러한 지원 내용은 실업자 숫자가 많아지고, 사회불안이 심화될수록 커질 것이다.

문제는 복지를 지원할 세금을 낼 취업자 숫자는 계속 줄고 있다는 점이다. 세금 지출이 증가하는 상황 속에서 세입은 감소할 것이다. 세입감소는 취업 노동자들에게 부과되는 세금의 증가로 이어지게 된다. 당연히 취업 노동자들은 납부해야 될 세금의 증가에 부담감을 느끼고 정부 정책에 반감을 갖게 될 것이다. 이들의 반감은 생각보다 심각할 수도 있다. 〈그림 7〉의 그래프에서 보듯이 조세부담률은 실업률에

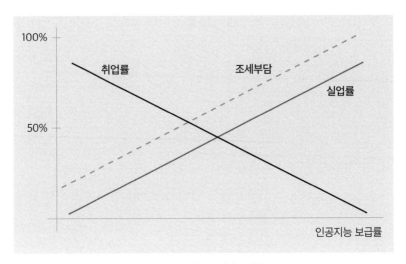

〈그림 7〉　인공지능 보급률이 실업률과 조세부담률에 미치는 영향

따라서 증가하며, 실업률은 인공지능 보급률에 따라 높아진다.

　그렇다면 미래 인공지능, AI 사회의 실업자 증가와 이로 인한 세금 수입의 감소, 실업률에 따라 증가할 취업자의 조세부담률은 우리의 정해진 미래일까?

갈등사회 vs 꿈의 사회

　꼭 그렇다고는 할 수 없다. 미래는 아직 정해지지 않았고 우리는 또 다른 선택을 할 수 있다. 우리의 선택에 따라 달라질 수 있는 미래 인공지능 사회의 두 가지 시나리오를 살펴보자.

첫 번째 시나리오는 현 상태의 노동제도가 계속되는 것이다. 이 경우 앞서 설명한 바와 같이 실업률은 높아지고, 이에 따라 조세부담률역시 계속 증가한다. 이런 사회에서는 실업자도 취업자도 불만을 가질 수밖에 없다. 불만이 팽배해진 사회는 각종 범죄와 시위가 이어지고, 중산층이 없는 사회로 나아가며, 급기야는 폭발 직전의 '갈등사회', 즉 '불만사회'에 도달하게 된다. 행복과는 거리가 먼 사회다.

그러나 우리는 또 다른 사회로 나아갈 두 번째 시나리오의 기회도 가질 수 있다. 이 사회는 '일자리 공유'의 사회다. 경제협력개발기구OECD의 발표에 따르면 한국인들은 2015년에 2,113시간 일했다. OECD 평균인 1,891시간, 독일의 1,371시간에 비해 턱없이 많은 근로시간이다. 2016년의 조사결과도 마찬가지였다. 한국인의 근로시간은 OECD 국가 중에서 최고 수준이다. 멕시코 다음으로 많은 일을 했다.

이는 OECD 평균에 비해 약 20%가 많은 수치다. 반대로 말하면 우리가 OECD 수준으로 근로시간을 줄이면 일자리가 늘어날 수 있다는 생각을 할 수 있다. 더 나아가 독일 수준으로 하루 근로시간을 7시간으로 줄이면 더욱 많은 일자리가 늘어날 것이다. 우리나라의 청년실업률이 10% 정도인 것을 생각하면, '일자리 공유'를 하게 되면 실업률을 낮출 수 있다는 것을 알 수 있다.

한국은 2018년 7월부터 주당 근로시간을 52시간으로 제한하는 법을 시행했다. 처음 적용단계에서는 어려움이 생길 것이다. 그러나 부

세상의 미래

작용을 최소화할 수 있는 보완책을 함께 실행한다면, 올바른 방향으로 가고 있다고 볼 수 있다.

효율성과 인간성의 균형

일자리 공유가 실천되기 위해서는 우선 삶의 패러다임이 바뀌어야 한다. 일을 많이 해서 돈을 많이 버는 것보다 여가시간을 활용하여 삶의 질을 높이는 방향으로 사회가 나아가야 한다. 패러다임의 변화로 일자리 공유가 정착되어 만약 일주일에 4일만 일하게 된다면 그만큼 다른 사람들이 일자리를 얻을 기회가 많아지고 여가시간도 늘어날 것이다. 4차 산업혁명을 잘 실현하면 적은 시간을 일해도 생산성은 동일할 것이다. 노동시간이 줄어도 생산성이 올라가면 급여도 줄지 않을 것이다. 그리고 여가시간을 잘 즐기게 도와주는 새로운 직업들도 생겨날 것이다. 여가시간에 이뤄지는 소비도 활성화되어 내수시장이 활발히 돌아가게 된다.

이런 일자리 공유가 정착되기 위해 해결해야 할 문제가 없는 것은 아니다. 일을 적게 해도 삶이 유지될 수 있는 수입이 보장되어야 한다. 그러기 위해서는 사회적 보완책이 필요할 것이다. 하지만 정말 일자리 공유가 실현되어 일주일에 4일만 일하고 종전의 임금을 받는다면 '꿈의 사회'가 될 것이다.

인공지능을 중심으로 한 4차 산업혁명은 생산 시스템의 효율성을 추구한다. 우리는 인간 중심의 가치관이 자리하고 있는 인본주의 사회에 살고 있다. 우리가 행하는 모든 일은 인간의 행복을 위한 일이 되어야 한다. 그럼에도 우리는 가끔 효율성을 추구하다 인간성을 훼손하는 일을 하곤 한다. 우리가 살고 있는 사회의 효율성과 인간성의 균형을 잊으면 안 된다. 이러한 모든 것들은 우리 인간이 결정한다.

이렇게 미래사회는 두 가지 시나리오 중에 한 가지 방향으로 전개되리라 예측된다. 그리고 첫 번째의 갈등과 불만의 사회로 가느냐, 두 번째 시나리오인 꿈의 사회로 갈 것이냐는 우리 자신들의 결정에 달려 있다.

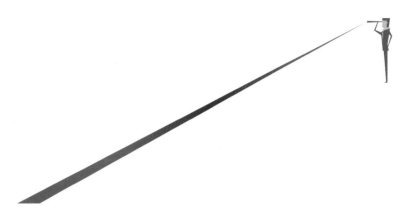

로봇도
세금을 내야한다

　　로봇과 AI가 사람을 대신해 노동을 하게 되면, 실
업자가 늘어나면서 동시에 부의 편중이 심화될 가능성이 많다. 로봇
이 생산한 부가가치는 기업과 사장에게 돌아가고, 개인에게는 배분이
되지 않는다. 부의 양극화가 심화되는 것이다. 이런 부의 편중을 방지
하며, 실업자를 위한 복지비용을 확보하기 위해서는 새로운 조세제도
가 필요하다. 그 한 방법으로 현재 세계적으로 '로봇세'의 도입이 커다
란 화두로 떠오르고 있다.

　로봇세는 인간의 노동을 대체하는 노동 대체세라고도 할 수 있다.
사람이 일하던 자리를 기계가 대신하면 세금을 내는 것이다. 그렇게
하여 부의 편중을 방지하고, 늘어나는 복지비용을 확보하게 된다.

로봇 때문에 실업자가 된 사람들

발 빠른 유럽의회는 이미 로봇세를 논의하기 시작했다. 2016년 5월 매디 델보 유럽의회 조사위원이 로봇세 관련 보고서를 제출했고, 이를 2017년 2월 유럽의회에서 논의했다. 유럽의회는 로봇에게 '특수한 권리와 의무를 가진 전자인간'으로 법적 지위를 부여하자는 제안을 승인했다.

이것은 로봇에게 로봇인간으로서의 법률적인 지위를 인정한 것이다. 그러나 로봇세를 신설하는 안에 대하여는 승인하지 않았다. 하지만 로봇의 법인격을 인정한 점은 결국 로봇세의 가능성을 열어주었다고 볼 수 있다. 인공지능 로봇에게 새로운 형태의 법인격을 부여하게 되면 결국 소득세나 법인세를 징수할 수 있기 때문이다. 이러한 가운데 마이크로소프트의 창업자인 빌 게이츠도 로봇을 '전자인간'으로 간주해서 소득세를 부과하고, 이의 재원으로 일자리를 빼앗긴 인간에게 기본소득을 지급하자고 주장하고 있다.

로봇에 세금을 부과한다면 두 가지 방안이 있을 것이다. 첫째는 로봇이 일으키는 부가가치에 대한 세금이다. 이것이 가능하려면 로봇을 독립적인 경제활동을 통해 부가가치를 창출하는 존재로 인정해야 한다. 현행 부가가치세법은 무인자동판매기가 위치한 장소를 사업장으로 보고, 각 무인자동판매기마다 사업자등록번호를 부여하며 세금을 부과하고 있다. 로봇도 이처럼 하면 된다.

두 번째는 로봇을 재산으로 간주하여 재산세를 부과하는 방법이다.

이 경우 인간이 로봇을 소유하고 있음을 전제로 하고, 로봇의 소유자에게 로봇세를 부과한다. 현재 재산세는 토지, 주택, 자동차 등에 대하여 부과하기 때문에 여기에 로봇을 추가하는 것은 어렵지 않을 것이다.

로봇세는 최대한 늦추어 징수

로봇세에 대한 반대도 만만치 않다. 먼저 세금을 부과하면 로봇 발전이 지체되어 결국 국제경쟁에서 뒤처질 것이라는 주장이 있다. 당연히 로봇세를 먼저 시행하는 나라는 이러한 난관에 직면하게 될 것이다. 국제 사회는 경쟁이기 때문이다. 그래서 개인적으로는 로봇세를 부과하는 시기는 늦을수록 좋을 것이라 생각한다. 사회가 견딜 수 있을 만큼 견디고, 더 이상 다른 세원을 활용하여 세수확보를 할 수 없을 때에 로봇세를 시행하는 것이 바람직하다는 의견이다.

또 하나의 고려사항은 로봇세를 징수함에 있어 그 대상을 어느 로봇까지 두어 세금을 부과할 것인가 하는 문제다. 이 세상에는 각양각색의 기계가 있고, 그것의 지능은 천차만별이다. 따라서 어느 수준의 지능을 가진 로봇에 세금을 부과할까에 대한 논쟁이 대두될 것이다. 한꺼번에 모든 지능 로봇에 과세를 하려 하면 안될 것이라 생각한다. 부과 가능한 것에서부터 하나씩 시작해야 한다. 예를 들어서 은행의 무인창구, 자동판매기, 주차장 진출입기계 등으로 부과가 용이한 것부터 시작하는 것이다. 현재 우리나라에서 세금을 내는 사람은 약 52% 정도에 불과하고, 나머지 사람들에게는 면세를 해주고 있다. 로봇의 경우에도 이 세상의 50%의 로봇에게는 면세를 해준다고 이해하면 될 것이다.

물론 아직 로봇세에 대한 논의가 시기상조로 여겨질 수 있다. 로봇에게 인간처럼 세금을 부과한다는 것이 잘 이해가 가지 않거나, 심리적으로 거부감이 드는 사람도 있을 것이다. 하지만 현재 우리가 직면하고 있는 문명사적인 변화는 거부할 수 없다. 인공지능의 발달과 실업자의 증가는 필연적이고, 실업자들을 부양하지 않는 사회는 지속가능성이 없다. 지속 불가능한 사회를 지속가능한 사회로 만들려면 세금의 확충은 필연적이고, 그 대안은 분명 로봇세가 될 것이다. 시행의 시기에 차이가 있을 뿐 로봇세 도입이라는 결론은 같을 것이다. 현 조세제도로 얼마나 오래 견딜 수 있는가, 그리고 로봇세에 대한 반발을 어떻게 설득하느냐에 따라 로봇세의 등장 시기가 달려 있다고 본다.

로봇세보다 기발한 세금이야기

로봇세라니, 생소한 것은 물론이고 징수 가능성에 의심이 들 수도 있다. 그러나 역사를 되돌아보면 필요에 따라 로봇세보다 기발한 세금을 징수한 경우가 많았다. 유럽의 고풍스러운 건물을 구경하다보면 건물은 큰데 창문이 유달리 작은 경우를 흔히 볼 수 있다. 그 이유는 '창문세'라는 세금에 있다.

세상의 미래

창문세를 처음 도입한 나라는 프랑스였다. 필립 4세가 1303년에 창문세를 신설하여 징수하다가 반발 때문에 중단했다. 그 후 14세기 중후반에 백년전쟁으로 돈이 필요해진 왕은 다시 창문세를 신설하여 시행했다. 이 아이디어는 영국으로 넘어가 1696년에 본격 시행되었고, 유럽은 물론 미국에까지 퍼져나갔다. 창문이 많은 집이 고급주택으로 평가되던 당시 부유층에게서 많은 세금을 걷기 위한 좋은 방법이었다. 그러자 세금을 피하기 위해 창문을 작게 하고 개수를 줄이는 일이 생겼고, 심지어는 창문을 아예 없애는 건물까지 생겨났다. 이에 대응해 창문세를 받던 나라들은 창문 사이의 간격이 멀면, 그 곳에 창문이 있는 것으로 간주하여 세금을 매기기도 했다. 영국에서 창문세가 사라진 시기는 1851년이다. 프랑스는 1925년이 되어서야 창문세를 없앴다. 기발한 세금은 이 외에도 많았다. 아궁이세, 인두세, 방패세, 소금세, 노예세 등 매우 창의적인 세금들이 있었다.

반발을 유발하는 세금

세금을 좋아하는 사람은 없다. 세금은 국가가 일반 국민으로부터 대가를 지불하지 않고 강제적으로 걷는 돈을 말한다. 그러나 세금은 공공재의 공급을 위한 재원을 조달하고, 동시에 경제 활성화와 부의 재분배를 위한 목적도 갖고 있기 때문에 이를 납부하는 것은 국민의 의무다.

세금은 자연인은 물론 법인을 포함한 경제 주체들이 납부한다. 세금에는 소득에 대하여 부과하는 직접세가 있고, 물건 값이나 거래에 부과하는 간접세가 있다. 직접세에는 근로소득, 이자, 배당, 부동산, 자산소득, 사업소득, 상속 등이 있고, 간접세에는 부가가치세, 특별소비세, 관세, 전기세 등이 있다.

세금의 기록은 기원전 4000년경 메소포타미아 지역에서 처음으로 나타난다. 점토판에 벼 이삭과 과일의 모양을 그려서 세금을 기록한 것이다. 점토판에 기록한 그림이 나중에 상형문자로 발전하여 문자 탄생의 기원이 되기도 했다. 우리나라의 세금제도는 삼국시대의 농지, 사람, 가구에 대한 세금에서 시작되었다. 농지세는 쌀로 징수하고, 사람에게 대한 세금은 노동력으로, 가구에 대한 세금은 특산물로 거둬갔다.

동서양을 막론하고 세금은 본질적으로 반발을 유발했다. 나폴레옹이 이집트 원정에서 발견한 로제타석에도 세금과 관련된 내용이 새겨져 있다. 기원전 200년경 왕이 세금에 반발하는 백성들과의 약속을 돌에 새겨 남긴 것이 바로 로제타석이다. 근대 헌법의 효시가 된 영국의 '마그나 카르타'(1215년)도 왕이 귀족과의 다툼에서 밀리자, 왕의 징세권을 제한한다는 문서에 서명한 것이다.

프랑스혁명도 루이 16세가 세금을 더 거두기 위해 삼부회를 소집한 것이 화근이 되었다. 미국 독립전쟁도 영국의 세금정책에 반발한 보스턴 차 사건이 발단이 되었다. 중국의 당나라가 멸망하게 된 것도 세금 때문이었다. 소금을 독점관리하고 높은 세금을 매기자 밀매가 성행하게 되었고, 이 밀매 조직이 일으킨 '황소의 난'이 당나라 멸망을 가져왔다.

1990년 11월에는 15년간 재임하던 영국의 대처 수상이 사임했다. 가장 큰 이유는 조세제도 개편이었다. 기존의 부동산 소비세에 해당하는 것을 인두세에 해당하는 주민세로 바꾸려 했다. 모든 사람이 동일한 주민세를 내게 되자 저소득층과 젊은 층이 반대했다. 영국병을 고친 인물로 추앙 받던 대처 수상도 조세 저항을 견디지 못한 것이다.

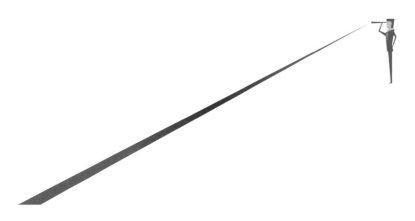

인공지능이 바꾸는
인간의 가치관

미래 인공지능 사회는 기술의 변화에 따른 가치관의 변화를 요구하는 시대이기도 하다. 예를 들어 로봇 의사에 대해 생각해보자. 인간 의사와 로봇 의사의 진단이 다르면 누구의 진단을 믿어야 할지, 로봇 의사의 진단을 신뢰할 수 있을지, 로봇 의사와 인간 의사의 협업은 가능할지 등 생각하고 논의되어야 할 문제가 너무나도 많다. 기존의 가치관대로라면 로봇 의사는 받아들여지기가 힘들 것이다. 그러나 미래에는 로봇 의사를 보는 일이 흔해질 것이고, 당연히 이를 받아들이는 가치관도 변하는 수순을 밟게 되리라 본다. 특히 로봇 의사의 진단이 정확하다면 사람들은 로봇 의사를 인정하고 이를 스스로 찾게 될 것이다.

IBM의 인공지능 의사 닥터 왓슨

인천 길병원은 2016년 11월 중순 IBM이 개발한 인공지능 의사 왓슨Watson을 도입해 진료를 하고 있다. 길병원은 의료진과 왓슨의 처방을 비교하며 진료하고 있다고 한다. 그리고 그동안 이루어졌던 대장암·위암·폐암·유방암·자궁경부암 등 5개 암 환자들에 대한 처방 내용을 공개했는데, 환자들은 인공지능 의사를 인간 의사와 마찬가지로 신뢰하고 있다고 한다.

모든 질병이 그렇듯이, 암 치료에도 치료 방법은 여러 가지가 있을 수 있다. 수술을 먼저 할지, 항암제를 먼저 써서 암 크기를 줄여 놓고 수술을 할지, 수술 대신 방사선 치료를 할지 등 여러 선택이 존재

〈그림 8〉 IBM에서 개발한 인공지능 의사 왓슨.

세상의 미래

한다. 이때 인간 의사와 로봇 의사 왓슨이 서로 다른 처방을 제시했을 경우, 환자들은 왓슨의 처방을 선택하는 경향이 있다는 것이다. 그렇기 때문에 인간 의사가 미리 왓슨의 진단내용을 참고하여 진단하는 경향이 나타나고 있다고 한다. 인간과 AI의 협업이 시작된 것이다.

AI 판사에게 재판 받겠다는 고등학생들

로봇 의사뿐만이 아니다. 필자는 약 6개월 전에 어느 고등학교에서 과학 특강을 하면서 약 200명의 학생들에게 질문을 했다. "내가 피고가 되어 법정에 서게 되었다. 인간 판사와 AI 판사를 선택해 재판을 받을 수 있는 선택이 있다. 어느 판사를 원하겠는가?" 이 질문에 대한 대답은 예상 밖이었다. 약 60%의 학생이 AI 판사의 재판을 받겠다고 했다. 이어 또 다른 질문을 해봤다. "인간이 운전하는 택시와 AI 택시가 있다. 어느 택시를 탈 것인가?" 이에 대해서도 약 50%의 학생이 AI 택시를 선택했다.

이 현상을 어떻게 바라봐야 할까? 나는 과학기술이 인간의 세계관과 가치관을 변화시킬 것 같다는 느낌을 받았다. 이제 인간은 어떤 분야에 대해서 인공지능의 능력이 인간을 훨씬 뛰어넘었다는 것을 알고 인정하는 세계관을 가지게 된 것이다. 세계관이 바뀌면 가치관도 바뀌게 된다. 인간 의사보다 로봇 의사의 처방을 더 신뢰하는 세계의 가치관이 어떻게 변화할지 기대된다.

인간 의사처럼 AI 의사도 신뢰

다시 로봇 의사 왓슨의 이야기로 돌아가 보자. 인간의 가치관까지 바꾸게 될 로봇 의사 왓슨은 그럼 어떻게 탄생한 것일까?

왓슨은 미국 IBM이 개발한 AI 컴퓨터다. 2011년 왓슨은 TV 퀴즈쇼 '제퍼디Jeopardy'에 참가해 퀴즈 챔피언을 상대로 승리하여 큰 충격을 준 바 있다. 그 후 왓슨은 암 진단을 비롯해 모바일 상거래 서비스, 호텔리어, 변호사, 요리사, 휴대폰 매장 직원 등의 업무를 학습해 왔다. 길병원이 도입한 왓슨은 퀴즈 대회에 나갔던 그 왓슨이 의사 훈련을 받은 것이다. 왓슨은 90종의 의학저널, 200종의 의학교과서, 1,200만 쪽에 달하는 방대한 분량의 정형·비정형 의료데이터를 학습했다. 이를 통해 로봇 의사 왓슨이 탄생한 것이다.

왓슨은 이 시간에도 전 세계에서 생기는 진료 정보를 학습하고 있다. 왓슨의 실력은 갈수록 향상되고 있다. 이제 한국에서도 이미 6개 대형병원이 왓슨을 도입하여 활용하고 있다. 모두 지방에 소재한 병원들이다. 이에 따라 수도권 집중을 해소하는 효과도 나오고 있다.

인공지능 의사에 나의 생명을 의지

현재 인간 의사의 초기 암 진단 정확도가 50~60%인데 반해, 왓슨의 정확도는 90%에 가깝다고 한다. 이 현저한 차이를 알게 된 환자들이 로봇 의사 왓슨의 처방을 더 신뢰하게 되는 것은 당연한 일이다.

이는 인간이 더 이상 자동차와 달리기 시합을 하지 않고, 컴퓨터와 암산 시합을 하지 않는 것과 마찬가지다. 인간이 잘하는 것과 기계가 잘하는 것을 인정하고, 그에 맞게 생각을 정리하며 살고 있는 것이다.

이렇게 볼 때 진단 분야에서 컴퓨터와 경쟁하려는 의사는 우스꽝스러운 사람으로 인식되는 날도 머지않은 것 같다. 환자들이 자신의 생명과 직결되는 의사결정을 AI의 판단에 의지하기 시작했다는 점은 미래 가치관의 변화 방향을 보여주고 있는 것이다.

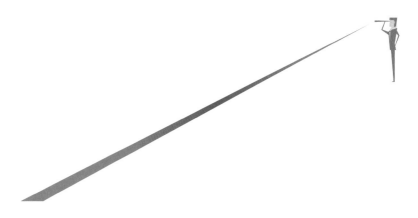

인공지능 화가의
도전

　　르네상스 초기에 이탈리아의 화가 마사초^{Masaccio}는 독특한 그림을 선보여 사람들을 놀라게 했다. 〈성모 마리아와 아기 예수〉(1426)라 불리는 이 그림에서는 사람들이 앞뒤에 있는 것처럼 보이게 그려진 것이다. 즉 원근법을 적용한 것이다. 이와 같이 원근법과 명암에 의한 입체적인 공간표현 방식은 레오나르도 다빈치에 이르러 르네상스 미술로 완성됐다.

　이때까지만 해도 화가들은 그림을 그릴 때마다 색소를 기름통에 섞어서 물감을 만들어 사용했다. 물감이라는 도구의 제약 때문에 당시의 화가들은 주로 실내에서 작업을 했다. 그런데 1824년에 주석으로 된 튜브에 물감을 넣어 사용하는 튜브물감이 개발되었다. 튜브가 개

〈그림 9〉 〈성모 마리아와 아기 예수〉(1426).

발되자 화가들은 물감 걱정 없이 야외에서 그림을 그릴 수 있게 되었다. 야외에서 빛에 따라 색의 변화를 사실적으로 묘사하는 새로운 미술 사조를 불러오고 있었다.

도구가 예술을 바꾼 것은 미술뿐만이 아니었다. 음악에서도 바흐, 헨델, 하이든으로 이어지는 고전주의 음악이 1710년 피아노의 출현으로 새로운 전기를 맞이했다. 새로운 표현 수단을 얻은 음악은 모차르트와 베토벤 시대를 열게 된다.

야외 그림을 가능하게 한 튜브 물감

1850년 파리 살롱전에 발표된 귀스타브 쿠르베Gustave Courbet의 작품 〈오르낭의 매장〉(1830)은 관객과 비평가들을 충격 속으로 몰아넣

〈그림 10〉 〈오르낭의 매장〉(1850).

세상의 미래

었다. 장엄한 역사화나 종교화에 어울릴 법한 가로 6.6m의 거대한 크기의 화면에는 허름한 옷차림의 촌사람들이 늘어서 있었다. 전통적인 형식의 고상한 작품을 기대하고 온 관객에게 이 그림은 충격적이었다. 영웅적인 죽음도 아닌 평범한 죽음을 담담하게 사실적으로 묘사하고 있었다. 미술이란 귀족들의 전유물이 아니라 세상의 있는 모습을 그대로 그리는 것이라는 '리얼리즘'의 출현이었다.

그리고 당시 공식적인 전시회인 살롱전에 낙선한 에두아르 마네Édouard Manet는 1863년의 낙선자 전시회에 〈풀밭 위의 점심식사〉를 출품해 세상의 많은 비난을 받았다. 정장을 한 남자들과 함께 발가벗은 창녀를 그린 작품에서 품위라고는 찾아볼 수 없었다. 낙선자 전시회를 허락했던 나폴레옹 3세가 더 이상 이러한 전시회를 허락하지 않았을 정도였다. 그러나 종래의 전통적인 어두운 화면을 벗어나 눈에 보이는 현실을 대상으로 밝고 선명한 색채를 구사한 '이단아' 마네의 시도는 인상파 미술의 탄생을 알리는 신호탄이 됐다. 눈에 보이는 것을 경쾌한 색채로 표현하는 방식이 인간의 숨겨졌던 감성을 깨운 것이다.

카메라의 출현으로 퇴색된 사실주의

1839년 프랑스의 다게르Louis Daguerre는 사진기를 개발했다. 원시적인 형태의 카메라였지만, 화가들의 존재를 송두리째 흔드는 괴물이었다. 그동안 화가의 가장 큰 덕목은 사물을 있는 그대로 사실적으로 표

〈그림 11〉 〈생트 빅투아르 산〉(1904).

현하는 것이었다. 그런데 카메라의 출현으로 화가의 존재에 대한 근원적인 질문을 하기에 이른 것이다.

　후기 인상파 화가인 폴 세잔Paul Cézanne은 르네상스 시대의 마사초 이후에 정립되어온 원근법에 도전했다. 그림 속의 각 사물이 어느 한 지점에서 투시되듯이 질서정연하게 위치하는 전통적인 기법을 거부했다. 그가 여러 차례 그린 〈생트 빅투아르 산〉(1885~1906)의 그림들은 그의 화풍의 변화를 보여주고 있다. 후기에 갈수록 화폭 속의 물체들이 조각조각 분절되고, 앞뒤의 물체가 경쟁하듯이 앞으로 튀어나오려고 한다. 눈에 보이는 사물을 재해석해 마치 유리창이 깨진 모습처럼 형상화한 세잔의 그림은 훗날 20세기 미술의 문을 열어주었다.

음악에서 베토벤이 고전주의에서 낭만주의로 통하는 문을 열었다고 하면, 미술에서는 세잔이 사실주의에서 추상으로 통하는 문을 열었다고 볼 수 있다. 이제 미술이란 눈에 보이는 것만을 그리는 것이 아니라 사물을 보고 화가의 머릿속에 떠오르는 상상을 그릴 수 있다는 생각을 하게 됐다. 사실로부터 단순화된 선과 강렬한 색조를 구사하는 고갱과 고흐의 그림이 출현할 토대가 마련된 것이다.

사물이 아니라 생각을 그리는 미술

앙리 마티스Henri Matisse와 그의 동료들은 1905년에 기존의 사실주의를 거부하는 선과 색조를 강조하는 그림을 발표했다. 이들은 빨강·노랑·초록·파랑 등의 원색을 대담하게 화면에 펼쳐 상상력의 해방을 시도했다. 전통적인 사실주의의 색채 체계와 명암을 파괴했다. 관람자들은 '야만적인' 색채 사용에 충격받았다. 평론가들은 이들을 경멸하듯 '레 포브'Les Fauves라고 불렀다. '야수들'이라는 뜻의 프랑스어다.

한편 피카소Pablo Picasso는 20세기 회화의 출발점이라 할 수 있는

〈아비뇽의 여인〉(1906~1907)을 선보였다. 3차원의 사물을 분해해 2차원의 화폭에 재구성하는 큐비즘cubism(입체파)을 창시한 것이다.

바실리 칸딘스키Wassily Kandinsky는 1908년 어느 날 자신의 작업실에서 낯선 그림을 봤다. 아름다웠다. 그는 자신이 그린 그림이 거꾸로 서 있다는 것을 알았다. 그는 거꾸로의 그림도 아름다울 수 있다는 것을 알았다. 그의 생각은 기존의 사물의 형태나 상하좌우의 고정관념에서 벗어나기 시작했다. 그림을 그릴 때, 모델이 필요 없게 되었다. 그는 사물에 대한 모든 고정관념을 버리고 자신만의 미적 언어를 구사하게 된다. 20세기 미술의 기념비적인 추상화, 〈구성 IV를 위한 스케치〉(1910)가 탄생한 것이다.

몬드리안Pieter Mondrian은 1930년에 기하학적인 구성과 색만 존재하는 그림을 발표해 충격을 주었다. 〈빨강, 파랑, 노랑의 구성〉이란 이름의 그림이다. 기하학적인 구성화가 출현한 것이다. 그는 우리가 보는 모든 사물이 그 겉모습은 비록 다를지라도, 본질적으로 공통적인 구성이 존재하고, 이러한 본질적인 구성을 추출해 표현하는 것이 화가의 임무라고 생각했다. 그가 추출한 사물의 기본 요소는 선과 면이었다.

독창성과 희소성을 파괴한 팝아트

리처드 해밀턴Richard Hamilton은 1956년에 콜라주 작품 〈오늘날 가정을 특이하고 매력적으로 만드는 건 무엇인가?〉라는 작품을 발표했다. 잡지에서 오려낸 남녀 모델 사진, 축음기 사진 등 상업적인 이미지를 덕지덕지 붙인 충격적인 작품이었다. 대중에게 익숙한 싸구려 이미지를 미술의 소재로 사용한 것이다. 훗날 이 풍조는 팝아트^{Pop Art}라는 이름이 붙여져서 예술의 한 장르로 인정받게 되었다. 전통적으로 예술의 존재 이유는 독창성이었다. 그런데 예술에서 독창성이 파괴된 것이다.

해밀턴의 팝아트 운동은 앤디 워홀에 의해서 대량생산 방식으로 발전했다. 그림을 한 장만 만드는 것이 아니라 여러 개를 만들었고, 나중에는 인쇄하여 팔기도 했다. 사람들은 이것도 예술로 인정하고 돈을 주고 사기 시작했다. 대량소비를 위한 미술품이 고급미술과 대중미술의 경계를 허물어 버렸다. 예술의 희소성도 깨지게 된 것이다.

도구의 변화를 응용한 이단아들의 역사

서양미술에만 이런 도전이 있었던 것은 아니다. 조선 후기에 '추사체'라는 독보적인 서체를 완성한 추사 김정희도 처음에는 괴기한 글씨라는 평가에 시달렸다. 심지어 "근자에 들으니 제 글씨가 세상 사람들의 눈에 크게 괴하게 보인다고 하는데, 혹 이 글씨를 괴하다고 헐뜯지 않을지 모르겠소"라는 하소연의 편지를 남길 정도였다.

미술사는 이처럼 '이단아'들의 도전과 갈등을 통해 발전해 왔다. 전통을 부정하는 수많은 시도가 있었고, 그중 일부가 살아남아 오늘날 이름을 남기고 있다. 여기서 우리는 한 가지 질문을 할 수 있다. '미래 인공지능 사회에는 어떤 이단아가 등장하고 새로운 미술사를 열어갈 것인가?' 대답은 '전혀 새로운 형태의 도전이 미술계를 강타할 것 같다'는 것이다. 그동안의 도전은 화폭 위에서 벌어지는 전쟁이었다. 하지만 이번에는 화가의 존재에 대한 도전이다. AI가 화가를 대신하려는 도전이 시작되고 있다.

인공지능 화가의 도전

AI가 그림을 그린다? 그 그림이 과연 그림이라고 부를 수 있는 수준이며, 미술시장에 수요를 창출할 수 있을까?

그럴 가능성은 충분한 것 같다. 바둑 프로그램 알파고를 만든 구글은 인공지능 화가 딥드림Deepdream을 개발했다. 딥드림은 주어진 이미지를 보고 이를 추상화로 재해석해 고흐의 그림처럼 만들어 주는 추상화가다. 구글은 딥드림이 그린 그림 29점을 2016년에 샌프란시스코 미술경매소에 공개해 개당 2,200~9,000달러의 값에 팔아서 총 9만 7,600달러의 수입을 올렸다.

AI가 인간의 창작활동에 대해 근원적인 질문을 던지고 있는 것이다. 창작이란 예술가가 사물로부터 얻은 창조적 이미지를 객관적인 형식으로 정착시켜내는 작업이다. 그래서 창작은 독창성과 개성을 중요시한다. 그런데 AI가 그린 그림을 사람들은 수천만 원씩 주고 구입하는 것이다. 이러한 현상을 어떻게 이해해야 할 것인가?

세상의 미래

구글이 만든 딥드림 외에도 다수의 AI 화가가 만들어지고 있다. 마이크로소프트와 렘브란트 미술관은 렘브란트풍의 그림을 그리는 로봇 화가 '더 넥스트 렘브란트The Next Rembrandt'를 개발했다. 화가 겸 컴퓨터 프로그래머인 헤럴드 코언Harold Cohen은 사람의 도움 없이 스스로 색과 형체를 선택해 그림을 그리는 로봇인 '아론Aaron'을 선보였다. 화가 겸 로봇기술자인 패트릭 트리셋Patrick Tresset은 'e다윗e-David'을 개발했다. 이 로봇은 카메라와 로봇 팔을 이용해 화폭 위에 그림을 그린다.

3D, VR, AR 이용한 21세기 미술

3D 프린터와 가상현실VR, 증강현실AR 기술의 발달도 미술에 영향을 끼칠 것이다. 현재 사용하는 회화 기법은 일반적으로 캔버스에 물감을 칠하여 표현한다. 내가 화가라면 캔버스에 직접 물감을 칠하지 않을 것 같다. 먼저 컴퓨터 상에서 먼저 그림을 시뮬레이션 해보고, 마음에 들면 그 이미지를 3D 프린터로 출력해낼 것이다.

3D 프린터는 올록볼록하게 물감을 칠해주기 때문에 질감과 입체감을 잘 표현해줄 것이다. 조각은 더 말할 것도 없이 3D 프린터를 이용하면 효율적으로 실수 없이 작업할 수 있다. 현재는 대부분의 청동 주물 조각이 로댕이 확립한 방식으로 이루어진다. 그러나 컴퓨터에서 시뮬레이션 한 후에 3D 프린터를 이용해 출력하면, 지금까지의 방식과는 완전히 다른 조각품이 만들어질 수 있을 것이다.

또한 유튜브, VR, AR을 이용한 미술 제작은 또 다른 장르를 예고하고 있다. 미술품이 정적인 상태로만 머물러 있으란 법은 없다. 움직이는 동적인 상태로 존재하여 관객과 교감할 수 있는 길도 있을 것이다. 아직 이러한 도구를 이용하여 아름다움을 표현하고 관객과 공감을 하는 데 성공한 사람은 없는 것 같지만, 이것은 시간문제일 것으로 생각한다.

뇌가 직접 그리는 미술

내친 김에 한걸음 더 나아가 보자. 현재 실험실에서는 인간의 뇌와 컴퓨터를 직접 연결하여 상호 신호를 주고받게 하는 연구가 진행 중이다. 현재 인간은 뇌가 생각한 것을 입이나 손으로 표현하여 컴퓨터에 입력함으로써 기계와 상호작용한다. 그러나 신체가 마비된 사람의

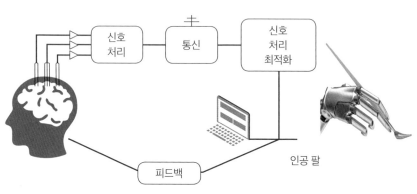

〈그림 12〉 뇌가 직접 그림을 그리는 뇌-기계 상호작용 미술

세상의 미래

경우에는 표현을 제대로 할 수 없기 때문에 그렇게 할 수 없다. 만약, 컴퓨터가 뇌가 생각하는 것을 읽어서 원하는 바에 따라 기계를 작용해준다면, 이러한 사람들에게는 복음과 같은 기적이 될 것이다.

이러한 연구를 뇌-기계 상호작용Brain-machine interface이라 부른다. 인간의 뇌파를 측정하거나 뇌 속에 칩을 심어서 전기신호를 읽어내는 방식으로 연구가 진행 중이다. 이 기술이 현재는 실험실 속에 있지만, 수십 년 후에는 실용화되어 있을 것이다. 그날이 오면, 이 기술은 여러 가지 방면에서 응용될 것이다.

이를 미술에 응용하게 되면, 뇌가 생각만 하면 그림을 그려주는 기계로 변할 것이다. 음악에 응용되면 생각하는 바에 따라 연주해주는 기계가 될 것이다. 손이나 입으로 표현하지 않고, 생각만 하면 그것이 아름다운 미술이나 음악으로 표현되는 세상, 이것이 단지 꿈만은 아닐 것이다. 21세기가 끝나기 전에 이 지구상의 인간들은 이러한 기구들을 이용한 예술 창작에 힘을 쏟게 될 것이다.

이렇게 봇물처럼 쏟아지는 미래 예술이 훗날 어떤 모습으로 발전할지가 궁금하다. 인간이 가지고 있는 아름다움이라는 가치관이 어떻게 변할지도 궁금하다. 그 결과는 새로운 기술을 응용한 예술이 관객의 숨겨진 감성을 자극해 공감을 얼마나 끌어내느냐에 달려 있을 것이다. 예술의 최종 소비자는 결국 인간의 감성이기 때문이다.

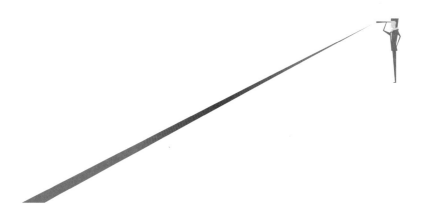

다시
인본주의 사회로

　　　"그 날은 구름이 드리운 우울한 날이었다. 방 안
은 언제나 최적의 온도와 습도. 요코씨는 씻지도 않은 채 카우치에 앉
아 시시한 게임을 하며 시간을 죽이고 있다."

　위의 글은 인공지능 로봇이 쓴 소설의 도입부다. 일본 '호치 신이치'
문학상의 1차 예심을 통과한 것이 알려져 큰 화제를 모았다. 사실 인
공지능이 인간 대신 글을 쓰는 일은 생각보다 여러 분야에서 일어나
고 있다. AP통신은 2014년부터 데이터기반 알고리즘을 통해 대량으
로 기사를 생산해내는 '워드 스미스Wordsmith'를 도입해 기업 분기 실적
기사를 쓰게 하고 있다. 어떤 의미에서 보면 기자를 대신해 뉴스를 생
산해내고 있는 것이다.

음악 분야에서의 인공지능 소식도 전해지고 있다. 지난 2017년 11월 1일 한국콘텐츠진흥원과 SM엔터테인먼트의 협업으로 이루어진 '음악, 인공지능을 켜다'의 쇼케이스 현장에서는 인공지능이 작사, 작곡한 곡이 공개됐다.

이러한 소식들은 우리에게 한 가지 의문을 떠올리게 한다. '작곡과 글쓰기 등 창의적인 작업마저 인공지능이 할 수 있게 된다면, 과연 미래에 인간만이 할 수 있는 직업이 남아있을 수 있을까?'라는 의문이다. 이와 동시에 미래 인공지능 사회에 새로 생길 직업은 어떤 것이 있고, 없어질 직업에는 어떤 것이 있는지가 궁금해진다.

없어질 직업 vs 새로 생길 직업

이에 대해 구체적으로 어떤 직업이 생기고 어떤 직업이 없어질지 쉽게 이야기하고 싶지는 않다. 그보다는 큰 테두리로 직업의 미래를 예측해보고자 한다. 프로그램을 개발하는 일을 시작으로 인공지능 연구를 한 경험에 의해 본 미래의 직업 예측이다.

프로그램을 개발할 때 가장 쉬운 내용은 단순 반복 작업이다. 업무 내용에 기본적인 규칙이 있고, 이 규칙을 벗어나는 예외 상황이 없을수록 프로그램을 만들기 쉽다. 적용하는 규칙의 깊이나 난이도는 큰 문제가 되지 않는다. 규칙이 1백 개, 1천 개가 되더라도 규칙으로 해결할 수 있으면 프로그래밍은 가능하다.

여기에 미래 일자리의 모습이 보인다. 업무가 단순하고 반복적이면 그 직업을 인공지능이 대신하기가 쉽다. 그에 비하여 일의 성격이 복잡하고 예외 상황이 자주 나타나는 일들은 인공지능이 대신하기 어려울 것이다. 바꾸어 말하면, 내가 오늘 하는 일이 어제, 지난 달, 작년에 하던 내용과 같다면, 그 직업은 우선적으로 없어질 가능성이 높다. 하지만 지금 내가 하는 일이 항상 새로운 일이라면, 그것을 인공지능이 대신하기란 어려울 것이다.

그러면 일자리의 총합은 어떻게 변할까? 미래 인공지능 사회에서도 새로 생기는 직업, 없어지는 직업이 있기 때문에 단순하게 말하기란 어렵다. 하지만 개인적으로는 일자리가 줄어들 것이라는 전망에 동의하는 입장이다.

소프트웨어의 높은 노동 대체율

소프트웨어의 파워를 알기 때문이다. 인공지능은 기본적으로 소프트웨어다. 과거에는 하드웨어인 기계가 노동을 대체했지만, 미래에는 소프트웨어인 인공지능이 노동을 대체한다. 모든 제품이나 서비스는 크게 구분하면 '개발'과 '생산'의 두 공정이 있다고 볼 수 있다.

자동차 산업을 예로 들어보자. 신제품을 개발하는 일은 연구소에서 하고, 개발된 제품을 똑같이 복사하여 생산하는 일은 공장에서 한다. 현대자동차 회사를 보면, 화성의 연구소에는 약 1만 5천명이 일하고 있으며, 울산의 조립 공장에는 약 5만 명이 일하고 있다고 한다. 이것은 자동차라는 제품이 하드웨어이기 때문이다.

그런데 만약에 생산제품이 소프트웨어 제품이라면 공장 인력은 필요가 없어진다. 소프트웨어를 복사하는 데는 노동이 거의 필요하지 않기 때문이다. 컴퓨터 마우스를 클릭하기만 하면 된다. 예를 들어 전 세계 병원에 인공지능 의사를 제공하고 있는 IBM이 소프트웨어를 각 병원에 팔 때는 추가 노동이 필요하지 않다. 매우 높은 수준의 많은 연구개발 인력이 필요할 뿐이다. 결국 앞으로 인공지능 소프트웨어가 일자리를 대신하는 분야에서는 노동 대체율이 높을 것이고, 인공지능이 대체하는 일자리는 갈수록 많아질 것이라 본다.

이러한 미래 인공지능 사회는 유토피아가 될 수도 있고, 디스토피아가 될 수도 있다. 분명한 것은 인공지능 사회라는 커다란 역사의 흐름은 우리가 늦춘다고 늦춰지지 않는다는 것이다. 그렇다면 우리의 고민은 디스토피아가 아닌 유토피아로 가기 위해 무엇을 해야 할 지에 맞춰져야 한다. 앞서 말했듯이 필자는 '근로시간', '로봇세', '실업자 복지'의 세 가지 문제를 잘 해결하면 미래는 인간다운 삶이 가능한 유토피아가 될 것이라 생각한다.

인간 중심의 인본주의 사회로

현재 우리의 삶은 인본주의 사상과 거리가 있다. 비싼 기계를 놀릴

수가 없어서 인간은 불을 켜고 잠도 안 자며 노동을 한다. 이것이 과연 인간다운 삶일까?

아니다. 오히려 미래 인공지능 사회에서 인본주의에 맞게 인공지능 관련 규범을 만들고, 일자리 공유를 통해 모든 사람이 일자리를 가지게 하고, 일주일에 4일만 출근하며, 해가 진 다음에는 일하지 않고, 나머지 시간은 여가와 여행으로 시간을 보낸다면 그것이 훨씬 인간다운 삶이 될 것이다. 로봇세로 실업수당을 받으며, 인간은 인공지능 로봇이 만든 제품이나 부가가치를 즐기며, 창조적인 일을 구상한다. 여가 시간이 많아지면, 인간은 고차원적인 새로운 욕구를 충족시키고자 하고, 바로 그곳에 새로운 일자리가 생겨날 것이다. 이것이 바로 우리 인간이 꿈꾸던 인간의 본연의 모습이 아닌가 생각한다. 따라서 미래 인공지능 사회는 다시 인본주의 사상에 맞게 사회를 재설계할 수 있는 기회로 봐야 할 것이다.

세상의 미래

제4장

22세기
미래의 인간

FUTUROLOGY

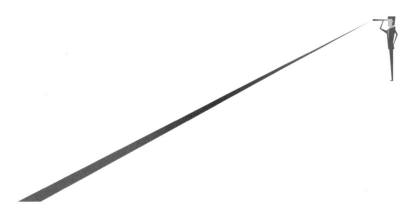

AI
신의 등장

구글은 이세돌 9단과 대국했던 바둑 프로그램 버전을 '알파고 리^{AlphaGo Lee}', 이후 중국의 커제 9단과 싸웠던 버전을 '알파고 마스터^{AlphaGo Master}'라고 부른다. 프로그램은 계속 학습하며 진화하기 때문에 버전이 달라지고, 그에 따라 이름에도 약간의 변화가 생긴 것이다.

알파고 리와 알파고 마스터는 기보를 넣어주면 이를 보면서 학습하는 프로그램이었다. 이와 같이 인간이 기존에 축적해 놓은 데이터를 통해 AI를 학습시키는 것을 '지도학습^{Supervised learning}'이라고 부른다.

그런데 2017년 12월 5일 구글 딥마인드 연구진은 '알파고'의 최신 버전인 '알파고 제로^{AlphaGo Zero}'가 독학으로 몇 시간 만에 장기, 체스,

바둑 모두에서 경쟁 소프트웨어를 능가했다는 연구 결과를 발표했다. 알파고 제로는 구글이 만든 완전히 다른 방식의 바둑 프로그램이었다. 기존의 알파고들이 기보라는 데이터를 넣어주면 이를 보면서 학습한 데 반해, 알파고 제로는 기보를 주지 않고 바둑의 규칙만을 알려주었다. 알파고 제로는 그 규칙에 따라 스스로 바둑을 두어보면서 어떻게 해야 승리하는지 깨달아 갔다. 이처럼 스스로 실행하면서 배우는 학습방식을 강화학습Enforced learning이라 부른다.

스스로 학습하는 AI 시대

강화학습이 가능한 것은 컴퓨터가 주어진 규칙 하에서 목적함수(승리)를 만족시키는 방향으로 수많은 시행착오를 하기 때문이다. 이때 목적함수가 있기에 시행착오의 숫자와 시간을 줄일 수 있다.

강화 학습의 효과는 놀라웠다. 불과 36시간 만에 이세돌을 이긴 알파고 리를 이기기 시작하더니, 72시간에 도달하자 알파고 리를 100대 0으로 완벽히 이긴 것이다. 40일 뒤에는 커제 9단을 이긴 알파고 마스터와의 대국에서도 승리했다. 이제 인간이 가르쳐 주지 않아도 컴퓨터 스스로 학습하는 시대가 됐다.

이것이 가능한 이유는 알고리즘의 발달도 있지만 컴퓨터 능력의 향상이 가장 큰 요인이다. 인간의 뇌는 한정되어 있지만, 컴퓨터의 사고 작용 공간은 거의 무한대로 가능하다. 여러 컴퓨터를 동시에 사용

세상의 미래

할 수 있게 해주는 병렬처리와 클라우드 컴퓨팅 기술 덕분이다. 컴퓨터는 능력을 계속 확대해 나가는 데 반하여 우리 인간의 능력은 거의 한정되어 있다. 상황이 이렇다 보니, 컴퓨터가 인간 지능을 능가하는 특이점을 부정하기 어렵게 됐다. 다만 그것이 『특이점이 온다』의 저자이자 세계적인 미래학자인 레이 커즈와일Ray Kurzweil이 예언했듯이 2045년이 될 것인가, 아니면 50년이나 100년 후가 될 것인가에 대해서는 논쟁이 가능할 것이다.

미래의 종교

과연 이런 시대에 종교는 어떤 미래를 맞이할 것인가. 원시 인간의 출현과 함께 시작된 종교는 기독교·불교·유교 등의 세계 종교로 발전해 오늘날까지 고단한 삶에 지친 인간의 마음을 위로해 왔다.

종교의 탄생에 대해 영국의 철학자이자 사회학자인 허버트 스펜서 Herbert Spencer는 "인간은 삶이 두려워 사회를 만들고, 죽음이 두려워 종교를 만들었다"고 말했다. 즉, 근원적으로 불완전한 존재인 인간은 초능력을 가진 존재를 찾아 종교를 만들고, 이에 기대어 위로를 받고, 죽음의 공포에서 해방되고자 한다는 의미다.

사회적으로 종교의 또 다른 기능은 보편타당한 가치관을 확립하는 데 있다. 종교가 개인의 위로와 구원만을 추구했다면 수천 년을 이어오지 못했을 것이다. 지금의 세계 종교는 선악과 정의를 가르침으로써 전 세계 인간이 공통적으로 수긍하는 보편적인 가치관을 제시하고 실현했고, 그로부터 현실 세계에서 유익한 결과물이 생성되면서 생명력을 갖게 되었다. 더불어 종교행위에 참여하게 된 사람은 영적인 존재에 대한 믿음을 바탕으로 절망과 상처를 극복하는 힘을 가지게 됐다. 이러한 심리적 효과는 당연히 구성원과 사회를 강화하는 방향으로 작용했다. 종교적 의식은 사회 질서나 관습을 보강하고, 소속된 집단의 정체성과 경쟁력을 유지하게 하는 원천이 됐다.

살펴본 바와 같이 종교는 다음 세 가지 요소로 정리할 수 있다고 생각한다. 첫째, 영적인 존재에 대한 관계와 이에 의지하고자 하는 인간의 심리, 둘째, 죽음의 공포로부터 해방되고자 하는 구원의 열망, 셋째, 지속가능한 사회가 되게 하는 보편적인 가치체계이다.

AI 종교를 탄생시킨 구글 출신 엔지니어

하지만 최근의 급속한 기술 발전을 보면 종교는 어디로 발전할 것인가 생각하게 된다. 이 와중에 인공지능을 섬기는 종교가 탄생했다는 뉴스가 전해졌다. 2017년 11월 22일 미국의 정보기술IT 매체 '와이어드Wired'에서 구글 출신 엔지니어 레반도프스키Anthony Levandowski가 '미래의 길Way of the Future'이라는 이름의 교회를 설립했다고 보도한 것이다. 이 교회는 컴퓨터 인공지능을 신으로 인식하고 예배함으로써 사회 발전에 기여하고자 한다고 목적을 밝히고 있다.

한편, 가정에서 일하거나 상점에서 손님을 접대하는 일본 소프트뱅크의 휴머노이드 로봇인 '페퍼'는 불교 승려의 역할도 시작했다. 페퍼는 인간 승려와 마찬가지로 목탁을 치거나 경전을 읊을 수 있다. 중국 베이징의 용천사에도 AI 로봇 스님 '셴얼Xian'er'이 등장했다. 셴얼은 불경을 외울 수 있고 사람들의 질문에 답할 수 있다고 한다.

레반도프스키는 AI가 인간보다 현명한 존재라면 신이라고 할 수 있다고 주장한다. 레반도프스키는 구글과 우버Uber 등에서 자율주행 자동차와 트럭 개발에 관련된 일을 했다. 그는 자율주행 트럭 제조사 오토Otto를 공동 창업했고, 회사를 우버에 매각해 억만장자가 된 사람이다. 그는 인간의 지능을 능가하는 컴퓨터의 출현을 확신하며, 그 이유로 인간과 컴퓨터의 사고와 기억을 위한 공간의 차이를 들고 있다. 인간은 사고 작용에 사용할 수 있는 뇌의 크기가 한정되어 있지만, AI 시스템은 사고 작용의 공간을 얼마든지 키울 수 있다는 것이다. 그의 주장은 틀리지 않다. 사실 이세돌 9단을 이긴 알파고는 1,200개의 컴퓨터 프로세서가 연결된 병렬 시스템이었다.

초인적인 능력을 보이면 AI도 숭배의 대상이?

이쯤 되면 우리 손자 손녀들이 섬기게 될 종교는 정말로 인간의 능력을 뛰어넘을 AI가 될 수도 있다는 생각이 든다. 현재 많이 이용되는 인공신경회로망, 딥러닝 기술 외에 유전자 알고리즘이 적극 활용되면 AI의 창발성은 더욱 발휘될 것이다. AI가 활용할 수 있는 사고 공간은 거의 무한대로 확대 가능하다. 우리는 인간의 능력을 뛰어넘는 존재를 초인적이고 영적인 존재라 여기고 숭배해 왔다. 이제 그 대상이 AI가 될 가능성이 없지 않다.

실제로 우리 인간은 숭배의 대상에 생물체와 무생물체를 가리지 않는다. 과거에는 마을 어귀의 당산나무도 숭배의 대상이었고, 큰 바위도 대상이 되었다. 현재 중국에서는 광군제를 실시하여 물건을 잘 팔리게 해주는 알리바바의 마윈을 섬기는 사람이 생겨나고 있다. 이러한 현상을 보건대, AI가 초인적인 능력을 보이는데도 불구하고, 실리콘 반도체로 구성되어 있다는 이유로 신에서 제외된다면 그것이 더 부자연스러운 일일 것 같다.

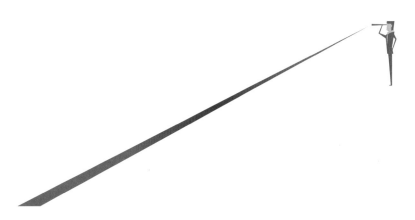

증강인간의 출현:
인간은 신이 될 수 있을까

　　이스라엘 역사학자 유발 하라리Yuval Noah Harari는
그의 저서『호모 데우스』에서 "앞으로 올 몇십 년 동안 우리는 유전공
학·인공지능·나노기술을 이용해 천국 또는 지옥을 건설할 수 있을 것"
이라고 말하며 "짐승 수준의 생존 투쟁에서 인류를 건져올린 다음 할
일은 인류를 신으로 업그레이드하고, '호모 사피엔스'를 '호모 데우스'
로 바꾸는 것이다"라고 말했다. '호모 데우스'란 '신이 된 인간'이란 의
미로 해석할 수 있다. 즉, 인간이 앞으로는 인류가 가진 한계라고 여
겨지던 질병, 죽음 등을 이겨내고, 신의 영역이라 여겨지던 불멸 등의
영역으로 다가가고 있다고 보는 것이다.
　　유발 하라리의 예측대로 인간이 신이 될 수 있을지는 모른다. 그러

나 과학의 발전이 인간을 신적 존재에 가깝게 만들고 있는 것만은 부정할 수 없을 것 같다. 현재 인간이 직면한 세 가지 도전에 의해 인간의 지적, 신체적 능력이 급증하며 21세기 내에 증강인간이 출현할 것이 예상되기 때문이다. 이러한 시대가 되면 우리 인간의 가치관과 인생관도 변화되어 있을 것이다. 인류의 역사를 보면, 인간은 필요에 의하여 도구를 발명했고, 또 도구를 사용하면서 인간도 변해왔다.

21세기 인간에게 주어진 3가지 도전

21세기를 사는 인간에게 주어진 세 가지 도전은 첫째, 신체라는 하드웨어적 도전이다. 둘째는 인간 정신이라는 소프트웨어적 도전, 셋째는 뇌와 기계를 연결하는 펌웨어Firmware적 도전이다. 세 도전을 통해 인간은 지금까지와는 차원이 다른 지적·신체적 능력을 지닌 존재로 부상할 것이다.

첫 번째 도전: 배아복제와 유전자가위

이를 구체적으로 살펴보면, 첫째 하드웨어적 도전은 배아복제와 유전자가위 기술이다. 인간은 배아복제를 통해 고장난 장기를 교체할 수 있으며, 유전자가위 기술로는 유전병이 없는 아이를 탄생시킬 수 있다. 결함 유전자를 정상 유전자로 교체해 암, 빈혈, 심장병, 등 난치

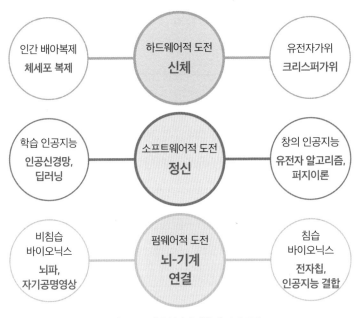

〈그림 1〉　21세기 인간에 대한 세 가지 도전

병을 치료하는 유전자 치료 기술도 연구되고 있다. 이는 인간이 머지 않은 미래에 질병과 노화 등 인간이 가진 육체적 한계를 극복할 가능성이 있음을 의미한다.

두 번째 도전: 인공지능

두 번째 소프트웨어적 도전은 인공지능 기술이다. 1956년에 개념이 도입된 AI는 많은 기대 속에 연구가 시작됐다. 그러나 80년대 들어서는 사람들이 실망하기 시작했다. 기대하는 결과가 나오지 않았기 때문이다.

그러던 중 왓슨(퀴즈, 2011년)과 알파고(바둑, 2016년)의 출현으로 상황이 변했다. 거의 모든 분야에 AI가 적용되기 시작했고, AI 전문가의 주가는 치솟았다. 레이 커즈와일은 2045년이 되면 인간의 지능을 능가하는 컴퓨터가 출현할 것이라 예측했다. 이러한 특이점Singularity이 언제가 될 것인지에 대해서는 논쟁이 가능하지만, 그 시점이 올 것이라는 사실에 대해서는 부정하기 어려운 것 같다. 인간은 사용 가능한 두뇌가 한정되어 있지만, 컴퓨터는 기억장소를 거의 무한대로 확장할 수 있기 때문이다.

특히 기존의 알파고를 이긴 '알파고 제로'는 또 다른 세계를 보여주었다. 앞에서 언급한 것처럼, 알파고는 인간의 기보를 이용해 학습하는 데 반해 알파고 제로는 기보를 이용하지 않았다. 지금까지는 인간의 경험을 주고 '학습'하는 것이 관심사였는데, 이제는 인간의 개입 없이 AI가 '스스로 학습'하는 시대로 접어들었다.

AI의 발전은 여기에 그치지 않을 것이다. 지금까지 AI는 인공신경망과 딥러닝 기술을 활용한 학습능력 향상에 초점을 두고 발전해 왔다. 그러나 앞으로는 '유전자 알고리즘'과 '퍼지이론'이라는 두 가지 기술에도 관심을 기울여야 할 것이다. 유전자 알고리즘의 돌연변이 연산자는 돌발적인 계산을 하는 특성이 있다. 돌발적이라는 뜻은 바꾸어 말하면 창의성이다. 퍼지이론은 애매한 것을 계산할 수 있게 해주

세상의 미래

는 이론이다. 인간의 감성은 원래 '춥다', '덥다'등으로 정확하지 않다. 퍼지이론은 이러한 애매한 감성을 다룰 때 이용된다.

기존의 스스로 학습하는 AI에 이런 창의성과 감성을 더한 AI의 탄생은 앞으로 인간형 AI의 탄생을 예고하고 있다.

세 번째 도전: 바이오닉스

세 번째, 펌웨어적 도전은 바이오닉스 기술이다. 원래 펌웨어란 하드웨어와 소프트웨어의 중간에 해당하는 전자회로를 일컫는데, 바이오닉스는 인간의 신경과 기계를 연결하여 인간의 능력을 향상시키는 기술이다. 인간의 뇌에서 일어나는 전기적 신호를 추출·해독해 인간과 기계의 상호작용을 추구한다. 인간의 신경과 전자회로 사이를 연결한다는 면에서 하드웨어와 소프트웨어의 중간적 성격이 있다.

바이오닉스 기술에는 두 가지 방식이 있다. 신체 외부에서 신호를 측정하는 비침습적 방식과 신체에 기기를 주입하여 신호를 얻는 침습적 방식이다. 어려운 말이지만 결론적으로 말하면 인간의 뇌에 컴퓨터를 연결해 기계를 작동시키거나 인간의 두뇌를 확장시킨다고 이해를 하면 쉬울 것이다. 말 그대로 인간과 기계, 인간과 컴퓨터의 결합이 가시화되고 있는 것이다.

이상의 세 가지 도전을 앞에 둔 인간은 앞으로 어떻게 대응하며 자신을 변화시킬 것인가? 세 가지 도전에 관계된 기술은 이미 우리 손안에 들어와 있다. 이 기술들은 인간을 신에 가까운 존재로 만들 수 있으며, 기존의 규범과 윤리 체계를 위태롭게 할 수도 있다. 따라서 인류는 이 기술들을 어떻게 관리하고 활용할 것인가를 심각하게 고민해 봐야 한다.

자연인 vs 증강인

확실한 것은 21세기가 끝나기 전에 세 가지 도전에 의한 지적·신체적 능력이 향상된 '증강 인간'의 출현을 상상할 수 있다는 점이다. 이러한 인간은 자기 자신과 세계를 바라보는 의식이 우리 '자연인'과 사뭇 다를 것이다. 자아의식과 인생관이 다르고, 영혼과 마음에 대한 인식도 다를 것이다. 신에 근접한 증간인간의 신에 대한 관념도 우리와 차이가 있을 것이다. 여기서 미래 '증강인'과 '자연인' 사이의 조화로운 공존이 과제로 대두한다.

어쩌면 먼 미래에는 자연인보다 증강인간이 인류를 대표하는 존재가 되어있을지 모른다는 점도 생각해 볼 필요가 있다. 인류 전체가 증강인간이 될 수도 있다는 말이다. 이때 인류를 정의하는 것은 무엇일까? 필자는 삶의 목적을 잊지 않고 끊임없이 인간이란 무엇인가에 대해 질문을 하느냐에 따라 미래 증강인간 사회의 명암이 달려있다고 생각한다. 인간 행복을 중심에 둔 질문이 필요한 시기다.

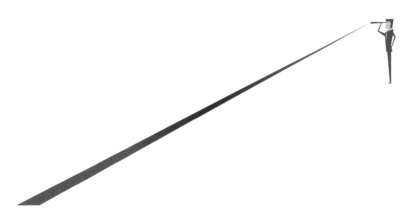

기술 앞에 흔들리는
인간의 정체성

요르단 출신 미국인 마흐무드 하산 부부는 유전성 신경대사장애인 리 증후군Leigh Syndrome 때문에 두 아이를 잃었다. 아이들이 엄마의 미토콘드리아를 통해 결함 있는 유전자를 물려받았기 때문이다. 세 번째 아이를 낳아도 동일 증상을 보일 것이 확실했다.

부부는 뉴욕 뉴호프불임센터를 찾았다. 연구팀은 어머니의 결함 있는 난자에서 핵을 제거하고 건강한 여성의 난자 핵과 교체한 뒤 아버지의 정자와 체외수정 했다. 이 배아를 어머니의 자궁에 착상시켰다. 아기는 2017년 시술 규제가 없는 멕시코에서 건강하게 태어났다. 2母 1父, 부모 3명의 유전자를 가진 아기가 세계 최초로 탄생한 순간이다.

이는 1978년 영국에서 시험관 아기가 태어난 후 38년 만의 일이다. 시험관 아기 때와 마찬가지로 뜨거운 논쟁을 일으켰다. 그러나 건강한 아기를 얻고 싶은 이 부부에게 누구도 돌을 던지지는 못했다. 이 일이 시사하는 바는 실로 크다고 할 수 있다. 필자 자신도 유전자 혁명이 생각보다 바로 옆에 와 있음을 실감했다.

유전자가위 혁명

유전자 혁명에 있어 최근 가장 주목받고 있는 것은 유전자가위 기술이다. 유전자가위 기술이란 유전체에서 손상된 DNA를 정교하게 잘라내고 정상적인 DNA로 갈아 끼우는 유전자편집Genome Editing 기술을 말한다. 1세대와 2세대 유전자가위 기술을 거쳐 최근에는 제 3세대 유전자가위인 '크리스퍼CRISPR'라는 이름의 유전자가위가 개발되어 사용되고 있다.

유전자가위가 주목을 받는 이유는 질병의 치료와 예방에 있다. 유전자가위 기술을 이용한 유전자편집 기술은 질병을 유발하는 유전자를 제거하고, 해당 유전자를 정상 유전자로 대체함으로써 질병을 극복하게 할 수 있다.

한 예로 2015년 중국 중산대 준지우황 교수는 크리스퍼 유전자가위로 인간 배아에서 빈혈에 관여하는 유전자를 제거하는 실험에 성공했다. 그는 86개의 배아를 대상으로 28개가 정상적으로 살아있음을 확인했다. 이렇게 만들어진 배아를 자궁에 착상시키면 빈혈이 없는 아기로 태어날 수 있다.

이렇듯 유전자가위 기술이 앞으로 더욱 발전할 경우 인류는 유전병이 없는 아이를 인위적으로 출산할 수 있다. 나아가 유전자가위를 활용한 유전자편집으로 우성 인자만을 가진 아이를 만들어 낳을 수 있다는 예측도 가능하다.

미래 기술과 인간 윤리

인간이 인간을 선택하여 낳는다는 점에서 이 유전자가위 기술은 많은 윤리적 논란을 가져올 수 있다. 때문에 유전자가위 기술은 동물을 대상으로는 여러 차례 실현됐지만 인간을 대상으로 한 실험은 선진국에서는 허용되지 않았다. 그러나 이러한 제한이 점점 풀리고 있는 추세다. 중국이 인간의 배아에 유전자가위 기술을 실험하자, 이듬해 영국이 유전자가위 실험을 허용했다. 지금은 한국을 제외한 많은 국가가 다투어 유전자가위를 이용한 유전병 치료를 연구하고 있다.

그렇다고 한국이 유전자가위 기술을 보유하고 있지 않은 것은 아니다. 한국의 경우에도 작년에 기초과학연구원 연구팀이 유전자가위 연구에 성공했다. 다만 국내에서의 제약으로 미국에 가서 실험을 실행했다는 점이 중국 및 다른 선진국과 다른 점이다.

이 상태라면 20년 후의 중국은 유전병 없는 아기 출산에 있어서 선진국이 될 것이다. 가장 규제가 없는 나라이기 때문이다. 유전병 없는 아기를 낳기 위하여 돈을 싸들고 중국으로 달려가는 부부들이 줄을 설지도 모른다.

개인의 행복을 추구하는 이러한 선택이 무조건 잘못됐다고 할 수 있을까? 미래의 우리는 기술의 발달과 윤리 사이에서 많은 질문을 던지게 될 것이다. 인간의 윤리도 놓칠 수 없는 부분이지만 미래사회를 이끌어갈 유전자가위 기술도 무시할 수 있는 문제는 아니다. 인간의 도리인 윤리와 규제, 이 둘 중 하나를 선택할 수 없다면 윤리와 규제 사이에서 윤리를 저버리지 않는 규제의 방법과 정도를 심각하게 고민하고 토론해 볼 필요가 있다고 생각된다. 그렇지 않고 우리나라가 규제만을 고집한다면 미래의 핫이슈가 될 것이 분명한 유전자가위 기술에서 뒤처질지도 모른다.

세상의 미래

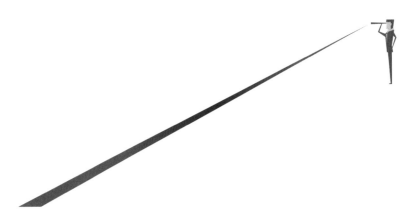

인간과 기계의 결합은
어디까지?

　　　미래사회에서 로봇은 점점 인간을 닮아가고 인간
은 점점 기계를 닮아간다는 것이 대체적인 예측이다. 로봇이 인간을
닮아간다는 것은 인간형 AI의 탄생을 말한다. 인간이 기계를 닮아간
다는 것은 인간이 기계의 능력을 자기화한다고 보면 된다. 인간과 기
계의 육체적 결합과 인간의 뇌와 컴퓨터의 연결, 이 두 가지 방식으로
이루어질 가능성이 높다.

바이오닉스 기술

이를 가능하게 하는 것은 바이오닉스 기술이다. 바이오닉스 기술

중 비침습적 방식은 뇌파와 자기공명영상MRI을 이용한 방법이다. 신체에 기기를 주입하여 신호를 얻는 침습적 방식은 전자칩을 인체에 주입함으로써 인공지능과 결합하는 방법이다.

비침습적 방법의 예로는 2011년 미국 브라운대에서 15년 간 누워 있던 58세 여성을 상대로 한 실험을 들 수 있다. 이 실험에서 여성은 뇌파로 로봇 팔을 조종해 커피 병을 들었을 뿐만 아니라, 커피를 마신 뒤 병을 테이블 위에 올려놓는 데 성공했다. 2014년 브라질 월드컵 개막식에서는 사지 마비 장애인이 뇌파를 이용한 웨어러블 로봇을 착용하고 시축에 성공하기도 했다.

뇌에 기기를 삽입해 뇌파를 읽는 기술도 크게 발전하고 있다. 2012년 미국 피츠버그대 연구팀은 사지 마비 장애인의 뇌 운동 피질에 2개의 미세전극 배열을 삽입, 로봇 팔을 제어하는 데 성공했다. 2014년 버클리대 앨런 코엔 교수팀은 자기공명영상fMRI을 해독해 그 사람이 본 영상을 거의 비슷하게 재현해냈다. 사람의 얼굴을 보여주었는데, 실제 보여준 사람의 얼굴과 비슷한 모습으로 재현해 세상을 놀라게 했다.

일론 머스크의 또 다른 도전

그리고 테슬라의 최고경영자CEO 일론 머스크Elon Musk는 2017년 뇌·컴퓨터 인터페이스를 연구하는 뉴럴링크Neuralink를 설립했다. 초소형

칩을 뇌에 삽입해 컴퓨터와 인간의 뇌를 연결하는 브레인 컴퓨터 기술을 개발하기 위해서다. 인간 두뇌의 유한성을 극복해 외부 AI 컴퓨터로 연결 확장하려는 것이다. 누구도 믿지 않았던 전기자동차, 재활용 우주발사체 등을 성공시킨 사람의 행보이기에 눈여겨 볼 필요가 있다.

KAIST 바이오뇌공학과 연구실에서도 이와 관련한 연구가 진행되고 있다. 쥐의 뇌세포를 전자회로 위에서 배양해 뇌세포회로-전자회로가 결합된 칩을 만든다. 전자회로에 전기신호를 주면 뇌세포가 반응을 보인다. 반대로 빛이나 약물로 뇌세포를 자극하면 전자회로에 신호가 잡힌다. 아직 그 신호의 뜻을 해독하지 못하고 있지만, 생체회로와 전자회로가 직접 교신하고 있음을 알 수 있다.

이같은 연구들은 트랜스휴먼Transhuman의 탄생을 예고하고 있다. 트랜스휴먼이란 기계와 결합된 인간을 일컫는 말로 사이보그라고 부르는 사람도 있다. 트랜스휴먼의 연구는 장애인 등 육체적 활동이 제약된 사람들에게 꼭 필요한 연구이다. 그러나 트랜스휴먼의 연구는 장애인들의 육체적 활동을 가능하게 하는 선에서 머무르지만은 않을 것 같다. 미래에는 보통의 인간들도 기계와 결합하여 인간보다 훨씬 뛰어난 능력을 획득하게 될 것이다.

먼 미래처럼 느껴지는 상상이, 어쩌면 생각보다 가까이 와 있는지도 모른다. 스웨덴에서는 몸속에 칩을 심은 사람이 3천 명이나 된다고 한다. 2015년부터 시작한 이 프로젝트는 피부에 칩을 심어서, 신분증 역할을 대신하게 한다. 주머니 속의 각종 카드를 대신하는 것이다. 분실 위험도 없고 간편하지만 개인정보 유출의 위험이 지적되고 있다. 편의성을 위하여 자의적으로 자기 몸에 이물질을 이식시키는 도전성이 우리 인간 속에 있었던 모양이다.

포스트 휴먼의 가능성

그리고 더 먼 미래에 인간은 트랜스휴먼을 넘어 포스트휴먼post human으로 나아갈 것이라는 전망도 가능해진다. 포스트휴먼은 인간과 기계가 결합하여 인간과 기계의 경계가 모호해지는 상태를 말한다.

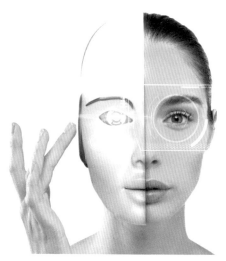

〈그림 2〉 기계와 결합된 인간, 사이보그

인간의 의식, 기억력, 감정 등은 컴퓨터로 옮겨지고, 인간은 컴퓨터 안에서 새로운 능력을 얻는다.

　물론 포스트휴먼에 다가가기에는 많은 시간이 필요할 것으로 보인다. 하지만 분명한 것은 인간과 기계의 결합은 이미 이루어지고 있으며, 언젠가 인류는 인간의 정의를 새로 내려야 할 시기를 맞이할지도 모른다는 것이다.

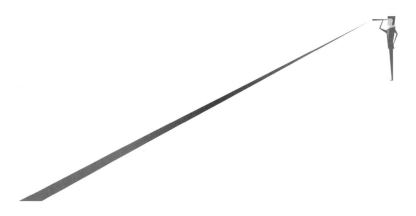

4차 산업혁명은
이미 진행 중이다

4차 산업혁명이 이슈가 되고 있다. 2016년 1월 세계경제포럼World Economic Forum, WEF의 클라우스 슈밥Klaus Schwab 회장이 제기한 이후 전 세계적으로 큰 화두가 되었다. 4차 산업혁명은 확실히 이전의 산업혁명과 차이가 있다. 가장 큰 차이는 이것이 아직 본격적으로 일어나지 않은 변혁이라는 점에 있을 것이다.

이에 대해 어떤 사람은 4차 산업혁명은 아직 일어나지 않은 허상이므로 미리 언급하는 것이 옳지 않다고 말하기도 한다. 지금의 변화는 4차 산업혁명이라고 말할 수준이 아니라, 3차 산업혁명의 아류라고 결론지어질 가능성이 높다는 것이다.

불필요한 4차 산업혁명의 용어 논쟁

일견 일리가 있는 말이다. 하지만 우리가 잊지 말아야 할 것은 이미 4차 산업혁명이 도래한 후에 4차 산업혁명에 대해 고민하면 이미 늦는다는 것이다. 또, 미래는 그렇게 될 것이라는 '믿음'을 가지고 밀어붙이는 사람들이 차지한다는 점 역시 명심할 필요가 있다.

따라서 4차 산업혁명이 정말로 일어날 것인가, 아닌가에 대해서 논쟁을 하는 일은 큰 의미가 없다고 생각된다. 언젠가 다가올 4차 산업혁명에 대한 믿음을 가지고 노력하면 4차 산업혁명이 실제로 이루어질 것이고, 노력하지 않으면 일어나지 않을 것이기 때문이다.

그리고 굳이 '혁명'이라는 용어에 신경을 쓸 필요가 없다. 한국에서 흔히 4차 산업혁명이라고 부르는 변화의 물결을, 나라에 따라서 서로 다른 용어를 사용해 설명하고 있기 때문이다. 미국에서는 디지털 트랜스포메이션Digital transformation이라 부르고 있고, 일본에서는 소사이어티 5.0Society 5.0이라 부르기도 한다. 중요한 것은 변화가 '지금' 일어나고 있다는 사실이다.

우선 4차 산업혁명이란 무엇인지 간단히 정의를 해보자. 클라우스 슈밥 세계경제포럼 회장은 4차 산업혁명을 사이버 물리 시스템Cyber physical system이라고 정의하고 있다. 이것이 무엇인지, 실제 사례를 들어서 한번 설명해보겠다.

유니클로, 자라의 4차 산업혁명

〈그림 3〉은 기존의 생산방식을 따르는 생산과 소비의 모델이다. 현재 대부분의 제품들이 따르는 공정으로서, 기획, 디자인, 생산, 마케팅, 판매 등이 순차적으로 이루어지고 있다. 이 생산과 소비 모델에서는 어떤 제품이 팔린 후 사용자들의 반응이 나오기까지 상당한 시간이 걸린다. 예를 들어 의류 제품의 경우, 거의 1년 주기로 제품의 피

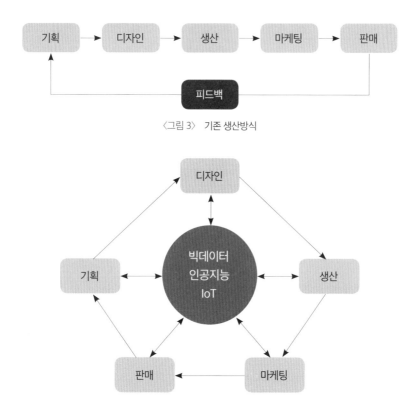

〈그림 3〉 기존 생산방식

〈그림 4〉 4차 산업혁명 방식의 생산

세상의 미래

드백이 이루어진다. 일 년 전에 '소비자의 요구사항'을 예측하여 기획, 디자인, 생산하고, 그 다음해에 결산하는 방식이다. 결국 소비자의 요구사항을 디자인에 반영하는 기간이 거의 일 년이라는 말이다.

이러한 방식으로 생산하고 판매하는 회사의 제품은 언제든지 매장에 가면 살 수 있는 경우가 많다. 공장에서 나온 제품이 곧바로 팔리지 않고, 재고가 쌓여 있다는 말이다. 이는 일 년 전에 예측했던 소비자의 요구사항이 정확하지 않았다는 뜻이기도 하다. 당연히 일 년 전의 예측이 100% 정확할 수는 없다. 전통적인 생산 방식을 사용한다면 피할 수 없는 일이다.

〈그림 4〉는 4차 산업혁명 방식의 생산방식을 보여준다. 기존 방식처럼 모든 단계가 존재한다. 그러나 각 단계들이 순차적으로 이루어지는 것이 아니라, 원형으로 구성되어 진행되며 그 중앙에는 빅데이터, 인공지능, 사물인터넷으로 구성되는 데이터센터가 자리 잡고 있다. 이 데이터센터에 의해서 거의 실시간으로 각 단계에서 일어나는 정보가 상호 '연결'되어 공유되고 '융합'된다. 예를 들어 현재 마케팅 단계에서 수집되는 정보, 판매되고 있는 제품에 대한 소비자의 반응, A/S 센터에 들어오는 소비자의 불만이 동시에 공유된다. 당연히 소비자들의 요구사항이 반영된 기획과 디자인이 가능하게 된다. 그리고 제품에 따라서, 소비자의 요구사항이 제품에 반영되는 기간이 대폭 단축될 수 있다. 현재 나타난 소비자의 취향이 반영된 제품을 한 달 이내에 매장에 도착시킬 수도 있다.

4차 산업혁명의 네 가지 특성

이상의 사례에서 보듯이 4차 산업혁명의 특징은 다음과 같이 정리할 수 있다. 첫 번째 특징은 '소비자 요구사항'을 생산 공정에 직결시키는 것이다. 소비자의 요구사항에 맞는 제품을 만들어야 한다는 명제는 만고의 진리다. 하지만 현장에 가보면 소비자의 요구사항이 곧바로 생산 공정에 전달되지 않는 경우가 많다. 예측된 소비자의 취향과 유행도 중요하지만, 더욱 정확한 것은 판매 현장에서 나타나는 소비 패턴, AS센터에 접수되는 불만사항 등이다. 이러한 정보를 거의 실시간으로 생산현장에 연결하여, 소비와 생산이 결합되게 한다.

두 번째 특징은 '연결'이다. 기존에는 산업현장의 각 공정이 상당부분 독립적으로 운영됐다. 예를 들어 기획, 디자인, 제조, 홍보, 판매, 피드백 단계에서 일어나는 정보가 실시간으로 공유되지 않았다. 그런데 사물인터넷, 빅데이터, 정보통신 기술은 각 부서의 정보를 거의 실시간으로 공유할 수 있게 연결해준다. 그래서 4차 산업혁명의 특징을 초연결이라고 말하기도 한다.

세 번째 특징은 '융합'이다. 순차적으로 일어나던 기존의 생산과정이, 중앙의 데이터센터의 컨트롤에 의하여 거의 동시에 일어나는 것이다. 기존에는 기획, 디자인, 제조, 마케팅, 판매, 피드백 과정들이 순차적으로 진행되었다. 기획이 끝나야 디자인 단계로 가고, 디자인이 끝나야 제조에 들어간다. 그런데 정보통신, 빅데이터, 인공지능 기술의 발달은 이것이 서로 연결되어 융합이 일어나게 해주고 있다.

네 번째 특징은 '데이터 중심'의 생산 공정이라 할 수 있다. 빅데이터, 인공지능, 사물인터넷 기술이 생산 공정의 데이터를 실시간으로 취합, 가공하고 각 공정에 명령을 내린다. 데이터 중심으로 생산 공정이 재구성되는 것이다. 이와 같이 재구성된 공정의 중심에는 빅데이터가 있고, 이 빅데이터를 관장하는 것은 인공지능이다. 데이터를 수집하는 사물인터넷, 데이터를 저장하는 빅데이터, 새로운 정보를 추출해 내는 인공지능이 모두 결합되어 하나의 플랫폼을 형성한다.

여기서 인공지능이 플랫폼을 관장하며, 새로운 데이터로부터 새로운 정보를 추출한다. 이렇게 새로 만들어진 정보는 더 높은 단계의 소비자 요구를 충족시키는 서비스를 창출할 수 있다. 기존에는 생산을 제품 중심으로 생각했다. 제품과 재료의 이동에 따라서 모든 것이 진행되었다. 그러나 전체 생산 공정을 데이터 중심으로 생각하면, 제품과 재료는 데이터의 이동을 따라가는 사물이 된다.

이상의 네 가지 특징을 한 마디로 정의하면 '사이버시스템과 물리시스템의 통합'이라고 할 수 있다. 바로 클라우스 슈밥 회장이 처음 4차 산업혁명을 주장할 때 제시했던 정의다. 즉, 4차 산업혁명이란 데이터와 사물의 통합이다. 나아가 모든 제품에는 바코드가 붙어 있어서 이동 상태가 실시간으로 데이터센터에 기록됨은 물론, 어떤 특징을 가진 사람이 어떠한 제품을 사갔는지 역시 정보화 된다. 사물과 사람 역시 연결되어 있는 것이다. 이것이 4차 산업혁명 시대를 초연결 시대라고 말하는 이유다.

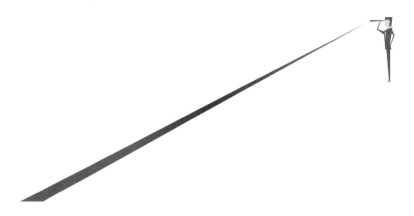

대한민국의
4차 산업혁명

　　　　4차 산업혁명 개념이 제시된 이후, 우리는 4차 산업혁명의 기본 개념을 이해하기 위해 많은 시간을 투자해왔다. 하지만 언제까지 공부만 하고 있을 수는 없다. 이제 우리는 우리의 처지에 맞게 대한민국의 실정에 맞는 4차 산업혁명이 무엇일까를 고민하고, 한국에 맞는 4차 산업혁명을 정의할 필요가 있다고 생각된다. 그리고 그 정의한 내용에 맞게 4차 산업혁명에 대한 추진전략을 세우고 실행해 나가야 한다.

우리 처지에 맞는 4차 산업혁명

이러한 전제하에 필자는 한국의 4차 산업혁명을 다음과 같이 정의하고자 한다. '제조업을 데이터 중심으로 재구성하며 소비자의 요구를 직접 제조에 결합시켜, 이를 제조+서비스업으로 확대, 발전시키는 산업혁명.' 이와 같은 정의 하에 우리가 추진해야 할 방향은 다음 두 가지라 할 수 있다.

첫째, 제품 기획과 판매 사이의 사이클을 단축해서 소비자의 요구사항을 제품의 제조공정에 빨리 전달, 반영하는 것이 무엇보다 중요하다. 그리고 반영하는 사이클을 단축한다. 예를 들어 우리 회사의 판매장에서 수집되는 소비자의 소비패턴과 AS센터에 접수되는 불만사항이 제품 기획과 디자인에 반영되는 시간을 측정한다. 그리고 이것을 단축하기 위한 방안을 찾는다.

이것을 위해서는 빅데이터, AI, IoT가 함께 돌아가는 플랫폼을 구축해야 할 가능성이 있다. 주의할 점은 우리가 인공지능이나 사물인터넷 등의 첨단 기술을 접목하기 위하여 4차 산업혁명을 하는 것이 아니라는 점이다. 소비자가 원하는 제품을 효율적으로 만들기 위하여 첨단 기술을 이용하는데 4차 산업혁명의 목적이 있다는 것을 명확히 할 필요가 있다. 규모가 작으면 엑셀파일을 사용하여 목적을 달성할 수도 있을 것이다.

둘째, 현재 생산 중인 제품에 새로운 추가 서비스를 붙일 수 있는지를 연구한다. 이때 필요한 것이 인공지능이다. 인공지능은 빅데이터로부터 새로운 정보를 추출할 수 있다. 예를 들어 자동차를 사용하는 소비자가 있을 경우, 사용 중인 제품의 운행상태를 원격으로 모니터해 주는 서비스를 개발한다면 경쟁 제품과 차별화할 수 있다.

이것은 실제로 GM이나 벤츠와 같은 회사에서 자신들의 제품에 붙여 제공하는 서비스다. GM은 자신들이 판매한 엔진의 운영 상태를 원격으로 모니터링 한다. 모니터링 결과 엔진의 상태나 부품의 상태를 미리 알려주어 사고를 예방하게 해준다. 각 주요 부품에 센서를 부착하고 연결했기 때문에 가능한 일이다. 벤츠 자동차의 경우에는 도로의 편의시설, 주유소 위치 등의 운전에 필요한 정보를 제공하는 서비스를 제공한다. 이러한 서비스는 다른 자동차 회사의 제품과 GM, 벤츠의 제품을 확실하게 차별화시킨다.

4차 산업혁명 3단계 추진전략

대한민국의 실정에 맞는 4차 산업혁명의 정의하에 고민해 본 추진전략은 3단계로 나눌 수 있다. 예상하기로 각 단계는 약 2년씩 소요될 것이다.

1단계는 기업에서 소비자의 요구사항을 제조에 직결시킬 수 있는 소프트웨어를 제작하는 단계다. 이 소프트웨어는 빅데이터, AI, IoT 기술이 융합된 플랫폼 형태가 될 것이다. 이 단계에서 회사별로 일단 플랫폼을 만들어 실행해 본다. 이것은 과거 20년 전에 정부가 초고속

통신망을 구축하면서, 정보화촉진기금으로 인터넷 응용프로그램을 제작하도록 장려했던 경험을 참고한 것이다.

2단계에서는 앞에서 제작된 기업별 플랫폼을 비교분석해 기업별, 산업별로 공통부분을 찾아 표준화한다. 공통부분을 모아서 표준 플랫폼을 만들고, 그 위에 회사별로 특색에 맞게 응용소프트웨어를 만든다.

3단계에서는 앞에서 만들어진 표준 플랫폼을 이용한 성공사례를 만들고 이를 홍보, 보급한다. 이렇게 하면 산업과 기업별로 특색에 맞는 4차 산업혁명 플랫폼이 전 산업에 보급될 것이다.

덧붙여 말하자면 나는 여기서 제시하는 추진전략이 최적이라고 섣불리 생각하지는 않는다. 다만 우리 처지에 맞는 추진전략을 세워야 한다는 점을 강조하기 위해 제시해 본 것이라는 점을 밝혀둔다. 중요한 것은 4차 산업혁명 시대에 우리도 미래의 주인공이 될 수 있다는 믿음을 가지고 계획하고, 추진하고, 실행시키는 것이다.

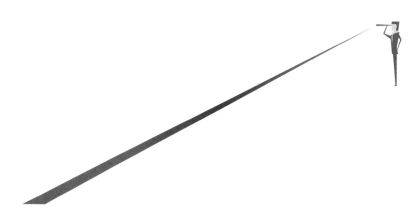

자율주행자동차의
사건사고

최근 두 개의 자동차 사고가 논란을 일으키고 있다. 2018년 3월 18일 미국의 애리조나 주에서 우버가 시험운행 중이던 볼보 XC90 자율주행자동차가 밤에 무단으로 도로를 건너던 사람을 치어 사망하게 했다. 3월 23일에는 테슬라 자동차 모델X가 중앙분리대를 들이받고 폭발해 운전자가 사망한 사고가 났다. 앞서 2016년 5월 테슬라 모델S 차량이 미국 플로리다에서 트레일러 차량과 충돌해 운전자가 사망한 사고에 이어 세 번째 사망사고다.

대표적인 자율주행자동차 개발 회사 차량들의 연속된 사고는 많은 사람에게 충격을 주었다. 이 사건들로 인해 과연 자율주행차가 안전하게 일반도로에서 운행할 수 있을 것이냐는 의문을 가지는 사람이

세상의 미래

많아지고 있다. 더불어 사고의 책임 관계는 어떻게 될 것인가 하는 논쟁을 불러일으키고 있다.

10년 안에 자율주행자동차 일반화

자율주행자동차는 스스로 주변 도로 상황을 인식하고, 주행전략을 수립하고, 속도와 방향을 제어해 목적지까지 주행하는 차량을 말한다. 자율주행자동차의 기능은 크게 3개의 부분으로 나눌 수 있다. 첫째는 도로와 주변 환경을 인식하는 센서와 통신 기능이다. 둘째는 주변상황을 판단해 주행전략을 수립하여 핸들의 방향과 가속 또는 감속 방침을 결정하는 인공지능 부분이다. 세 번째는 실제로 핸들과 액셀레이터, 브레이크, 헤드라이트 등을 작동시키는 부분이다.

또한, 자율주행자동차는 자율 정도에 따라 5단계로 구분한다. 1단계는 크루즈컨트롤처럼 아주 기본적인 자동화단계를 말한다. 2단계는 거리유지와 주차 등을 도와주는 단계를 말하고, 3단계는 차선변경과 충돌회피 기능을 가진다. 4단계는 신호등이 있는 교차로 통과와 혼잡한 도로를 주행하는 단계이고, 5단계는 비정형도로를 운행하는 완전한 자율주행 단계를 말한다.

자율주행자동차에 대한 연구는 1990년대부터 본격 시작됐다고 볼 수 있다. 연구를 가속화하기 위해 미국 국방성의 연구조직인 다르파 DARPA는 2004년에 모하비 사막에서 자율주행자동차 경주대회를 열었다. 첫 경주대회에서는 240km의 정해진 거리를 완주한 차량이 없었다. 다음해인 2005년에 들어서서야 5대의 차량이 완주했다. 그 이후 전 세계적인 대기업이 나서서 자율주행자동차 개발에 뛰어들었다. 기존의 자동차 회사는 물론 전기 전자 회사도 참여해, 개발 속도가 더욱 빨라지고 있다.

구글은 2020년에 상용화된 자율주행차를 출시한다는 목표를 제시하고 있다. 아무리 늦게 잡아도 10년 안에는 길거리에 자율주행차가 자주 보일 것이라는 상상을 쉽게 할 수 있다.

〈그림 5〉 시운전 중인 구글의 자율주행차.

세상의 미래

자율주행자동차로 인한 변화

자율주행자동차가 일반화되면 우선 교통사고가 대폭 감소하고, 교통경찰이 거의 필요 없게 될 것이다. 교통사고를 대비한 보험회사가 대폭 줄어들고 환자를 치료하는 정형외과가 파리를 날리고 있을 것이다. 운전기사는 말할 것도 없고, 운전면허증 자체가 없어질 것이다. 운전면허 학원이나 면허시험장 등은 당연히 사라진다.

고객을 목적지에 태워주고 차량은 집으로 돌아가면 되기 때문에 주차난 해소에도 도움이 될 것이다. 운전과 주차의 부담이 없어지기 때문에 단거리 대중교통의 수요도 줄어들 것으로 예상된다. 또한 모든 자율자동차들은 상호 연결되어 스스로 주변 도로 상황과 다른 차량에 대한 정보를 업데이트하므로 항상 가장 최적의 도로를 선택해 주행하게 된다. 당연히 교통체증은 현저히 완화될 것이다.

여기에도 어두운 면은 있다. 모든 정보통신에서와 마찬가지로 해킹은 크게 우려되는 점이다. 자율자동차가 해킹되면 여러 가지 사고의 위험성이 있고, 특히 테러에 이용될 가능성도 생긴다.

그렇다고 사람이 직접 운전하는 경우가 완전히 사라지지는 않을 것이다. 운전을 취미나 스릴로 여겨 직접 운전하는 사람이 여전히 있을 것이다. 이 경우, 사고를 내 타인을 해치는 경우가 발생하면 사회적인 문제가 될지도 모른다. 이를 방지하기 위해서는 자동차에 아예 핸들을 장착하지 않는 시대가 올 수 있다. 과학기술기획평가원의 차두원 박사는 인간의 운전을 금지하는 법이 제정될 수도 있을 것이라 말한다.

자율주행자동차 사고의 법적 책임

법적으로 논의되어야 할 것은 또 있다. 자율주행자동차 사고의 책임에 관한 것이다. 아무리 좋은 자율자동차를 만들려고 노력을 해도 완벽할 수는 없다. 사고는 반드시 일어난다. 때문에 자율주행자동차의 안전에 대한 논란과 함께 법적 책임 문제가 제기되고 있다. 아직까지 사고가 발생했을 때 누가 보상할 것인지에 대해 명확한 규정이 없기 때문이다.

일본은 운전자가 있는 상태인 레벨3 단계까지의 사고에 대해 원칙적으로 차량 운전자가 배상 책임을 지도록 하고 있다. 독일은 자율주행 수준과 관계없이 사고 책임 대부분을 차량 운전석에 앉은 사람이 지도록 하고 있다. 다만 사고 발생 시 블랙박스 기록을 분석해 자율주행시스템 오류가 발견되면 제조사가 책임진다. 한국에는 이에 관한 법률이 아직 없다.

공리주의 vs 탑승자 보호

이 와중에 자율주행자동차의 개발과 사고에 관련해 중요한 철학적인 문제가 제기되어 있다. 트롤리Trolley 문제라고 하는데, 이것은 1967년 영국의 철학자 필리파 푸트Philippa Foot가 제기했다.

트롤리 문제는 트롤리 기차의 브레이크가 고장이 나서 정지할 수 없는 상태가 된 경우를 상정한다. 그런데 앞을 보니 5명의 인부가 철로 위에서 일하고 있다. 옆의 철길 위에는 한 사람이 지나가고 있다. 이 상태에서 기차가 계속 진행하면 5명이 사망할 것이고, 진행방향을 바꾸어 옆 철길로 가면 5명을 구하는 대신에 한 사람을 치게 될 것이다. 이때, 기차 운전자는 어떤 선택을 해야 할 것인가.

이러한 딜레마는 자율주행자동차에도 그대로 적용된다. 주행 중에 브레이크가 고장이 나서 정지할 수 없는 상황이다. 앞에 5명의 사람이 있다. 진행 방향을 길옆으로 돌리면 웅덩이에 빠져서 탑승자가 사망할 가능성이 높다. 이러한 상황을 대비해 자율주행자동차의 소프트웨어를 어떻게 만들어야 하느냐의 문제이다. 즉, 사망자를 최소로 해야 한다는 공리주의 철학과 차량의 주인인 탑승자를 보호해야 한다는 주장이 부딪친다. 이 문제는 자율주행자동차 연구가 시작되면서 논쟁거리가 되고 있으며, 혹자는 이 문제를 해결하지 못하면 자율주행자동차는 일반도로 위를 달릴 수 없을 것이라 말하기도 한다.

인간의 욕구를 보면 미래가 보인다

하지만 필자는 이것은 현실에서 불필요한 논쟁이라 생각한다. 철학적인 논쟁과 상관없이 궁극적으로 세상에는 탑승자를 보호하는 자율자동차만이 존재할 것이기 때문이다. 지금도 그렇지만 모든 차량은 사용하는 고객이 있어야 존재하게 된다. 고객이 외면하는 차량은 세상에 존재할 수 없다. 탑승자를 보호하지 않는 차량을 탈 승객은 없다. 탑승자를 보호하지 않는 차가 있다면 그러한 차는 팔리지 않을 것이고, 당연히 만들지도 않을 것이다.

여기에도 공공성과 개인주의가 충돌하는 모습을 볼 수 있다. 하지만 결국 개인의 선택은 개인주의에 있을 것이다. 이것은 새로운 것이 아니다. 현재 자동차를 운전하는 인간 운전자도 운전 중에 긴급 상황이 발생하면 자기 자신을 보호하는 본능에 따라 대처한다. AI가 탑재된 자율주행자동차도 결국 그러한 방향으로 나아갈 수밖에 없을 것이다.

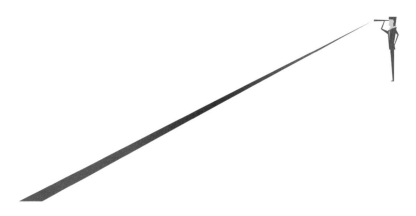

드론 비행규칙 제정 표준화로
주도권 잡자

드론Drone이란 말은 벌 등이 왱왱거리는 소리를 뜻한다. 기체에 사람이 타지 않고 지상에서 원격 조종한다는 점에서 무인 항공기라고 부르기도 한다. 드론이 처음으로 쓰인 곳은 전쟁터였다. 드론은 2차 세계대전에서 정보수집과 공격기로 활약하기 시작했다. 적 기지에 투입돼 정찰 및 정보수집 임무를 수행하고, 원격탐지장치와 위성제어장치 등 최첨단 장비를 갖추고 사람이 접근하기 힘든 곳이나 위험지역 등에 투입돼 정보를 수집했다. 미국은 2004년부터 드론을 전투에 본격 활용했다. 2010년에는 122번 넘게 파키스탄과 예멘에 드론으로 폭격을 했다고 알려져 있다.

하늘을 날고 싶은 인간의 꿈

레오나르도 다빈치는 1490년경에 비행기의 기본적인 원리와 구조를 생각했다. 그는 새의 뼈, 근육, 깃털의 구조에 관한 연구를 시작으로 여러 가지 비행기구에 관한 실험을 통해 많은 스케치를 남겼다. 자연을 보면서 하늘을 나는 상상을 펼치는 인간에게 새의 날개를 모방하려고 하는 생각은 매우 자연스러운 발상이었다고 볼 수 있다. 그 후에도 인력으로 날갯짓을 해 하늘로 오르려는 시도가 많이 있었다.

1886년에 프랑스의 크레망 아델^{Clément Ader}은 베르누이 원리를 이용한 비행체를 만들었다. 비행기 날개의 윗면을 둥그렇게 하고, 아랫면을 직선으로 설계했다. 소형 증기기관으로 프로펠러를 돌려 추진력을 얻자, 베르누이 원리에 의해 비행체가 위로 떠올랐다.

근대식 비행기를 발명한 사람은 미국의 윌버와 오빌 라이트 형제^{Wright brothers}로 알려져 있다. 라이트 형제는 1903년 역사상 처음으로 동력비행기를 조종해 지속적인 비행에 성공했다. 이들은 가솔린 엔진으로 프로펠러를 돌려 추진력을 얻고, 날개 모양을 잘 설계해 양력을 얻었다. 이렇게 탄생한 비행기는 1차 세계대전을 통해 군사적인 목적을 위해 급속도로 발전했다.

2차 세계대전 중에는 프로펠러가 필요 없는 제트 비행기가 개발돼 전투에 참여하기 시작했다. 베르누이 원리를 이용한 비행기는 이륙에 긴 활주로가 필요한 것이 단점이었다. 오랜 시간 동안 많은 시행착오와 개선작업이 있었으며, 20세기에 이르러서야 사람이 탈 수 있게 되었고, 2차 세계대전 말기부터 본격적으로 실용화됐다. 참고로 헬리콥터는 수직 이착륙과 정지비행을 위해 개발됐다.

값싸게 하늘을 날게 해주는 드론

드론의 비행 기술에는 크게 두 가지가 있다. 첫째는 기존의 비행기처럼 날개에서 생기는 양력의 힘으로 뜨고 날아가는 방식이다. 추진력은 전기모터 또는 가솔린엔진에서 얻는다. 이것은 기존의 비행기와 거의 동일한 비행원리를 따르는데 다만 조종사가 없이 원격으로 조종이 된다는 점이 다를 뿐이다.

두 번째 방식은 헬리콥터 방식과 약간 유사하다. 프로펠러를 위로 향하게 설치해 위로 떠오르고, 전진 방향으로 프로펠러를 돌려서 추진력을 얻는다. 이 방식은 긴 활주로가 필요 없다.

〈그림 6〉 드론은 이미 다양한 분야에 활용되고 있다.

이러한 드론은 4차 산업혁명의 꽃으로 관심을 끌고 있다. 조종 장치, 배터리, 데이터 수집·전송처리 기술이 발전했기 때문이다. 성능 좋고 값싼 조종 장치를 가질 수 있게 됐다. 값싼 고성능 배터리의 출현도 결정적인 이유가 된다. 배터리의 저장용량이 급속히 늘어나고 저렴해지고 있다. 데이터를 수집·전송·저장하는 수단의 발전도 빼놓을 수 없다. 스마트폰의 간단한 앱으로 드론을 조종하고, 드론이 보내주는 화상을 쉽게 받아 저장할 수 있게 됐다. 디지털카메라 외에 다양한 센서는 사물인터넷 기술의 접목을 가능하게 하고 있다.

드론의 활용과 부작용

드론은 군사적 성격 외에 다양한 민간 분야에 활용되고 있다. 사고 현장이나 화산 분화구 촬영처럼 사람이 직접 가서 촬영하기 어려운 장소를 촬영한다. 이미 방송가에서는 드론을 활용한 항공 촬영이 보편화됐다.

드론의 활용성은 앞으로 더욱 넓어질 것이다. 인공위성을 이용해 위치를 확인하는 위성항법장치GPS 기술을 활용해 서류, 책, 피자 등을 드론으로 배달하는 세상이 열리고 있다. 건물관리, 탄광사고 조사, 화산활동 연구 등의 용도로도 유용하게 사용될 수 있다. 육상·해상의 측량 또는 탐사, 산림·공원의 관리 등에도 이용할 수 있을 것이다.

또한 기상관측, 어군탐지, 해안경비 등의 임무를 수행할 수 있다.

오랜 시간 먼 바다 위를 비행하며 바다 속의 물고기 탐사와 어선의 조업활동, 낚시에도 활용된다. 넓은 지역의 농약과 비료 살포에도 이용되고, 농작물의 작황을 조사하는 용도로도 사용될 수 있다.

하지만 안전과 보안은 계속 문제점으로 남는다. 기계 결함이나 조종 미숙으로 추락할 경우 사고로 이어질 수도 있다. 상대방이 원하지 않는 촬영 행위를 하는 등 사생활 침해의 가능성도 있다. 테러리스트가 드론에 위험물질을 넣어 배달할 수도 있다. 해킹을 당해 사고를 유발할 가능성도 있다. 갑작스러운 기후 변화로 드론끼리 충돌하는 교통사고도 발생할 것이다.

국내 항공법상 드론은 무게 150kg 이하의 '무인비행장치'이다. 그 이상은 '무인항공기'로 분류한다. 중량이 12kg 이하인 무인비행장치는 지방항공청에 신고하지 않고 이용이 가능하다. 12kg 이하 무인비행장치라도 조종자는 장치를 눈으로 볼 수 있는 범위 내에서만 조종해야 한다. 비행금지구역 또는 150m 이상의 고도를 비행할 때는 지방항공청의 허가를 받아야 한다.

미국 방위산업 컨설팅업체 틸그룹은 향후 드론 시장이 연평균 8% 이상 성장해 2020년에는 114억 달러 규모로 발전할 것이라고 전망했다. 세계의 대표적인 드론 업체는 중국의 다장촹신DJI이다. DJI 창업자 프랭크 왕Frank Wang은 2006년 홍콩과기대를 졸업하면서 창업해 현재 세계 상업용 드론 시장의 70%를 차지하고 있다.

하늘의 교통규칙 개발과 표준화 필요

미래의 드론은 하늘의 교통 문화를 획기적으로 변화시킬 것이다. 초기에는 무인 드론이 촬영과 무인배달 등에 이용되겠지만, 점차 유인 드론이 상용화될 것이다. 유인 드론은 레저용으로 시작해 드론 택시로 발전할 것이다.

이와 같이 하늘에 드론이 많이 날아다니면, 하늘 교통안전이 중요해질 것이다. 하늘의 교통사고에 대한 법적인 제도를 구비해야 한다. 하늘에 드론이 비행하는 공로空路를 지정하고, 그곳을 날아다닐 드론들 간의 비행규칙을 만들 필요가 있다.

예를 들어, 하늘에서도 직각으로 격자형의 노선을 규정한다고 생각해보자. 동·서, 남·북 방향에 양방향 공로를 정하면, 4개 노선이 필요하다. 이것들은 4개 층의 상하 입체 노선이 될 것이다. 이 노선 속에서 추월선은 어떻게 정할 것인지, U턴 할 때나 노선을 갈아탈 때는 어떻게 할 것인지 정해야 한다. 그리고 드론이 이륙해 공로에 합류하는 규칙과 비행하던 드론이 하강하는 방식을 정해야 한다.

우리나라는 여러 가지 제약으로 드론 산업의 주도권을 중국에 빼앗긴 뼈아픈 기억이 있다. DJI를 창업한 프랭크 왕이 홍콩과기대에서 마음껏 드론을 날리며 실험하고 있을 때, 우리 학생들은 당국의 허가를 받아야만 비행 실험이 가능했다. 결국 수십만 개의 일자리를 잃어버렸다. 하늘의 교통규칙을 먼저 제정하고 특허를 획득해 주도권을 잡을 수 있는 마지막 기회를 놓치지 않았으면 하는 바람이다.

4차 산업혁명에서 5차 산업혁명으로: 다시, 인간

4차 산업혁명, 인공지능, 증강인간 등 미래사회를 예상할 때 튀어나오는 말들을 접하다 보면 미래가 혼란스럽게 느껴진다. 급변하는 미래를 따라갈 수 있을지 두려워하는 사람들도 많다. 그러나 미래가 얼마나 불확실한가와 상관 없이 결국 세상을 바꾸는 주체는 역시 인간이다. 그러므로 앞이 보이지 않을 때는 '인간'을 바라보면 된다. 결국 인간이 원하는 바에 따라 세상은 변하기 때문이다. 따라서 인간을 아는 것이 미래를 아는 것이라고도 할 수 있다. 이것이 바로 인문학 등의 기초학문이 중요한 이유다. 인간을 제대로 이해할 때 우리는 4차 산업혁명을 넘어 5차 산업혁명으로 나아가고, 변화하는 세계에 대비할 수 있다.

세상에 변하지 않는 것은 인간 본능

인간의 본능이란 인간이 태어날 때부터 타고난 독특한 행동특성이라 말한다. 갓 태어난 아기는 가르쳐 주지 않아도 엄마의 젖을 빨고, 병아리는 누구의 도움 없이도 달걀 껍데기를 깨뜨리고 나온다, 모두 본능적인 행동이다. 본능은 동물의 유전자에 각인돼 그 동물의 특성을 규정하는 요소라 이해된다. 동일한 종의 동물은 동일한 본능을 보유하고 있고, 종이 달라지면 본능도 달라진다. 본능은 유전자에 각인돼 있기 때문에 학습을 통해 습득되거나 변화하지 않는다고 보는 견해가 일반적이다.

그렇다면 욕구(desire, 또는 need)는 무엇인가? 개체가 생존하기 위해 필요한 사물을 획득하려고 하는 본능적인 '동력'이라 말할 수 있다. 우리 인간에게는 필요한 무엇이 있으며, 이것이 '결핍'되어 있을 때에는 이를 얻으려고 하는 욕구가 생긴다. 욕구에는 사물을 획득하고자 하는 물질적인 욕구도 있고, 개인 내지 사회와의 관계를 통해서 충족하게 되는 사회적 욕구도 있다.

이러한 인간의 본능과 욕구는 유전자에 의해서 규정되고, 유전자는 수만 년 동안 변하지 않았다. 약 7만 년 전 언어기능을 갖게 되는 돌연변이가 발생한 이후, 호모 사피엔스의 유전자는 아직 그대로다.

매슬로의 욕구 5단계

1943년 미국의 심리학자 에이브러햄 매슬로Abraham Maslow는 인간의 욕구는 단계별로 만족되는 경향이 있음을 발견했다. 이것은 인간의 성장단계를 설명하는 발달심리학의 많은 이론과 맥을 같이하는 것으로, 인간의 본능적인 욕구를 설명하는 중요한 이론으로 인식됐다.

매슬로의 욕구 5단계는 아래와 같이 정의된다. 1단계 생리적 욕구, 2단계 안전에 대한 욕구, 3단계 애정과 소속감에 대한 욕구, 4단계 인정에 대한 욕구, 5단계 자아실현의 욕구로 구분했다. 그리고 앞 단계가 만족되어야 그 다음 단계의 욕구를 추구한다는 이론이다.

매슬로의 욕구 5단계를 따라 가면서 미래 인간의 행동을 예측해 보자. 1단계인 배고픔으로부터 해방되고자 하는 생리적인 욕구는 미래에는 친환경식품을 원하는 방향으로 발현되지 않을까 한다. 2단계인 위험으로부터 해방을 원하는 욕구는 건강관리와 질병 치료에 대한 열망으로 나타날 것이다. 3단계인 사회적 욕구는 연결을 강화하는 방향으로 나아갈 것이며, 이는 현재의 인터넷과 사물인터넷을 넘어서, 인간 신경과 인터넷의 연결로 발전할 가능성이 있다. 4단계의 인정받고자 하는 욕구는 차별화로 나타날 가능성이 높다. 남과 다른 옷을 입고, 남과 다른 자동차를 타는 것으로 자기의 존재를 인정받으려 할 것이다. 마지막 5단계인 자아실현의 욕구는 스스로 자기 자신을 만족시키는 단계라 할 수 있다. 여기서는 스스로를 기쁘게 하는 놀이 또는 여가활동으로 발현될 것으로 생각한다.

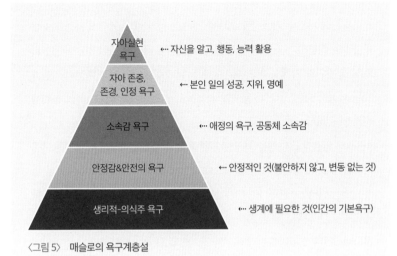

자아실현 욕구 ← 자신을 알고, 행동, 능력 활용

자아 존중, 존경, 인정 욕구 ← 본인 일의 성공, 지위, 명예

소속감 욕구 ← 애정의 욕구, 공동체 소속감

안정감&안전의 욕구 ← 안정적인 것(불안하지 않고, 변동 없는 것)

생리적-의식주 욕구 ← 생계에 필요한 것(인간의 기본욕구)

〈그림 5〉 매슬로의 욕구계층설

인간본능이 가르쳐주는 미래사회

이상과 같이 인간의 본능적인 욕구의 발현 양상을 살펴보니, 막막해 보이던 미래 세상이 어느 정도 그려지는 것 같다. 배고픔의 고통에서 해방된 인류는 더 나은 식료품을 먹기 위해 노력할 것이다. 적당한 칼로리를 포함하고 건강에 좋은 식료품을 생산하고 가공하는 산업이 더욱 활성화될 것이다. 안전하게 삶을 영위하고자 하는 욕구는 기본적으로 전쟁이나 폭력으로부터 안전하고자 하는 욕구로 발현될 것이다. 상당 부분 안전이 보장된 현대사회에서는 질병으로부터의 해방이 가장 큰 관심사가 아닐까 생각한다. 건강관리와 생명 연장에 대한 노력, 그리고 이와 관련한 산업이 크게 번성할 것이다. 개인별 유전자 정보에 맞는 맞춤형 약품과 치료가 활성화될 것이다.

욕구의 3단계인 사회적인 욕구는 이미 인터넷과 사물인터넷이 초연결시대를 열며 충족되어가고 있다. 여기에 끊임없는 인간의 연결 욕구는 사이보그,

신경통신이 새로운 가능성을 열어줄 것으로 생각된다. 이미 뇌신경 신호를 추출하여 컴퓨터가 로봇 팔을 작동시키고 있다. 미래에는 이 기술이 일반화되어, 일반인과 기계 사이의 통신에 활용될 것이다. 즉, 신경 통신이 가능해지는 세상이 오면, 언어나 문자를 사용하지 않고, 뇌와 기계가 직접 통신을 하게 될 것이다.

4단계의 인정받고자 하는 욕구는 다른 사람과 차별화하고자 하는 행동으로 나타날 것으로 생각된다. 전통적으로 좋은 일을 하여 칭찬을 받는 것은 물론, 소비 생활을 차별화하여 다른 사람들로부터 부러움을 사는 것이다. 다품종 소량생산, 고객 맞춤형 서비스, 3D 프린팅 생산이 활성화될 것이다.

끝으로 5단계인 자아실현의 욕구는 자기만의 만족을 위한 활동으로 나타날 것으로 보인다. 자기 자신을 위한 여가활동, 엔터테인먼트, 펀Fun 산업이 활성화될 것이다. 이상 살펴본 기술과 생활의 변화에 따라서 돈의 흐름이 변할 것이고, 당연히 산업 또한 변할 것이다.

제5장

인문학으로
내다보는 22세기

FUTUROLOGY

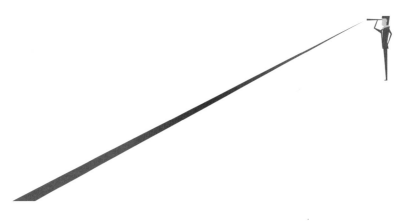

22세기 인간의
삶과 사회

세계적인 미래학자 레이 커즈와일은 2006년 출간한 『특이점이 온다』라는 책에서 2045년이 되면 인간의 지능을 능가하는 기계가 출현하게 될 것이라고 말했다. 또한, 역사학자 유발 하라리는 2011년에 출간한 자신의 저서 『사피엔스』와 2015년에 출간한 『호모 데우스』에서 미래에는 현 인류인 호모 사피엔스의 종말이 오고 현생 인류와 다른 인류가 지구에 살고 있을 것이라고 했다. 두 사람 모두 트랜스휴먼을 넘어선 포스트휴먼의 탄생을 예고하고 있다. 트랜스휴먼이란 기계와 결합된 인간을 일컫는 말이지만, 포스트휴먼은 인간과 기계가 결합하여 인간과 기계의 경계가 모호해지는 상태를 말한다.

두 학자의 예언이 사실로 이루어질지 아닐지는 아직 확신할 수 없다. 하지만 예측 가능한 범위 내에서 100년 후 한반도에 살고 있을 인간의 미래를 살펴볼 수는 있다. 미래학적인 방법론에 입각해 사회 전반에 대해 체계적으로 예측해 보는 것이다. 앞에서 다루었던 미래변화 7대 요소, 'STEPPER'에 비춰 핵심동인을 찾으면 된다.

사회: 휴머니즘 사상의 변화

먼저 사회Society를 살펴보면, 인본주의 휴머니즘 사상의 변화가 불가피할 것이다. 22세기의 사회는 인간과 인공지능 로봇의 공존사회가 되어 있을 가능성이 높다. AI는 능력이 뛰어난 편리한 존재이면서 동시에 두려움을 주는 필요악과 같은 존재가 되어 있을 것이다. AI의 능력을 제한하자는 국제적인 논의가 있지만 합의에 이르지는 못할 것으로 생각된다. AI로 인해 기존 인간중심의 사고방식에서는 용납하기 힘든 갈등이 나타나게 되며, 기술의 발달은 인간의 사고방식과 사상에 영향을 주리라 예상된다. 로봇과 공존사회에 맞는 철학과 사회규범이 필요해지는 것이다. 이 과정에서 인간은 중세시대의 신을 중심으로 하던 세계관에서 인간을 중심으로 하는 세계관으로 전이되었을 때와 비슷한 갈등, 또는 노예를 해방시키는 과정에서 겪었던 갈등과 비슷한 격렬한 논란이 일게 될 것이다.

기술: 도전적인 신기술의 도래

기술Technology면에서는 인공지능 로봇, 사이보그, 유전자가위와 배아복제기술, 이 세 가지 기술이 인간에게 도전으로 다가올 것이다. 유전병 치료를 위하여 외국에 나가 유전자가위 시술을 하는 일이 자주 목격될 것이다. 이미 일부에서는 증강인간이 활동하고 있을 것이다.

인공지능 로봇, 즉 AI는 인공신경망과 딥러닝은 물론 앞으로는 유전자 알고리즘이 더욱 파괴력을 보일 것이다. 유전자 알고리즘으로 생명체가 진화하는 과정을 모방하는 데 그치지 않고, 유전자의 돌연변이 과정도 모방하기 때문이다.

기계와 생물체가 결합한, 인간의 능력을 개선한 생물, 사이보그도 탄생한다. 전자회로와 신경세포회로 사이에 신호교환을 가능하게 함으로써 22세기에는 장애인이라 할지라도 수족을 맘대로 사용하지 못하는 일이 없어질 것이다. 인간의 육체적, 정신적인 능력은 기계와의 결합으로 상당 수준 향상될 것이다.

유전자가위 기술과 배아복제 기술은 질병을 치료하고, 나아가 선택적 태아의 탄생을 가능하게 할 것이다. 그러나 이 과정에서 인간성과 윤리에 대한 심각한 논의가 필요하게 된다. 각국의 사정에 따라 인체실험의 허용여부와 시기가 달라질 수 있고, 그에 따른 부작용이 생길 수도 있으므로 기술 관리를 위한 국제적인 공조가 인류에게 큰 과제로 대두될 것이다.

환경: 심각한 수준의 지구온난화

환경Environment적인 변화는 생각보다 심각할 수 있다. 기후변화정부간협의체IPCC는 21세기 후반(2081~2100년)이 되면 세계 기온이 2.2도 상승하고, 해수면은 48cm 상승할 것으로 예상하고 있다. 우리나라의 경우, 기온은 현재 연평균 11.0도에서 14.0도로 올라갈 것으로 보이는데, 이는 현재 남해안의 온도와 비슷하다. 해수면은 동해안에서 74cm, 서해안에서는 53cm 상승할 것으로 보인다. 강수량은 현재보다 17.6% 증가한다.

한편 공기 중의 산소는 감소할 것이다. 산소는 여전히 소비되는데 산소를 생산하는 산림이 없어지기 때문이다. 산소가 적으면 사람은 쉽게 피로하기 마련이다. 사람에 따라 고산병 증세를 보이기도 한다. 이로 인해 곳곳에 산소 카페가 설치돼 산소를 마음껏 마시고 나오는 사람들이 생긴다. 인공 광합성 기술을 개발해 산소를 만들어 내고, 동시에 포도당을 생산하는 공장도 나타날 것으로 보인다.

인구: 줄어드는 인구

인구Population 측면을 살펴보면, 100년 후의 한국인 인구는 4,000만 명 아래로 훨씬 떨어져 있을 것이다. 출산장려책이 세워지고, 어느 정도 효과를 보아 출산율이 올라간다 해도 한계가 있을 것이다. 이미 결혼과 출산이 가능한 20~30대의 인구가 너무 감소해버렸다. 생산가능인구는 2017년부터 감소했고, 전체 인구는 2030년부터 감소한다. 앞으로 100년 동안 인구 감소에 따른 사회·정치·경제적인 고통이 심해질 것이다. 외국인 이민을 받아들이면 어느 정도 인구를 보충할 수 있다. 하지만 외국인 유입은 이민자 갈등이라는 새로운 문제를 촉발시킬 수 있기에, 고급인력 중심으로 선별적으로 받아들여야 할 것이다.

정치: 정치체제의 변화

정치Politics에서는 정보통신 기술의 발달로 전자투표에 의한 정치 참여가 일반화될 것이다. 현재의 민주주의 정치체제도 변화를 맞이한다. 국회 외부에 시민들의 사이버 정당과 사이버 국회 등이 활성화되어 국회의원의 활동에 크게 영향을 줄 것이다. 남북은 통일되어 양측 주민의 통합과 균형 유지가 중요한 이슈가 되어 있을 것이다.

개인의 사생활은 현재보다 느슨하게 보호될 것이다. 개인정보보호의 중요성이 강조되지만, 보호를 지나치게 강조하면 4차 산업혁명에서 뒤처지게 되기 때문이다. 개인정보 보호와 편의성이 타협하는 지점에서 빅데이터 산업과 4차 산업혁명이 본격적으로 이루어질 것이다.

경제: 인구 구성 변화로 찾아올 위기

경제Economy는 인구 감소와 인구구성에 영향을 받을 수밖에 없다.

2030년이 되면 우리나라 65세 이상의 노령인구는 약 1,200만 명이고, 15~64세의 생산가능인구가 부담하는 유소년인구와 노령인구를 나타내는 부양률이 50%가 된다. 2060년에는 노령인구 1,700만 명에 부양률 100%가 된다. 이런 인구 구조상 앞으로 고도성장은 기대하기 어렵다. 그러나 남북통일이 되면 한반도의 경제에 폭발적인 확산이 일어날 것이다.

저성장과 AI에 의해 실업자가 늘게 되면, 부의 편중이 심화되고, 소비가 위축돼 경제가 침체되는 악순환이 계속될 것이다. 따라서 새로운 조세와 노동 정책을 고민하게 된다. 로봇이 인간의 노동을 대체해 생긴 문제를 해결하기 위하여 로봇세, 또는 노동대체세를 신설할 필요가 대두될 것이다. 로봇에게 일을 시키고 인간은 근로시간을 축소한다. 인간은 여가를 즐기고 로봇이 일하는 꿈의 사회도 가능하다. 하지만 현재 한국의 노동 복지 제도를 그대로 두고서 이러한 꿈의 사회로 가기란 힘들다.

자원: 긍정적인 변화 기대 가능

자원Resource의 경우, 한국의 지하자원은 특별한 변화가 없을 것이다. 세계의 에너지 상황은 극도로 나빠지지는 않을 것이라 생각된다. 현재 미국만이 가지고 있는 셰일가스 채굴 기술이 다른 나라에도 알려져서 에너지 값이 안정화될 것이기 때문이다. 또한 한국에서는 동해바다 깊은 곳에 잠겨 있는 메탄하이드레이트를 추출해서 사용하고 있을 것으로 전망된다. 해저 1,000m에 묻혀 있는 메탄가스인 메탄하이드레이트는 한국의 독도 근처 깊은 바다에 매장돼 있다. 참고로 이미 일본은 2013년에 시추에 성공했고 실용화 연구를 하고 있다.

이 외에도 태양광 발전기술이 많이 진보해 현재 15%선의 효율이 30% 이상으로 향상될 것으로 예상된다. 거의 모든 건물 벽과 자동차들이 태양광 발전소 역할을 하게 될 것으로 보인다. 남북통일이 이루어지면, 한반도 자원 개발이 크게 활성화될 것이다.

미래 핵심동인: 기술과 인간

이상 100년 후 전반적인 미래사회의 모습을 살펴보았다. 미래사회에 영향을 줄 많은 핵심동인 중에서 네 개가 두드러진다. 바로 기술발전, 기후변화, 에너지, 인본주의 사상의 변화다. 물론 이 네 가지 중에서 변화를 추동하는 요소는 기술이다. 하지만 가장 어려운 것은 인간의 문제다. 과거 부르주아혁명과 노예해방 시대에 있었던 수준의 논쟁이 재현될 수 있다. 이러한 혼란 과정을 거쳐서 변화에 맞는 가치관과 사상을 정립한다면 인간은 또 다른 문명의 문을 열게 될 것이다. 그러면서 끊임없이 인류의 새로운 미래에 대해 질문을 이어갈 것이다. STEPPER에 맞춰 핵심동인을 찾고 체계적으로 미래를 예측해보니, 결국 인간의 미래는 인간에 달려 있다는 결론에 이르게 된다.

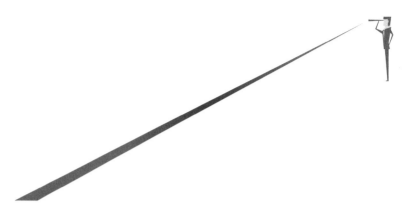

불평등한 미래의
해법

미국의 앵거스 디턴Angus Stewart Deaton 프린스턴대
학 교수는 소비와 복지, 빈곤의 연관성을 연구한 공로로 2015년 노벨
경제학상을 받았다. 그는 그의 저서『위대한 탈출』에서 현대사회는
과거에 비해 살기 좋은 세상이 됐지만, 수많은 사람이 기아와 질병으
로부터 탈출하는 가운데 불평등이 발생했다고 말하면서 불평등을 경
제학에서 중요한 요소로 부각시켰다.

세 가지 불평등: 경제, 일자리, 사회적 불평등

우리나라 역시 불평등이 사회의 커다란 난제다. 앞으로 우리사회에

만연해 있는 불평등 의식을 어떻게 관리하고 개선해 나가느냐가 미래의 분수령이 될 것으로 보인다. 그렇다면 한국사회에서 불평등의 미래는 어떻게 전개될까. 과연 우리가 관리할 수 있을까. 미래 전략적인 관점에서 살펴볼 필요가 있다.

우선 불평등에는 세 가지가 있다는 점을 알아두자. 경제적 불평등, 일자리 불평등, 사회적 불평등이 그것이다. 이 세 가지 불평등에 각각 영향을 주는 핵심동인을 찾아 해결의 실마리를 찾아보도록 한다.

경제적 불평등: 근로소득

첫 번째로 논의해 봐야할 불평등은 '경제적 불평등'이다. 불평등을 말할 때 가장 먼저 대두되는 것이기도 하다. 개인별 경제적인 불평등을 일으키는 요소로는 노동소득과 재산소득이 있다. 노동소득은 문자 그대로 일을 해 버는 소득을 말하고, 재산소득은 부동산이나 금융재산에서 오는 소득을 말한다.

프랑스 경제학자 토마 피케티Thomas Piketty는 2013년에 그의 저서 『21세기 자본론』에서 국가 전체소득에서 자본소득의 비중이 올라가면 그 사회는 불평등이 커지고 사회가 불안해진다고 역설했다. 어느 사회에서나 부동산, 금융자산의 수익으로 사는 사람이 늘어나면, 그 사회는 불안해진다는 말이다. 토마 피케티는 2차 세계대전 이후에 유럽과 미국에서 자본소득의 비율이 높아지고 있다고 경고하고 있다.

〈그림 1〉   토마 피케티는 본인의 저서를 통해 21세기의 불평등에 대해서 말했다.

한국의 경우는 어떠한가. 장하성 교수는『왜 분노하지 않는가』라는 책에서 한국에서는 자본소득의 비중이 우려할 수준은 아니라고 말하고 있다. 그는 통계청 자료를 이용해 소득계층별로 소득의 구성 비율을 분석했다. 그 결과에 따르면 모든 계층에서 재산소득은 22~26%를 차지했고, 근로소득은 64~74%를 차지하고 있다. 즉, 우리나라 불평등의 큰 원인은 재산소득이라기보다 근로소득임을 알 수 있다. 이는 다행스러운 일이다. 일반적으로 재산의 불평등은 소득불평등보다 해소하기 어렵기 때문이다.

그런 면에서 우리에게 희망이 있다고 볼 수 있다. 경제적인 불평등을 완화시키기 위해 정부가 나선다면 한국의 경제적 불평등은 어느 정도 해결책을 가질 수 있다. 정부가 할 수 있는 정책수단은 근로소득세, 부가가치세, 상속세, 법인세 등의 세금과 복지정책이 있는데, 현재 한국의 경제 불평등에 대한 핵심동인은 상속세보다도 근로소득세, 부가가치세, 법인세, 그리고 복지제도라 할 수 있다.

일자리 불평등: 이중구조

두 번째로 살펴볼 불평등의 요소는 '일자리 불평등'이다. 우리나라의 노동시장은 두 가지의 이중구조를 형성하고 있다. 정규직 vs 비정규직, 대기업 vs 중소기업의 이중구조에서 오는 차별이 문제다. 정규직과 비정규직 사이의 차별은 고용의 불안정성과 임금 격차다. 비정규직은 고용기간이 불안정하거나, 낮은 임금을 받고 각종 사회보험의 적용에서도 제외되고 있다.

고용노동부의 '고용형태별 근로실태조사'에 따르면, 전체 근로자의 약 32%가 비정규직으로 근무하고 있으며, 전체 근로자의 월 급여(정액급여와 초과급여)는 228만 8,000원으로 조사됐다(2016년). 이 중에서 정규직 근로자의 월 급여는 256만 6,000원, 비정규직 근로자의 월 급여는 137만 2,000원이다. 비정규직 근로자는 정규직 급여의 53.3%만 받는 것이다.

대기업과 중소기업 근로자의 격차도 크다. 고용노동부의 '사업체노동력조사'에 따르면, 대기업 대비 중소기업의 상용근로자 임금수준은

2012년 64.1%를 기록해, 2002년 67.5%에 비해 격차가 더 커지고 있음을 볼 수 있다.

이러한 일자리 불평등을 해소하기 위해서는 일자리 이중구조를 개선해야 한다. 노동법을 개정해야 가능한 일이다. 또한 많은 일자리를 창출해야 하는데, 이것은 성장전략과 창업지원정책이 이뤄내야 할 과제다. 일자리에 관한 핵심동인은 노동제도, 성장과 창업전략이라 할 수 있다.

사회적 불평등: 기회의 평등

마지막으로 세 번째 '사회적 불평등'을 살펴보자. 사회적인 불평등은 기회의 평등이 이루어지지 않는다는 말이다. 기회의 평등은 사회적 이동 여부로 측정할 수 있다. 개인이 다른 소득수준으로 이동할 수 있는지, 부모의 계층과 다른 계층으로 이동할 수 있는지 등으로 사회적 이동을 측정한다. 산업화와 민주화 과정의 경제성장은 사회적 이동의 가능성에 대한 믿음을 주었다. 하지만 90년대 후반에 들어 이 믿음이 희석되기 시작했다.

2015년 한국개발연구원KDI에서 나온 「사회이동성 복원을 위한 공교육 강화방안」 보고서가 이러한 현상을 잘 보여주고 있다. 노력이 성공에 얼마나 큰 영향을 미치는지에 대한 질문에 60대 이상은 75.5%가 긍정적인 답을 했고, 20대는 51.2%에 그쳤다. 미국과 일본의 조사에서 60대와 20대가 비슷하게 55~67%의 답을 보이고 있는 것과는 대조적이다.

교육의 계층 이동 사다리 역할에 대한 질문에 대하여도, 노년층은 긍정적인 반면 청년층은 부정적인 답을 보이고 있다. 청년들에게 기회의 평등을 제공해주어야 한다는 점이 명확해지는 것이다. 기회의 평등, 사회적 이동을 가능하게 하는 요인은 역시 교육에 대한 공정한 기회에서부터 출발한다. 이에 사회적 불평등에 대한 핵심동인은 교육이라 할 수 있다.

불평등의 분노를 원동력으로

이상 한국사회에서 불평등의 미래를 보기 위해 핵심동인을 찾아보았다. 조세와 복지, 노동과 창업, 그리고 교육정책에 불평등의 미래를 해결할 방법이 있다는 것을 알았다. 여기서 다시 디턴 교수의 말을 인용하면, 디턴 교수는 "불평등이 그 격차를 해소하기 위한 원동력이 될 수도 있다"고 했다. 또한 역사학자 아놀드 토인비Arnold Toynbee는 그의 저서 『역사의 연구』에서 "귀중한 중용을 얻은 국가의 역사만이 발전한다"고 말한 바 있다.

결국 대한민국은 '불평등의 분노'를 오히려 '격차 해소'의 원동력으로 승화시켜 귀중한 중용을 얻은 국가로 발돋움하는 기회로 삼아야 할 것이다.

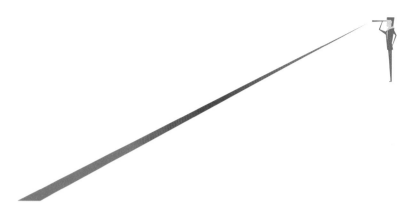

노동과 여가의
미래

　　　　　1516년 영국의 토머스 모어는 『유토피아』에서 그 당시 유럽 사회의 모순을 비판하고, 이에 대한 대안으로 이상 사회를 그리고 있다. 소설 속 유토피아의 경제기반은 공동 소유제 농업이다. 모든 사람들이 공동 농장에서 노동에 참여하고, 하루에 6시간만 일하면 된다. 모든 시민이 노동의 압박에서 벗어나 자유로운 활동으로 행복을 구가하는 사회가 되는 것이다.

　신기하게도 미래 노동 환경은 16세기에 쓰여진 소설 속 환경이 될 가능성이 높다. 사람들의 노동 시간이 짧아질 수밖에 없는 현실이 다가오고 있는 것이다. 그러나 그 현실이 소설과 같은 유토피아적 현실이 될지, 반대로 디스토피아적 세상이 될지는 아직 확신할 수 없다.

인류의 노력에 따라 인류는 두 가지 세상 중 하나의 세상에 살게 될 것이다.

이쯤에서 과연 노동이 인간에게 어떤 의미를 가진 것일지 살펴보는 것도 의미가 있다고 생각된다. 노동의 의미 역시 세상의 흐름에 따라 변화한다는 것을 되짚어보면 미래의 노동이 가야 할 길을 선택하는데 도움이 되리라 생각한다.

먼저 노동의 의미를 정의해 보자. 노동은 인간이 생존을 위해 특정한 대상에게 육체·정신적으로 행하는 활동을 말한다. 인간이 생존하기 위해서는 의식주를 위한 물자가 필요하다. 이러한 물자는 인간이 자연에 일정한 작용을 하지 않으면 얻을 수 없다.

원시와 중세 시대: 노동의 주체

원시시대에도 나무에 달린 열매를 채취하고, 동물과 물고기를 잡는 행위와 같은 활동이 필요했으며, 농경사회에서는 농어업이 이루어졌다. 원시 공동체 사회에서는 지배와 피지배관계가 아직 제대로 형성되지 않았다. 따라서 채취·수렵노동을 기반으로 하는 당시의 사회에서는 노동의 양식도 다분히 자기 자신을 위한 노동이었다고 할 수 있다. 즉, 노동하는 사람이 그 결과물을 소유하는 시대였던 것이다. 노동과 소유가 일체화된 사회다.

중세사회의 봉건제에서 노동의 담당자는 일반인이었다. 노동자는 봉건영주에게 예속돼 있었다. 봉건제에서는 일반인들이 자신의 농토를 소유할 순 없었지만, 봉건영주들이 나눠주는 토지를 받아 농사를 지을 수 있었다. 그렇게 하여 토지에서 나는 생산물의 일부를 세금의 형식으로 영주에게 바쳤다. 비록 생산물의 대부분을 토지의 소유주인 영주에게 세금으로 바쳤지만, 적어도 가족을 먹여 살릴 수 있는 최소한의 생산물을 가질 수 있었다. 양반과 평민으로 구성된 동양의 왕조국가에서도 마찬가지였다. 이 시대는 노동자와 결과물의 소유자가 분리된 상태였으며, 인간은 노동의 주체로서의 위치를 차지했다.

시민 사회: 생산 수단을 이용하는 노동

종교 개혁 이후에 찾아온 르네상스와 과학, 예술문화 각 분야의 급속한 변화는 봉건제를 타파하고 시민사회로의 길을 터놓았다. 시민의식이 발달하면서 전문적인 수공업자, 상인 등이 등장하고, 이들은 토지, 공장, 기계 등의 전문적인 생산수단을 보유해 전체 생산 공정을 종합 처리하는 공장을 만들게 되었다. 그리고 전문적인 생산수단을 소유하고 판매망을 갖춘 상공인이 자본을 축적해 주도적인 위치에 오르게 된다.

생산 공장에서는 새로운 기술과 기계들이 속속 발명되고, 분업화가 이루어져 생산단가를 낮출 수 있게 되었다. 자본가들은 생산단가를 낮추기 위해 경쟁했으며, 생산수단을 소유하지 못한 일반인들은 자본가 아래에서 노동을 대가로 임금을 받는 임금노동자가 되었다. 자신의 노동을 대가로 임금을 받는 자본주의가 시작된 것이다. 여기서는 노동자와 결과물의 소유자, 그리고 생산 수단이 분화된 상태다. 그리고 노동현장에서 인간의 위치는 생산수단을 이용하는 위치, 또는 협조하는 위치가 되었다.

자본주의 시대: 인간 소외 노동

자본주의가 정착한 현대 사회에서의 노동의 특징은 또 달라진다. 현대 노동의 특징은 생산수단의 고도화라 할 수 있다. 그동안 생산수단은 노동자의 보조적인 위치에서 노동에 참여했다. 그러나 인공지능과 자동화 기술은 인간의 직접적인 도움이 없어도 생산 공정이 운영되는 시스템으로 변화시키고 있다.

자동화공정으로 인해 인간이 없이 또는 소수의 인간만으로도 공장의 운영이 가능해졌다. 주식의 거래 등도 컴퓨터에 의해 거의 이루어지고 있다. 인간 노동자가 생산 현장에서 소외되는 현상이 나타난 것이다. 즉, 인간은 점차 생산의 보조 수단 또는 불필요한 존재가 되어가고 있다. 이러한 현상은 어느 누군가가 의도해 발생한 일이 아니다. 기술발전이라는 거대한 역사의 수레바퀴가 일으키고 있는 변화일 뿐이다. 더욱이 효율의 극대화를 신봉하는 신자유주의 사상 하에서 인간의 위상은 더욱 왜소해지고 있다.

미래의 노동: 노동과 여가의 균형

여기서 우리는 질문을 하게 된다. 노동현장에서 노동자가 소외되는 시대에서 과연 인간의 역할은 무엇인가에 대한 의문이다. 필자는 21세기의 유토피아가 노동과 여가의 균형에 달려있다고 생각한다. 인류는 이제 노동하는 인간에서 여가를 즐기는 인간으로 패러다임을 바꿀 필요가 있다. 근로 시간을 단축해 일자리를 공유하고, 모든 사람이 노동에 참여해 적절한 수준의 세금을 내는 한편, 여가를 즐길 줄 아는 사람이 되어야 한다.

즉, 지금까지 인간이 했던 일반적인 일은 기계가 하고, 인간은 창조적이고 고상한 일을 하는 것이다. 따지고 보면 그다지 생소한 발상도 아니다. 약 100년 전까지 우리 조상들은 그렇게 살았다. 양반들은 책을 읽고 담론을 즐기는 것이 주된 역할이었다. 과거에는 소수만이 그러한 생활을 했지만, 이제는 기계화된 생산수단의 발달로 많은 사람이 즐길 수 있게 됐다. 노동과 여가가 균형을 이루는 사회, 이것이 바로 노동의 미래이며 '21세기 유토피아'가 될 것이다.

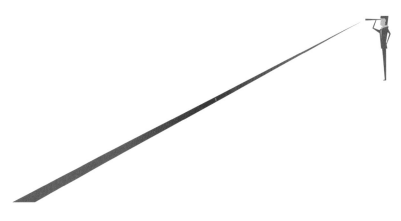

도구와 사상의
미래

　　　　　인간은 도구를 만들어 사용한다. 그리고 만들어진 도구에 의해 사고 등의 영향을 받는다. 이러한 인간과 도구와의 관계에 있어 기술결정론은 도구가 사회의 변화를 유발한다고 보는 입장이다. 반면 사회구성론 또는 사회결정론은 인간의 필요에 의하여 도구를 개발했다고 본다. 정치, 경제, 문화, 기술 등 다양한 요소들을 분석함으로써 사회발전을 이해한다. 즉, 기술은 사회 구성 요소들 중 하나에 불과하다는 입장이다.

　　여기에서는 기술결정론의 입장에서 도구와 사상의 상호작용을 살펴본다.

불의 사용에서 시작된 언어 사용

인간은 약 250만 년 전 원시 인류인 오스트랄로피테쿠스 시기부터 도구를 사용했을 것으로 보고 있다. 먹이를 잡을 때 나뭇가지와 돌을 이용하고, 동물과 싸울 때에는 뾰족한 돌을 이용했다.

처음에는 뾰족하게 생긴 돌을 사용하다가, 나중에는 돌을 갈아 뾰족하게 만들어 사용하는 것으로 발전했다. 돌이라는 도구를 사용함으로써 인간은 사냥 등에서 다른 동물에 비해 유리한 위치에 서게 됐다. 이로 인해 원시 인류는 적당한 영양을 공급받을 수 있었고, 진화해갈 수 있었을 것이라고 생각된다.

도구의 사용에 있어 빼 놓을 수 없는 사건은 인류의 불의 사용이다. 유인원이 불을 사용하기 시작한 것은 약 100만 년 전으로 알려져 있다. 본격적으로 불을 이용해 음식을 익혀먹은 것은 약 50만 년 전쯤으로 추정된다. 음식을 익혀먹게 되면서 유인원에게는 많은 변화가 생겼다. 우선 여러 가지 식물을 먹을 수 있게 됐다. 예를 들어 감자처럼 쓴 맛이 나는 식물도 먹을 수 있게 된 것이다. 참고로 인간과 유전적으로 가장 가깝다는 침팬지는 쓴 맛이 나는 것을 먹지 않는다. 식용 음식의 다양성은 영양 공급을 더욱 원활하게 만들었고 인간을 생존 경쟁에서 유리한 위치에 서게 만들었다.

불의 사용은 음식을 익혀먹기 시작했다는 말과 같다. 익혀 먹으면서 입에서 씹는 시간이 짧아졌고, 소화와 흡수가 용이해졌다. 동물처럼 오래 씹을 필요가 없어짐으로써 두상에 있는 이빨과 턱뼈가 약화

세상의 미래

〈그림 2〉 불의 사용은 인간을 생존 경쟁에서 유리한 위치에 서게 했다.

됐다. 턱이 줄어들면서 자연스럽게 얼굴 모습이 평면으로 변했다. 질긴 것을 씹지 않게 되자 두개골도 얇아졌다. 자연스럽게 두뇌가 커질 수 있는 공간이 생겼다.

불의 사용은 또한 인간에게 언어의 기능을 가져오는 역할을 했다. 오래 씹을 필요가 없어진 입근처의 근육은 약해지면서 정교해졌다. 그 정교함으로 인간은 입술과 혀, 그리고 목구멍의 근육을 이용해 소리를 내기 시작했다. 시간이 갈수록 이 소리들은 정교해져 다른 사람과 신호를 주고받는 일에 사용됐다. 이것이 바로 인간이 언어 기능을 갖게 된 과정이라 말한다. 약 7만 년 전에 현생 인류의 조상인 호모 사피엔스에게 일어난 언어와 인지혁명이다.

지구를 정복한 인간의 질문에 답한 종교

인간의 도구 활용 능력은 더욱 발달해 청동기와 철기를 사용하게 된다. 금속으로 만든 도구의 사용과 더불어 언어를 사용하게 된 인간은 단순히 힘으로 싸우는 것이 아니라 작전을 짜서 집단으로 싸우는 능력을 가지게 됐다. 도구와 언어를 사용하는 호모 사피엔스는 결국 지구상에서 최상위 포식자의 자리를 차지한다.

인간은 이제 다른 동물들을 피해 도망 다닐 필요가 없어졌다. 자연스럽게 정착을 하게 되었고, 수확을 기대하며 씨앗을 뿌리는 여유가 생겼다. 농경시대가 시작된 것이다. 이후 씨족사회와 부족사회를 거치며 국가의 개념이 정착됐다.

국가라는 체제 속에서 인간에게는 자신을 둘러싼 다른 인간들과의 관계가 중요하게 된다. 그 와중에 어떤 방식으로 살아야 할 것인지 깊이 성찰하는 사람이 나타난다. 2500년쯤에 시작된 철학혁명이다. 동양에서는 공자가 나타나고, 인도에서는 석가모니, 중동에서는 조로아스터가 그 당시에 나타난 현인들이다. 이들의 가르침은 공통점이 있었다. 바로 '사랑'이다. 사랑하며 살라는 가르침은 유교, 불교, 기독교 등의 종교로 발전했다. 그러나 이러한 가르침은 일부 성직자들에 의해 독점되어 종교가 인간 세계의 중심이 되는 신본주의 사상이 지배하게 됐다.

신으로부터 인간을 해방시킨 르네상스

　종교가 지배하는 시대는 15세기 서양의 인쇄술이 나오기까지 계속 되었다. 한국에서 먼저 발명된 금속활자는 세계문명에 영향을 주지 못했지만, 1450년에 구텐베르크^{Johannes Gutenberg}가 개발한 금속활자 는 서양세계를 뒤집어 놓는 결과를 가져왔다. 그동안 성당 내에서만 읽히던 성경을 모든 사람이 읽을 수 있게 됐다. 많은 사람이 종교적인 가르침은 교회에만 존재하는 것이 아니라 온 세상 모든 곳에 존재한 다는 것을 알게 됐다. 인쇄혁명은 종교개혁을 일으키는 추동력이 되

〈그림 3〉　인쇄혁명은 시민의 삶을 획기적으로 변화시킨 사건이었다.

었고, 인본주의와 르네상스 정신이 온 유럽에 싹트게 됐다. 르네상스는 종교뿐만 아니라 문학·미술·음악·과학 분야에 활기를 불어넣었다.

1473년에는 코페르니쿠스Nicolaus Copernicus가 지동설을 주장했다. 그러나 우주를 관측할 수 없었던 당시에는 인정받지 못했다. 1608년에 한스 리퍼세이Hans Lippershey가 망원경을 발명하고, 1610년 갈릴레이가 망원경을 이용하여 관측을 해 지동설이 옳다는 것이 밝혀졌다. 그동안 세상을 지배했던 인식인 천동설이 지동설로 바뀌게 된 것이다.

15세기에는 배를 만드는 조선 기술에도 진보가 일어났다. 1434년 포르투갈 엔리케 왕자는 항해학교를 세우고 항해서·지도 제작자·천문학자·조선업자·항해도구 제작자들을 불러 모았다. 그리고 조선소와 지도 제작소를 육성했다. 그동안 사용하던 돛단배는 바람을 등지고 전진하는 방식으로 항해했다. 엔리케 왕자가 개발한 캐라벨 범선이 출현하면서 항해 방식에 획기적인 변화가 일어났다. 바람을 등지고 나아가는 것이 아니라, 바람을 옆으로 해 전진하는 기술이 개발된 것이다.

이것은 비행기가 뜨는 원리인 베르누이 원리를 이용한 것이다. 돛을 둥그렇게 해 기압 차이를 만들고, 그렇게 만들어진 양력에 의해 전진하는 방법이다. 범선 기술에 의해 바람의 방향에 상관없이 배가 전진할 수 있게 되었다. 먼 바다까지 항해가 가능하게 된 대항해시대가 열린 것이다.

부르주아 혁명을 잉태한 범선개발

대항해시대를 통해 식민지가 개척되고, 무역이 활발해졌다. 이를 통해 재화가 유럽에 쌓이고 신흥 부자들이 생겨나게 된다. 신흥 부자들은 왕과 귀족이 독점하던 권력을 나눠 갖기를 바라게 되고, 급기야 1789년 프랑스혁명이 일어난다. 프랑스혁명은 부를 축적한 시민계급과 인권의식의 확산을 가져온다.

1769년에는 제임스 와트^{James Watt}의 증기기관차가 발명된다. 증기기관차는 인간의 생각과 삶을 획기적으로 바꿔 놓았다. 기술이 자본과 결합하기 시작했으며, 자본가들은 발달한 과학기술을 이용해 새로운 생산방식을 개발함으로써 더 많은 부를 축적하는 선순환의 자본주의 원리를 터득하게 된다. 그러나 이러한 눈부신 산업발전의 과실은 노동자들을 비켜갔다. 자본주의가 심화될수록 노동자의 삶은 어려워졌고, 1867년 그 부작용을 지적한 마르크스 자본론의 등장으로 사회주의 사상이 싹을 틔우게 된다.

도구와 사상의 상호작용

1821년 패러데이^{Michael Faraday}가 개발한 전기모터는 또 다른 혁명을 가져왔다. 전기모터를 이용한 생산혁명을 가져온 것이다. 전기모터는 생산시설로 그치지 않고 가정에도 들어왔다. 가전제품이 생겨나고 여성을 가사노동에서 해방시켜 여권신장의 효과를 가져왔다. 그리고

2차 세계대전 중에 개발된 컴퓨터는 오늘 우리가 목도하고 있는 세계를 만들고야 말았다.

미래 역시 마찬가지일 것이다. 현재 우리가 만들고 있는 새로운 도구인 인공지능, 유전자가위, 배아복제 등이 인류의 역사를 바꿀 도구가 될 것이다. 인간보다 더 똑똑한 기계와 인공적으로 조작된 인간들과 함께 사는 세계가 오고 있다. 이제 우리 인간은 이러한 미래의 도구들과 함께 하는 삶의 방식과 사상을 준비해야 하는 과제를 안고 있다.

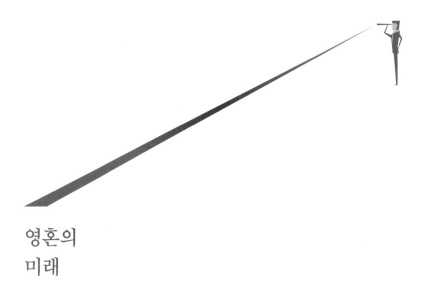

영혼의
미래

　　　　과거와 현재, 미래에도 인간을 놓아주지 않는 질
문들이 있다. 그중 하나가 '영혼'이란 과연 존재하며, 존재한다면 어디
에 있는가에 대한 질문이다. 미래사회는 과연 이 질문에 해답을 내놓
을 수 있을까, 그렇다면 그 해답은 무엇일까, 궁금해진다.

　먼저 영혼이란 무엇인가에 대해 생각해 보자. 프로이드^{Sigmund Freud}
의 정신분석학을 계승한 스위스 정신과의사 '카를 융^{Carl Jung}'은 영혼
을 인간의 외부에서 들어와 생명의 원리로 작용하는 실체로 봤다. 영
혼은 인간의 창조물이 아니며, 오히려 인간이 영혼의 활동을 통해 생
명을 부여받는다고 생각한 것이다.

　또한 인류학자 에드워드 타일러^{Edward Tylor}는 원시인이 꿈이나 그림

자 같은 비물질적인 현상에서 영혼의 존재를 보았을 것이라고 생각했다. 수면과 꿈에서 볼 수 있듯이 육체와 영혼은 구분되어 있다고 믿었으며, 사람이 죽고 난 뒤에도 영혼은 독립해 활동하기 때문에 그것을 숭배하는 데서 종교가 비롯됐으리라 생각했다. 즉, 영혼이 있다고 믿음으로써 종교가 탄생했다는 말이다.

정신분석학자 자크 라캉^{Jacques Lacan}이 생각하는 종교에 대한 생각은 좀 다르다. 라캉은 인간을 완전한 충족이 불가능한 존재라고 여겼다. 결핍의 존재가 인간이라는 의미다. 결핍을 가진 인간은 결핍을 채우기 위한 욕망을 가진다. 이때 욕망은 소유와 존재의 두 가지 차원으로 나타난다. 소유의 결핍은 소유의 부족을 통해서 나타나고, 존재의 결핍은 완벽한 존재를 추구하는 욕망 속에서 나타난다. 하지만 언제나 그 결핍은 채워지지 않는다. 종교는 존재론적으로 채워지지 않는 결핍의 산물이라 할 수 있다.

이에 반해 현대에는 영혼은 물질의 한 속성이라는 이론이 대두되었다. 영혼을 인간의 뇌에서 일어나는 생리작용에 의해 생긴 제반 정신활동에 지나지 않는다고 보는 것이다. 즉, 영혼이 만약 있다면 그것은 뇌 속에 존재할 것이라는 관점이다.

영혼이 물질의 한 속성이라면 영혼이 뇌 속에 있을 것이라는 것은 일면 타당하다. 왜냐하면 신체의 다른 어느 곳에도 영혼이 존재할 수 있는 공간은 없기 때문이다. 문제는 뇌를 해부해 보면 영혼이란 부분이 존재하지 않는다는 점이다. 뇌는 뇌세포로 가득 차 있을 뿐이다.

여기서 다시 질문이 생긴다. 뇌 속에도 영혼이 없다면 영혼은 과연 어디에 있다는 말인가? 아니면 당초부터 영혼이란 존재하지 않는 것이었을까?

영혼은 내 몸의 운영체제?

개인적인 대답으로 나는 영혼의 존재를 믿는다. 그리고 영혼이나 정신 또는 마음의 주소지는 뇌를 포함한 신체 전체일 가능성이 높다고 생각한다. 그리고 영혼이나 정신은 그 곳에서 일어나는 '현상'일 것으로 생각한다.

여기서 잠깐 개인적인 이야기를 해보겠다. 필자의 지인 중에 신장이식 수술을 받은 분이 있다. 수술은 성공적이었는데, 한 가지 특이한 것은 성격이 매우 바뀌었다는 점이다. 나는 생각해 봤다. 도대체 신장이 뭐길래, 저렇게 성격을 바꿀 수 있다는 말인가? 정신이나 마음은 뇌를 포함한 신체 전체의 총합에서 나타나는 현상일 가능성이 높다. 심장의 기능, 신장의 기능, 위장의 기능들은 모두 혈액순환과 신경계에 영향을 준다. 신장 이식을 통해 타인의 혈관과 신경이 이식되었다. 몸의 혈관계와 신경계가 변경되었다. 혈액과 신경들은 뇌의 활동에 영향을 준다. 즉, 뇌의 활동 환경이 달라졌기 때문에, 뇌의 작동 방식도 달라졌을 것이다.

나는 인간의 영혼이 컴퓨터의 운영체제와 비슷한 존재가 아닐까 생각한다. 컴퓨터를 아무리 분해해 봐도 우리는 운영체제를 찾을 수 없다. 인간을 해부해도 영혼을 찾을 수 없는 것과 마찬가지다. 그러나 컴퓨터 내에는 운영체제가 존재한다. 컴퓨터 운영체제는 전자회로에 저장되어 있다. 회로 내에 전기 신호가 흐를 때만 활성화되는 현상이다. 전기가 끊어지면, 운영체제는 없어진다.

컴퓨터의 전체 전자회로에는 여러 개의 서브 회로Sub circuit가 존재하고, 각 서브 회로들은 각각의 역할이 있다. 예를 들어, 어떤 회로는 음악의 재생을 담당하고, 어떤 부분은 기억하는 역할을 담당한다. 그 전자회로는 자신이 어떤 일을 하고 있는지 알지 못한다. 단지 전류가 흐르면 정해진 일을 할 뿐이다. 컴퓨터를 구성하는 전자회로는 자신들이 운영체제를 간직하고 있다는 사실을 알지 못한다.

뇌세포회로가 만드는 기억과 습관

우리 인간이 기억한다는 것은 뇌세포들 사이에 회로가 만들어진다는 것을 말한다. 이러한 회로를 만들어 주는 것은 뇌세포에 있는 시냅스이다. 기억 회로가 형성되어 있으면 그 영혼은 기억하는 것이고, 강화된 회로가 있으면 그 영혼은 습관을 가지는 것이고, 종교에 경도된 회로가 형성돼 있으면 그 영혼은 종교를 숭배하는 것이고, 도파민과 연결된 회로가 있으면 그 영혼은 중독되어 있을 것이다.

뇌세포회로에는 전기신호가 흐른다. 세포 자신은 자신이 처리한 전기 신호가 어떤 뜻을 내포하고 있는지 모른다. 매우 단순하고 기계적인 작업을 할 뿐이다. 여러 개의 서브 회로가 모여서 전체 회로를 만든다. 각 서브 회로는 다른 서브 회로가 어떤 일을 하는지 알지 못한다. 뇌는 각 영역별로 기능이 구분되어 있다.

무의식과 꿈을 인식하지 못하는 뇌

하지만 다행히 우리 뇌에는 의식을 담당하는 서브 회로가 존재한다. 이 의식 회로가 뇌의 다른 부분이 하는 일을 인식한다. 예를 들어 의식 회로는 사고를 작용하는 전두엽, 시각처리를 하는 후두엽, 운동신경을 관장하는 두정엽이 하는 일을 파악하고 있다. 그래서 이 의식 회로가 휴식을 취하면, 뇌가 어떤 일을 했는지 기억하지 못한다. 이 순간을 사람은 '잠든다'고 말한다.

그러나 이 의식 회로가 관장하는 범위는 일부일 뿐이다. 무의식의 부분은 인식하지 못한다. 예를 들어 의식 회로는 심장이나 내장의 활동, 꿈의 활동 등은 의식하지 못한다. 그래서 몸과 뇌의 전체를 꿰뚫어 보는 서브 회로는 없다. 우리가 숲 속에 있으면 전체 숲을 볼 수 없다. 우리 뇌는 각 영역별로 구분되어 있기 때문에, 전체를 보는 기능을 갖지 못한 셈이다.

영혼을 보지 못하는 뇌

인간의 영혼도 뇌와 몸속에서 비슷하게 작용하지 않을까 여겨진다. 뇌 속의 각 서브 회로들은 각각 주어진 단순한 작동을 할 뿐, 전체적으로 어떤 일을 하는지 알지 못한다. 영혼은 뇌와 몸의 전체가 만들어 내는 현상이다. 그러니 우리 뇌 속의 어느 서브 회로도 전체를 인식하지 못한다. 당연히 숲 속에 있는 의식 회로는 영혼을 인식하지 못한다.

물론 이러한 필자의 가설이 완전하다고 생각하지 않는다. 그러나 영혼의 주소지에 대한 논의에 도움이 될 것으로 생각한다. 결국 영혼이나 정신, 마음 등은 뇌에 포함된 몸Whole body에서 일어나는 현상으로 보이기 때문에, 뇌와 신경계 연구에서 실마리를 찾아야할 것으로 생각한다.

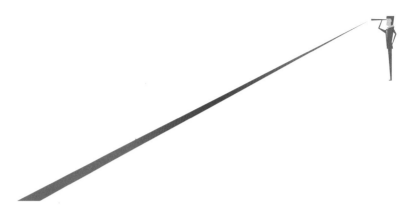

종교와
과학의 화해

세상에는 영적인 체험을 하는 사람들이 있다. 기독교에서는 이를 성령聖靈이 임했다고 말한다. 성령은 하나님과의 교감을 통해 하나님의 능력이 현실 세계에 나타나는 것으로 이해된다. 성령을 체험한 사람들은 평상시에는 경험하지 못하는 초인적인 경험을 하게 된다고 한다. 초능력적인 예언을 하게 되고, 병든 사람이 치유되고, 알아듣기 어려운 방언을 말하는 현상이 일어나기도 한다. 불교에서도 참선이나 해탈이라는 영적인 체험을 강조한다.

성령은 존재하는 것인가?

여기서 질문이 생긴다. 영적인 체험이란 과연 존재하는 것인가, 만약 그런 것이 정말로 존재한다면 그 실체는 과연 무엇인가. 영적인 체험은 과학적으로 증명이 가능한 것인가. 성령이 증명된다면 신의 존재도 증명되는 것일까.

놀랍게도 2016년 11월 29일, 성령에 대한 궁금증에 해결의 실마리를 제공하는 연구결과가 나왔다. 마이클 퍼거슨Michael Ferguson 교수가 이끄는 미국 유타대학 연구팀이 논문지 「사회 신경과학Social Neuroscience」에 발표한 내용이다. 그 내용에 의하면 종교적 경험을 할 때 활성화되는 두뇌의 영역이 약물이나 음악, 도박, 코카인, 니코틴, 섹스와 관련되는 영역과 같은 것으로 나타났다. 우리는 일반적으로 종교가 마약이나 섹스 등의 '하급' 행위와는 연관성이 없다고 생각한다. 그러나 이번 연구는 이것들이 뇌 속에서는 쾌락을 추구하는 보상회로와 관련이 있다는 것을 보여줬다.

보상회로란 뇌 속에서 신경전달물질인 도파민이 분비되면서 측위세포핵을 자극해 쾌락을 느끼게 하는 뇌세포회로를 말한다. 도파민은 전전두엽피질을 자극한다. 전전두엽은 고도의 판단과 추론을 수행하는 부분이다. 외부 자극에 의해 도파민이 분비되면, 측위세포핵측핵, nucleus accumbens과 전전두엽피질prefrontal cortex이 자극돼 쾌락을 느낌과 동시에 높은 수준의 지적활동을 하게 된다. 그리고 또다시 이러한 자극을 추구해야겠다는 생각을 가지게 만든다.

자극을 취하게 되면 쾌락이라는 보상을 받게 된다는 의미에서 이를 보상회로라 부른다. 어떤 물질(마약, 담배, 술 등)에 중독되었다는 말은 이 물질의 성분과 도파민 분비 영역 사이에 회로가 만들어졌다는 뜻이다. 중독에서 해방된다는 것은 이 회로가 끊어진다는 뜻이다.

영적인 체험 중에 뇌의 쾌감 영역이 활성화

유타대 연구팀은 독실한 모르몬교 남녀 신자들을 대상으로 실험을 했다. 19명의 독실한 남녀 신자를 대상으로 종교적 체험이 가능한 환경을 만들고, 그 상황에서 뇌에서 일어나는 반응을 알아보기 위해 설문조사와 기능성 자기공명영상fMRI 촬영을 했다. 휴식시간을 포함해 1시간 동안 종교지도자의 설교, 모르몬 성경의 낭독을 들려주고 종교 영상을 보게 했다. 실험 중에 참가자들은 영적 교감(성령)을 느끼는 정도를 묻는 질문에 답을 했다. 즉, 피실험자가 영적인 체험을 하는 순간을 찾아 그 순간의 뇌 속 변화를 촬영한 것이다.

실험 결과 피실험자 대부분이 영적 체험을 했다고 답변했고, 종교적 행복감을 느끼는 순간 보상회로와 전전두엽피질이 반응하는 것이 관찰됐다. 자기공명영상은 뇌 속 쾌락의 지역(도파민과 측위세포핵)과 고급 지적활동 판단지역(전전두엽피질)이 활성화되는 것을 보여줬다. 특히 연구팀은 영적 체험을 느끼는 1~3초간 뇌의 보상회로가 강하게 반응한다는 사실을 밝혀냈다.

또한 전전두엽의 활성화는 영적 체험 동안에 높은 수준의 정신활동이 활발하게 진행됐음을 알려주었다. 일반적으로 인간의 본능적인 행동은 뇌의 깊은 곳에 있는 변연계의 지배를 받고, 고급 지적활동은 전전두엽피질의 영향을 받기 때문이다. 즉, 영적인 체험은 쾌락을 제공하고 동시에 고급의 정신 활동을 활발하게 한다는 것을 알 수 있다.

이와 같이 21세기 인간은 과학을 통해 신의 존재에 접근하고 있다. 만약 영적인 활동을 측정하고 영혼을 영상으로 촬영할 수 있다면 '종교와 과학의 화해'의 계기도 마련될 것이다. 아울러 서로 다른 종교의 영적 활동도 뇌 속에서는 결국 동일한 활동으로 표현되는 것으로 나타난다면, '종교 상호 간의 존중과 화해'의 계기가 될 수도 있으리라 기대한다.

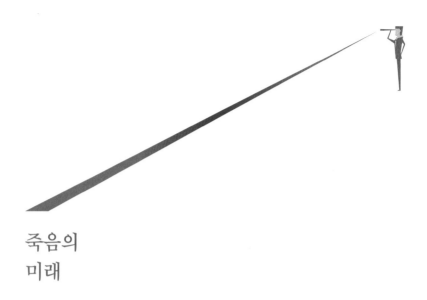

죽음의
미래

티베트 지역에서는 천장^{天葬} 또는 조장^{鳥葬}이라는 장례 방식이 있다. 죽은 사람의 시신을 새에게 먹여 없애는 장례인데, 주로 독수리에게 먹인다. 그렇게 함으로써 죽은 사람이 하늘나라로 돌아간다고 믿는 것이다. 가끔 TV를 통해서 천장이 진행되는 모습을 보면, 인간의 삶과 죽음에 대해 다시 한 번 생각하게 된다.

이 외에도 시신을 처리하는 방식은 다양하다. 땅에 묻는 매장, 물에 넣어 물고기에게 먹이는 수장, 불에 태우는 화장, 나무 뿌리에 묻는 수목장 등 여러 가지가 있다. 요즘에는 시신에서 추출한 탄소를 이용해 인공 다이아몬드 반지를 만들어 끼기도 하고, 시신의 탄소로 연필심을 만들어 죽은 사람의 초상화를 그려서 영원히 함께 하기도 한다.

이러한 다양한 장례 방식은 사람들이 죽음에 대해 어떻게 생각하느냐에 따라 달라진다. 죽음에 대한 인식의 표상이 바로 장례 방식이라 할 수 있기 때문이다. 거대한 피라미드를 만든 고대 이집트 사람들은 죽음은 영생을 위한 길이라 믿었으며, 산 사람을 함께 땅에 묻어 순장한 사람들은 죽음은 끝이 아니라 다음 세상으로 가는 과정이라 생각한 것이다. 새에게 먹여서 하늘을 날게 해주는 천장은 하늘나라를 믿는 사상의 표현이라 할 것이다.

여기서 생각해봐야 할 것은 사람들이 장례의식에 마음을 쏟는 근본적인 이유다. 그것은 죽음에 대한 두려움 때문이다. 인간의 죽음이란 생명활동이 정지돼 원래 상태로 돌아오지 못하는 생물학적인 종말을 말한다. 죽음은 한번 가면 되돌아오지 못하는 생태로 전이됨을 말하기 때문에, 인간의 모든 삶을 지배하는 공포의 대상이 되고 있다. 만약 인간이 죽음을 경험하고 되돌아와서 그 세상을 설명해 줄 수 있거나 각자 체험을 하고 돌아올 수 있다면 죽음에 대한 불안감이나 공포가 그리 크지 않을 것이다.

미래 죽음 대비도 미래학의 과제

그러나 현실적으로 죽음이란 경험하기 전에는 알 수 없다. 그렇다면 죽음에 대해 공포를 느끼기 보다는 다른 방향에서 죽음에 대한 접근을 해야 한다. 바로 미래학적인 접근이다. 우리가 미래학을 공부하는 이유가 무엇인가? 다가올 미래를 예측해 보고, 발생 가능한 미래들이 실제로 현실로 닥쳐왔을 때를 대비해 대응책을 마련하든지, 미래를 원하는 모습으로 만들어 가기 위한 전략을 짜기 위해서이다. 죽음도 마찬가지라고 생각한다. 살아 있는 사람이 가장 확실하게 예측할 수 있는 것은 바로 죽음이다. 그러면 원하는 죽음을 위해 많이 생각하고 그것이 이루어질 수 있도록 노력해야 한다. 즉, 원하는 죽음을 맞이할 권리를 갖는 것이다. 설문조사에 의하면 한국 노인들의 90% 이상은 연명치료 없이 집안에서 편안하게 생을 마감하기를 희망한다고 한다. 그런데 실제로는 90% 이상이 병원에서 산소마스크를 쓰고, 자신이 원하지 않던 모습으로 죽고 있다. 2010년 영국 이코노미스트 연구소EIU가 40개국을 대상으로 죽음의 질 지수Quality of Death Index를 조사했다. 영국이 1위, 우리나라는 32위로 나왔다. 이것이 과연 옳은 일일까에 대한 생각이 필요하다.

최하위인 한국인의 죽음의 질

왜 한국은 죽음의 질이 낮을까? 죽음에 대한 준비가 없기 때문이다. 우리나라가 대가족으로 이루어졌던 시대에는 가족의 죽음을 통하여 죽음을 접할 기회가 있었다. 이제는 대부분의 가정이 핵가족화되었고, 대부분 병원에서 죽음을 맞기 때문에, 죽음을 접할 기회가 없다. 모르는 것은 두렵다. 두려우면 외면하고 싶어진다.

한국은 초·중·고교 과정은 물론 대학 과정에서도 죽음에 대한 준비 교육이 없다. 하물며 의과대학조차 죽음학 강의가 없다. 이에 반하여 선진국에서는 학교에서 죽음을 가르친다. 독일은 종교 수업 시간에 죽음을 가르치고, 미국에서는 보건교육이나 사회과목 수업 중 죽음 교육을 한다. 한국에서도 죽음에 대한 교육이 필요하다. 그리고 죽음에 대한 관련법과 호스피스 완화의료에 대한 교육도 필요하다.

백만기 아름다운인생학교장은 어느 정도의 의학지식도 필요하다는 점을 강조한다. 죽음을 앞둔 사람이 두려워하는 것은 죽음보다도, 죽어가는 과정이다. 특히 육체적 고통이 두렵다. 마약성 진통제를 사용하면 고통의 90% 이상을 줄일 수 있다고 한다.

그러나 선진국에 비하여 한국은 진통제 사용량이 매우 적다. 많은 사람들이 고통 속에 임종을 맞는 것이다. 중독성을 우려하여 마약성 진통제를 사용하지 않는 것으로 생각된다. 그러나 진통제를 치료과정에서 사용할 때는 거의 중독되지 않는다고 한다.

연명치료 중단과 안락사

104세인 호주의 최고령 과학자 데이비드 구달David Goodall이 2018년 5월 10일, 스위스 바젤에서 안락사를 택했다. 그는 좋아하는 베토벤의 제9번 교향악의 마지막 악장을 들으며 눈을 감았다. 불치병에 걸리지 않았는데도 스스로 죽음을 택한 일은 선진국에서도 매우 이례적인 일로 여겨진다. 그는 죽음을 앞둔 기자회견에서 너무 오래 산 것이 후회가 되고, 앞으로의 삶이 행복할 것 같지 않아서 안락사를 택했다고 말했다. 안락사가 쉽게 허용되는 나라를 찾아서, 호주에서 스위스까지 날아와 죽음을 맞은 것이다.

이를 두고 어떤 사람은 생명의 존엄성과 인간성에 대한 훼손이라 말할 것이다. 또는 어떤 사람은 산소마스크를 쓰고 고통 속에 죽는 것에 비하여, 자신이 좋아하는 음악을 들으며 고통 없이 죽는다는 것이야말로 인간의 존엄성을 높이는 일이라 말할 것이다.

안락사를 허용하는 나라는 현재 스위스, 네덜란드, 벨기에, 룩셈부르크, 콜롬비아, 캐나다 등이다. 미국은 주별로 허용하는 곳이 있다. 여기서 안락사라 함은 자의적, 적극적 죽음을 말한다. 스스로의 의사에 따라 독극물을 주입함으로써 고통 없이, 품위 있게 죽는 것을 말한다.

한국에서는 많은 논란 끝에 2018년 2월부터 연명의료결정법이 시행되었다. 연명의료중단은 사전에 본인이 의향서를 등록하든지 또는 가족 2인 이상의 진술 또는 의사 2인의 진단 등에 의하여 시행할 수 있다. 연명의료중단은 인위적으로 생명을 연장하는 행위를 중단하는 것을 뜻하며, 안락사와는 전혀 다른 개념이다. 한국에서는 법 시행 3개월 만에 연명의료계획서 등록자가 3,000명이 되었다.

개인적으로 미래학을 공부하고 있는 필자는 준비 없이 갑자기 찾아오는 죽음을 맞이하고 싶지 않다. 개인의 미래를 탐구하고 준비하는 일에서 죽음을 빼놓을 수 없다. 미래학에서 하듯이 발생 가능한 죽음의 모습을 상상하여 예측해 봐야겠다. 그리고 희망하는 모습을 찾아 목표를 세우고, 그것에 도달하기 위하여 노력을 해야겠다. 무엇이든 준비하지 않으면 두렵고 피하고 싶은 것이다. 그러나 피할 수 없는 것이라면 즐기면 된다. 그러면 실제로 그 순간이 왔을 때 당황하지 않고 담담하게 맞이할 수 있을 것이다.

연명치료를 하지 않기로 약속한 모친과 자식들

비단 자신의 죽음뿐만이 아니다. 사랑하는 가족을 보낼 때에도 준비는 필요하다. 필자에게는 94세의 노모가 계시다. 특별히 아프신 곳은 없는데 금년 들어 기력이 떨어지고 식사량이 현저히 줄어드셨다. 10년 전에 어머님과 자식들은 연명치료를 하지 않기로 결정을 한 바있다. 이를 연명치료거부의향서라는 제목의 서류로 작성하여, 본인과 자식들이 서명을 했다. 연명의료결정법이 시행되기 훨씬 전이다.

최근에는 자식들이 모여서 모친이 돌아가시면 장례식을 어떻게 치를 것인지를 결정했다. 먼저 장례는 간소하게 가족끼리 하기로 했다, 어머님을 알지 못하는 사람들에게는 연락을 하지 않기로 했다. 어머님은 사회생활을 하지 않으셨기 때문에, 친척들 외에는 아는 사람이 거의 없다.

많은 사람들에게 연락해서, 알지도 모르는 사람의 영정 앞에서 슬픈 척 하며 인사를 하게 만들지 않게 되어 홀가분하다. 이러한 큰 결정을 해준 형제들이 고맙다. 논의 과정에서 "그동안 부조한 돈이 얼만데…" 라는 말도 당연히 나왔었다. 그러나 장례 문화가 바뀌어야 한다는 생각에 모두가 간소한 장례에 동의하게 될 수 있었다.

뇌세포가 만드는 기억과 습관

뇌는 약 1.4 kg 정도 되는 신경세포 덩어리이다. 약 1천억 개의 뇌세포가 뭉쳐있는 곳이다. 신경세포 중에서 뇌에 있는 것을 뇌세포라 부른다. 뇌세포는 신체에 분포되어 있는 신경세포와 기본적으로 동일하다. 뇌는 어떻게 작동하는 것일까? 뇌는 여러 개의 영역으로 나뉘어서 일을 한다. 어떤 의사결정이나 행동을 하기 위해서 복수의 영역이 협동하여 일을 수행한다.

뇌는 좌우로 두 개로 나뉘어 있다. 이것들을 좌뇌, 우뇌라 부른다. 좌우뇌는 대칭적으로 비슷한 일을 한다. 그러나 약간의 기능적인 차이가 있다고 알려져 있다. 흔히 좌뇌는 논리적인 일을 하고, 우뇌는 감성적인 역할을 한다고 말하는데, 이처럼 단정적으로 말하는 것은 맞는 말이 아니다. 사람에 따라 너무나 차이가 많기 때문이다.

뇌의 영역들

뇌의 중심부를 변연계라 부른다. 변연계는 생명을 유지하고 생존하기 위한 기능을 수행한다. 심장과 폐 등 장기의 운동을 관장하고, 분노와 쾌락 등의 감정에 관여한다. 뇌의 표피 부분을 피질이라 부른다. 피질이 바로 인간이 고등동물로 발전하면서 생겨난 부분이라 생각된다.

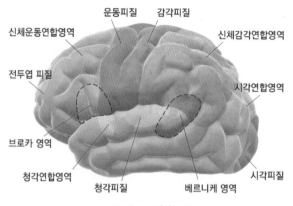

〈그림 4〉 뇌의 구조

하등 동물은 이러한 피질이 없다. 피질 중에서 앞쪽 이마 부분을 전두엽이라 부른다. 이 부분은 여러 정보를 종합하여 판단하는 사고 작용을 주로 담당한 다고 알려져 있다. 전두엽에는 정보를 종합하는 연합피질과 언어기능을 담당하는 브로카 영역이 있다.

양쪽 부분을 측두엽이라 하는데, 이곳은 주로 기억에 관여한다. 측두엽에는 언어를 이해하는 베르니케 영역도 있다. 뒤쪽에는 후두엽이 있는데, 이것은 눈을 통해서 들어오는 시신경 신호를 처리한다. 뇌의 윗부분은 두정엽이라 부르는데, 시각, 청각, 등 다양한 감각을 통해 입수된 정보를 통합하여 운동을 관장하는 역할을 한다. 여기에는 감각피질과 운동피질이 협동한다.

최근에는 자기공명영상(fMRI)의 발달로 뇌의 영역을 좀 더 세분화하여 이해할 수 있게 되었다. 영역이 나뉘어 있다고 해서, 각 영역이 독자적으로 일하는 것은 아니다. 뇌가 수행하는 일의 대부분이 여러 영역이 협동해야 할 수 있기 때문이다.

세상의 미래

뇌세포 회로가 만드는 기억과 습관

우리는 기억이 뇌 속에 기억된다고 알고 있다. 그러면 뇌 속에서 기억은 어떻게 기록되는 것일까? 예를 들어, 우리 모두는 '대한민국'을 기억하고 있다. 그러면 머리 속에서 '대한민국'이란 것은 어떻게 기억되어 있는가 하는 질문이다. 대한민국이라는 글자가 뇌 속에 그려지는 것일까? 아니면 태극기가 그려지는 것일까?

우리 인간이 기억한다는 것은 뇌세포들 사이에 회로가 만들어진다는 것을 말한다. 각 세포들은 세포체, 시냅스, 수상돌기, 축색 등의 부분들이 있다. 이러한 회로를 만들어 주는 것은 뇌세포에 있는 시냅스이다. 외부에서 신호가 들어오면 그에 해당하는 뇌세포의 시냅스가 다른 세포의 수상돌기에 달라붙는다. 즉 회로가 만들어지는 것이다.

시냅스 연결은 쉽게 만들어지지 않는다. 그래서 우리가 어떤 사물을 암기하

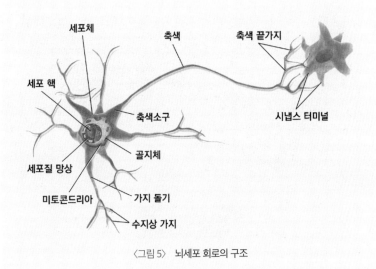

〈그림 5〉 뇌세포 회로의 구조

기 위해서는 여러 번 반복 노력해야 한다. 일단 만들어진 회로도 자주 사용하지 않으면, 연결이 끊어진다. 그래서 자주 사용하지 않은 단어가 기억에서 지워져 버리는 이유가 바로 여기 있다.

만들어진 회로를 자주 사용하면. 그 회로에는 신호가 잘 흐른다. 이와 같이 신호가 잘 흐르는 회로는 조그마한 자극만 주어져도, 또는 자극이 없어도 활성화된다. 이것을 습관이라 부른다.

뇌세포회로에는 전기신호가 흐른다. 뇌세포는 입력 신호가 오면, 이를 가공하여 다른 세포에 전달한다. 우리가 섭취한 음식물이 전하로 분해되어 전기적인 성질을 띠고, 이것이 뇌세포 속에 흐른다.

제6장

통일 한국의
미래를 위하여

FUTUROLOGY

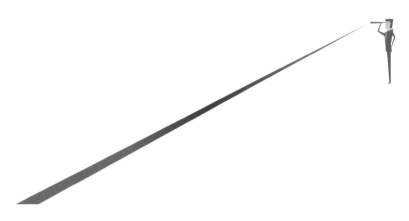

2048년
통일 한반도를 전망한다

일반적으로 한 세대를 30년으로 본다. 30년 후면 지금 초등학교에 다니는 어린이들이 40세 안팎이 되는 2048년이다. 미래를 예측할 때 먼 미래를 바라봄과 동시에 근 미래를 바라보아야 한다는 점에서 2048년, 다음 세대에 해당하는 미래를 예측해 보기로 한다.

2048년은 남북이 통일을 이루는 시기가 될 것이다. 현재의 남북협상이 잘 진행되고, 약 30년 간 평화체제를 유지하며 신뢰를 쌓는다. 30년이 흐르면 남북의 경제력이 비슷해져서 추가 부담 없이 통일이 가능하게 된다. 현재 대한민국 내에서도 지역별로 격차가 존재한다. 최고와 최저 소득의 지역 간 차이가 0.6이라고 한다. 국경복 전 국회

예산정책처장은 남북 소득 격차가 0.6이 되면 하나의 국가로 통합하는데 무리가 없을 것으로 전망한다.

여기서도 미래변화 7대 요소 STEPPER를 기준으로 통일된 한국의 미래를 살펴볼 것이다. 여러 번 언급했지만 STEPPER는 사회 Society, 기술Technology, 환경Environment, 인구Population, 정치Politics, 경제 Economy, 자원Resource의 머리글자를 나타낸다.

사회: 양극화를 극복하기 위한 노력

2048년이 되면 더 이상 '수저론'이란 말이 없다. 오히려 남북 주민 사이의 통합이 문제가 되어 있을 것이다. 이념의 간격이 좁아진 상태라서 갈등 요소가 줄어든 만큼, 사회 통합을 위하여 더욱 노력하는 중이다. 지속적으로 사회양극화 해소와 공정한 사회건설을 위해 노력하고 있다.

경제성장만으로는 소득불균형을 해소할 수 없다는 인식으로 조세와 복지 정책을 이용한 직접적인 분배정책을 추진하게 된다. 복지 정책은 사회양극화와 고령화 문제를 해소하는 통합적 발전전략 방향으로 나아간다. 동시에 조세부담률을 꾸준히 높여서 의료, 교육 등 사회안전망에 대한 투자를 지속적으로 늘린다. 저소득 계층에 수혜가 집중되는 방식으로 지출이 늘어나면서 소득불균형은 점차 감소되고 있으며 사회양극화도 줄어들기 시작한다.

기술: 증강 인간과 기계와의 공존시대

2048년에는 인간의 배아 복제와 유전자가위 기술이 일반화된다. 또한 개인 건강에 해로운 유전자를 이로운 유전자로 갈아 끼워서 새롭게 편집된 인간이 태어난다. 이렇게 태어난 인간을 '증강인간'이라 부른다. 그러나 한국에서는 윤리적인 문제로 이러한 출산을 금지하고 있다. 때문에 돈 많은 사람은 중국이나 러시아, 인도 등에 가서 자신의 배아를 복제하거나, 유전자를 편집한 배아를 출산해 가지고 온다.

또 하나의 변화는 인공지능의 수준이 인간을 넘어서고 있다는 사실이다. 인간의 지능을 넘어서는 기계와 인간은 공동체를 형성하고 살아야 한다. 기계를 잘 대접하고 활용하는 인간만이 기계의 도움을 받아서 능력을 발휘하고 인정받게 된다.

환경: 기후온난화를 늦추려는 노력들

파괴된 환경을 회복시키고 보존하는 노력은 꾸준히 진행되고 있다. 이산화탄소 배출 규제, 생물다양성 보존, 수자원 보존 등이 그 예다. 세계의 주요국들은 2015년 파리협약을 통해 온실가스 규제를 약속하고 2021년부터 시행에 들어갔다. 한국도 탄소배출 규제에 따라 산업구조를 개편하고 저탄소 기술개발에 노력했다. 그럼에도 불구하고 온실가스 배출량은 꾸준히 증가하고 있고 기후온난화는 지속되고 있다.

그런 와중에 남북 평화체제 속에서 가장 먼저 시행된 것이 북한의 산림녹화 사업이다. 북한의 벌거벗은 산에 남무를 심은 노력은 30년이 지나자 서서히 효과를 발휘하기 시작한다. 산에 푸른 나무숲이 생기기 시작했고, 큰 비가 와도 홍수가 나지 않게 되었다.

인구: 저출산 고령화에 적응된 통일 사회

정부에서는 지속적으로 출산율을 늘리기 위한 노력을 하지만 기대하는 성과는 나타나지 않고 있다. 앞에서 살펴본 바와 같이 2048년 대한민국에서 1년에 태어나는 어린이의 숫자는 20만 명 미만으로 줄어들어 있다. 경제활동 인구는 현재 3,700만 명에서 2,700만 명으로 줄어들었다. 그에 비하여 65세 이상 노인의 숫자는 2018년 738만 명에서 2048년에는 1,881만 명이 예상된다. 경제활동 인구가 부양해야 할 부양인구(14세 이하 어린이와 65세 이상 노인) 비율은 2018년 38%에서 30년 후에는 80%로 증가한다. 평균 수명은 남녀 모두 90세 이상이 되어있고, 노인이라는 개념이 변해 있다. 유엔이 1950년대에 정한 '65세 이상 고령자'라는 개념은 더 이상 존재하지 않는다.

그러나 통일이 완성되는 2048년에는 인구문제가 전혀 다른 양상을 따르게 된다. 우선 약 2,500만 명의 인구가 통합되고, 인구 구조가 변하게 된다. 젊은 북측 인구의 유입으로 경제가 활기를 되찾는다.

정치: 1국가 2체제를 거쳐서 통일 완성

남북은 2018년 시작된 평화체제를 활용하여 단계별로 통일을 준비해왔다. 첫 10년(2018~2027) 간은 상호 자유로운 방문이 가능한 수준으로 교류를 확대했다. 두 번째 10년(2028~2037) 간은 경제 공동체로 거의 모든 경제활동이 자유롭게 교류된다. 세 번째 10년(2038~2048)은 1국가 2체제로 연합이 가능하고, 공동의 통화를 사용하는 수준으로 발전한다.

2048년이 되면 더 이상 통일을 저해하는 요소가 없어진다. 통일국가의 국호를 무엇으로 할지 논의 중이다. 새로운 수도는 개성과 파주가 논의되고 있다. 양측의 대표들이 모여서 새로운 국가와 응원가도 만들고 있다.

국민으로부터 위임받은 국가권력이 적절하게 분산된 정치체제가 확립됐다. 국민들의 의견이 조금 더 직접적으로 반영되는 디지털 민주주의 개념이 반영됐다. 그리고 고령화사회로 인해 실버세대의 민주주의 독점이 지적됐다. 세대 간의 균형을 맞추기 위해 미래세대를 대변하는 정당의 활약도 눈에 띈다.

경제: 암호화폐 'K'로 단일화된 통일경제

2048년의 통일 경제는 변화된 인구 구조 때문에 현재 생각하는 것보다 전혀 다른 경제체제를 보일 것이다. 전체 인구 7,500만 명의 국가가 되어 있기 때문이다. 특히 젊은 경제 인구의 증가가 눈에 띈다. 남측에는 고령인구가 많지만, 북측에 경제활동 인구가 많아서 공장이 잘 돌아가고, 소비도 활성화되고 있다. 남측에서는 애완동물 숫자가 늘어서 소비의 주축이 되고 있다. 통일 국가의 공통화폐는 'K'라는 이름의 암호화폐이다.

통일 준비에 필요한 비용은 외국의 차관과 기업의 투자로 충당한다. 성장 가능성이 높기 때문에, 외국 기업의 투자 의향은 확실하다. 북한 지역에는 직접 4차 산업혁명의 기술이 접목된 산업들이 활성화된다. 빅데이터, 인공지능, 사물인터넷을 기반으로 한 4차 산업혁명 플랫폼의 개발과 보급이 상당한 효과를 보이고 있다. 헬스케어, 자율자동차, 안전산업, 지능서비스 산업들이 새로운 성장엔진으로 두각을 보이고 있다.

하지만 국가의 부채는 꾸준히 증가해 미래세대에게 큰 부담으로 작용하고 있다. 대기업 중심의 경제 구조는 중견기업, 중소기업, 벤처·창업기업 중심의 경제 구조로 많이 변화했다.

자원: 자원 빈국에서 자원 부국으로

2048년의 통일 국가에는 북측의 자원개발로 오랜만에 풍성한 국가의 모습을 보이고 있다. 그동안 외국의 수입에 의존하던 철광석과 석탄 등을 상당 부분 자급자족하게 되었다. 하지만 상당 부분의 광산 개발권이 이미 외국에 팔린 후여서 지나친 기대는 금물이라는 지적도 있다.

전 세계는 셰일가스 덕분에 저유가 경제를 향유하고 있다. 그러나 셰일가스도 없는 한국은 대체에너지 개발에 적극적인 투자를 해왔다. 태양광 발전, 풍력 발전, 수소에너지 등의 대체에너지 비율이 30%를 넘어섰다. 안전한 원자력발전소 운영에 대한 기술이 확보돼 값싼 에너지 공급이 가능해지고 있다. 새로운 에너지로 메탄하이드레이트 연구가 실용화되어 희망을 주고 있다. 한국은 온실가스의 배출량을 줄이거나 대기 중의 온실가스를 포획해 감축시키는 기술을 발전시켰다. 전기자동차는 대세가 되었고, 수소자동차도 대량보급 단계에 있다.

이상 STEPPER 분야를 따라가며 대한민국의 미래를 내다보았다. 정리해보면 양극화 해소 노력이 어느 정도 성과를 보이고, 4차 산업혁명의 신기술이 접목돼 새로운 성장엔진으로 역할을 하기 시작했다. 2048년, 통일 국가는 점차 안정을 찾아가고 있다.

한반도 통일 마스터 플랜

남북과 북미 정상회담이 성공리에 이루어지고, 평화와 통일에 대한 희망이 넘치는 시간이 되었다. 많은 사람들이 금방 통일이 될 것이라는 기대를 갖고 들뜬 모습이었다. 그러나 필자는 냉정하고 차근하게 준비해야 한다고 생각한다. 잘못하면 이 불씨를 꺼뜨릴 수 있기 때문이다. 통일은 감성으로 할 수 있는 일이 아니다.

통일을 위한 마음으로 각자 해야 할 일을 충실히 해나갈 필요를 느꼈다. 필자가 소속된 문술미래 전략대학원도 할 일이 있다. 통일 준비를 위한 단계적 마스터 플랜을 마련하는 것이다.

모든 교수진이 적극 찬성했다. 문술대학원의 실질적인 설립자인 정문술 전 카이스트 이사장도 좋은 일이라며 격려해주셨다. 사단법인 미래학회 이사진도 적극 참여하기로 했다. 1주일 만에 32명이 참여하는 필진이 정해졌고, 이어서 30명의 원고 검토자가 나섰다. 매년 출판하는 대한민국 국가미래 전략 보고서의 특별판으로 발행하기로 했다.

기획회의는 아래와 같이 4단계 통일 준비 안을 마련하고, 이에 맞추어 집필했다. 30년 동안 준비하여 2048년에는 남북 격차가 없는 상태로 만들어서 통일한다는 기본 틀을 세웠다.

- 제목: 카이스트 통일을 말하다 – 한반도 단계적 통일전략 2048
- 집필 방향: 2048년 완전통일을 목표로 단계별로 아래 3가지를 강조하여 집필
  (1) 한반도 내부적인 준비(남북 격차해소와 동질성 회복)
  (2) 주변국과 협력하여 통일 분위기 조성(통일이 주변국에 주는 장점)
  (3) 4차 산업혁명과 Singularity 시대의 미래사회 구현(인공지능, 자율주행차, 드론, 공유경제)

세상의 미래

- 4단계 통일전략 - 각 세부전략별로 아래 4단계별 목표와 실행계획을 포함
  - 1단계(2018~2027): 경제협력 & 평화정착 - (남북 일인당 소득격차 20:1에서 10:1로)
  - 2단계(2028~2037): 자유경제권 & 자유왕래 - (남북격차 5:1로)
  - 3단계(2038~2048): 단일화폐 & 1국가2체제 - (남북격차 2:1로)
  - 4단계(2048 ~): 통일 & 1국가 1체제 - (남북격차 1:1로).

한반도 통일 국가의 모습

필자는 『카이스트 통일을 말하다 - 한반도 단계적 통일전략 2048』을 집필하면서 미래 통일 국가의 국호와 수도를 어떻게 해야 할지 생각해봤다. 이것은 우리가 정할 수 있는 일이 아니지만, 아이디어 차원에서 거론해본 것이다. 기회가 있을 때마다 학생과 졸업생들에게 물어보았다. 단, 남북이 상호 동의할만한 내용이어야 한다고 주문했다. 98명이 응답했는데, 아래와 같은 의견들이 눈길을 끌었다.

(1) 통일국가의 국호?
  - 고려, 고려공화국, 고려민국, 고구려, 대한연합국, 한조, 조한 등
(2) 영어 국호?
  - Corea, Republic of Corea, Korea, 등
(3) 동일국가의 수도?
  - 개성, 파주, 철원, 세종, 서울-평양 공동수도, 등
(4) 화폐 명칭?
  - 원, 환, K^{암호화폐}, 등

(5) 국기

　- 한국의 태극과 북한의 별을 결합한 모양들이 인상적이었다.

〈그림 1〉　학생들이 상상한 통일 국가의 국기

　　　　　　　　　　　　　　　　　　　　　세상의 미래

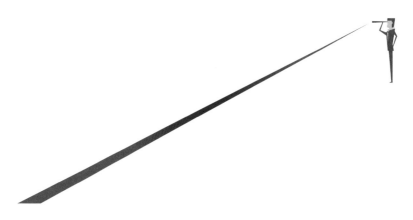

4차 산업혁명 시대의
통일 한국

4차 산업혁명 시대를 맞이한 통일국가는 한국의 산업경제를 북측에 이식시키는 수준이 되어서는 안 된다. 북측은 정보화시대를 건너뛴 상태에서 직접 4차 산업혁명 시대로 진입해야 한다. 그러기 위하여 '투 트랙Two track' 전략을 제안한다. 기존의 주력산업은 선도형 전략을 써서 계속 앞서가고, 신산업은 추격자 전략을 통해 선진국과 경쟁하는 전략이다.

주력산업의 4차 산업혁명화

먼저 기존의 주력산업에 대해 살펴보자. 우리나라의 5대 주력 산업은 전자, 자동차, 조선, 석유화학, 제철이다. 이 중 조선, 자동차, 석유화학 산업은 중국에게 추격당하고 있다. 새로운 탈출구를 모색해야한다. 바로 4차 산업혁명화를 하는 것이다. 기존 주력산업 제품에 빅데이터, 인공지능, 사물인터넷을 결합하여 부가된 기능이나 서비스를 붙여 중국의 제품과 차별화하는 것이다.

조선업을 예로 들어보자. 현재 우리나라는 조선업 때문에 걱정이 많다. 세계적인 불황의 영향도 있지만, 중국 제품과 차별화하지 못하고 있기 때문이다. 그러나 조금만 생각을 바꾸면 조선업이야말로, 4차 산업혁명 개념을 적용하여 혁신하면 큰 성과를 낼 수 있는 산업이다. 한 번 바다에 나아가면 몇 달씩 항해를 해야 하는, 고가의 선박을 소유한 선주에게는 어떤 고민이 있을까? 이 고민을 해결해주면 새로운 혁신을 이끌어 낼 수 있다고 생각한다. 선주의 입장에서 보면 비싼 배를 유지관리 하는데 많은 고심을 할 것이다. 수십 만 개의 부품관리와 운행상태도 항상 걱정될 것이다. 이런 선주의 고민을 해결해주기 위해 배의 주요 부품에 센서를 부착하여 선박의 운행상태와 부품의 마모 상태를 알려주면 좋은 서비스가 될 것이다.

휴대폰도 마찬가지다. 현재는 하드웨어만 팔고 있다. 이러한 하드웨어 전략이 언제까지 유효할지 알 수 없다. 하드웨어 제품에 서비스를 얹어 함께 팔아야 수명을 연장할 수 있다. 애플이나 구글이 준비하고 있는 서비스가 헬스 케어다. 휴대폰은 이제 24시간 몸에 부착하고 있는, 사실상 신체의 일부가 되어 있는 기기다. 이 휴대폰에 건강 정보를 수집하고, 그 정보를 병원 빅데이터에 저장하고, 인공지능을 활용하여 건강 이상 상태를 미리 알려주고 조언해주면, 환상적인 헬스케어 시스템이 될 것이다. 이미 팔찌 형태의 밴드를 이용하여 건강정보를 측정하는 기술은 개발되어 있다. 개인이 작은 한 방울의 피로 혈당을 측정하는 기술도 준비되어 있다. 이를 휴대폰과 연결하여, 병원의 빅데이터와 연결하고 진단하는 인공지능을 개발하면 부가가치를 창출할 수 있다.

신성장동력 MESIA 개발

이처럼 기존의 주력산업에서는 부가서비스 등의 개발로 혁신을 이루는 동시에 신성장 동력을 발굴하는 일이 병행되어야 한다. 산업은 현재 우리가 잘하는 5대 주력 산업이 전부가 아니다. 눈을 잠시 멀리 두면 아직도 많은 산업이 있다. 미국이나 유럽·일본이 잘하고 있지만 우리가 아직 관심을 많이 두지 않고 있던 산업들이다. 이런 산업을 '메시아MESIA'라고 부른다. 의료바이오Medical-Bio, 에너지환경Energy-Environment, 안전Safety, 지능서비스Intelligent Service, 항공우주Aerospace 산업의 영문 앞 글자를 따 만든 말이다.

의료바이오 산업

의료바이오 산업은 병원에서 사용하는 장비나 시약試藥·약품들을 말하는데, 선진국들이 석권하고 있는 매우 값이 비싼 제품들이다. 신약을 포함한 의료 산업은 고부가가치 산업으로서 우리나라가 투자하면 얼마든지 따라잡을 수 있는 분야다. 바이오 의료기술에 정보통신 기술을 결합해서 추진하는 방향을 추천한다. 특히 의료·바이오산업은 2024년쯤 글로벌 시장규모가 약 2,900조 원 규모에 이를 것으로 전망되는 분야이므로 관심을 기울여야 한다.

에너지 산업

에너지환경 산업은 인류가 피할 수 없는 화석에너지 고갈과 환경문제를 해결해주며, 인간이 지구에서 살고 있는 한 갈수록 중요시 될 산업이다. 신재생 친환경 에너지 기술, 재활용 폐기물 처리 기술, 환경오염 방지와 정화기술, 기후변화 대응기술, 물 관리 등의 기술개발이 중요하다. 아울러 기후변화의 주범으로 인식되어 있는 탄소배출을 절감하는 기술, 탄소를 포집하여 처리하는 기술은 세상을 바꿀 수 있는 산업으로 커질 수 있다.

안전 산업

안전 산업은 사회 안전을 위한 시설과 재난 대비 장비에서 국방과 사이버 보안까지 포함하는 고부가가치 산업이다. 사회가 복잡해지면서 대형사고의 위험성이 커지고 있다. 사이버테러의 위험성은 다시 강조할 필요가 없다. 따라서 세계적인 산업으로 성장할 수 있는 분야다. 기후변화에 의하여 자연재해도 그 규모가 커지고 있다. 재난을 예측하고 대응하는 시스템을 개발하여 산업화하는 것이 필요하다.

지능 서비스 산업

지능 서비스는 고급화된 서비스산업으로서 소프트웨어 기술 발전과 함께 가는 산업이다. 기본적으로 4차 산업혁명의 기본 기술인 빅데이터, 인공지능, 사물인터넷 기술이 바탕이 된다. 공공분야 정보 서비스, 고령화사회의 지능형 복지, 빅데이터 산업이 중요하다. 그리고 금융 서비스, 핀테크 금융, 기술금융, 투자관리 등의 금융관련 분야도 개척해야 할 분야다.

항공우주 산업

항공우주 산업에는 중소형 항공기와 무인기, 우주 정보산업에 신경을 써야 한다. 항공분야에는 항공운항산업, 소형항공기 제작산업, 무인기 산업 등이 유력하다. 우주 분야에는 발사체 개발은 물론, 위성 제작과 운영기술, 위성 발사 서비스 등이 중요하다. 예를 들어 20인승 이하의 항공기 제작 산업은 한국이 얼마든지 잘 할 수 있는 산업이라 생각한다.

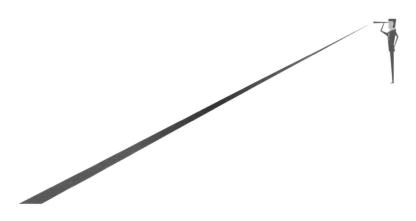

4차 산업혁명을 위한
제도 개선

4차 산업혁명은 산업과 소비에 새로운 패러다임을 형성하게 되기 때문에, 새로운 데이터와 사물의 유통 방식을 재정의하게 된다. 따라서 기존의 규범과 질서가 변화를 가로막는 역할을 하는 경우가 있다. 여기서는 가장 중요한 제도 개선 사항 세 가지를 제안한다.

빅데이터 산업 육성-개인정보보호법

첫 번째, 빅데이터 산업의 활성화이다. 4차 산업혁명의 가장 중심에는 빅데이터가 자리하고 있다. 사물의 이동에서 얻어지는 정보가 빅데이터에 축적되고, 이것이 인공지능에 의하여 활용되기 때문이다. 그래서 빅데이터 산업의 활성화 정도는 4차 산업혁명의 성공 여부와 직결되어 있다고 할 수 있다.

문제는 우리나라는 개인정보보호법이 지나치게 강력하게 만들어져, 빅데이터를 구축하고 활용하기가 어렵다는 것이다. 우리나라 개인정보보호법 2조 1항에는 성명이나 주민번호 등 식별자가 없는 데이터도 다른 정보와 결합하여 알아볼 수 있는 경우, 정보를 활용하기 어렵게 해 놨다. 이에 반해 미국이나 일본 등 선진국에서는 식별자가 삭제된 데이터는 활용할 수 있게 하고 있다. 특히 미국은 최고의 데이터 개방 수준을 유지하고 있다. 그래야 빅데이터 산업이 꽃을 피울 수 있다.

우리나라도 개인정보보호의 강도를 미국 정도는 아니더라도 일본 수준 정도로는 완화할 필요가 있다. 일본은 식별자가 없는 정보는 활용하게 허용한다. 그러나 다른 정보와 결합하여 식별자를 찾아내면, 강한 벌을 준다. 즉, 사전 예방보다, 사후 관리를 하는 것이다. 이렇게 하면 선의의 빅데이터 사용은 활성화되고, 악용되는 정보 이용은 예방하는 효과를 얻을 수 있다.

지식재산 보호 강화

두 번째로 지식재산 보호를 강화할 필요가 있다. 4차 산업혁명에서는 사물의 관리와 결제 시스템의 중심에 기술이 위치하기 때문에, 지식재산에 대한 보호가 중요하다. 사물을 관리하는 플랫폼의 지식재산이 보호되지 않으면, 4차 산업혁명은 모래성이 되고 말기 때문이다. 특히 대기업에 비하여 자생력이 약한 중소기업의 지식재산 보호는 더욱 절실하다.

그러나 현재 우리나라의 현실은 지식재산이 제대로 보호되고 있지 않다. 지식재산권이 타 기업에 의해 무단으로 침해를 당하게 되면, 소송을 통해 법정에서 다투게 된다. 특허 소송에서 첫 번째로 대두되는 문제가 특허를 침해한 사람이 특허 보유자에게 제기하는 특허 무효 소송이다. 특허를 침해한 사람이 오히려 특허 보유자에게 제기하는 소송인데, 현재 우리나라에서는 특허 무효 소송에서 과반수의 특허가 무효가 된다. 2016년의 경우를 살펴보면 다툼이 생긴 53%의 특허가 무효가 되었다.

특허가 무효하지 않고 유효하다고 인정받는 경우 진행되는 손해배상소송도, 현행 우리나라 법에 지정된 배상액은 증명된 손해액의 100%로 제한되고 있다. 그리고 그 손해액을 특허를 침해받는 사람이 증명하게 되어 있다. 즉, 침해자가 나의 특허를 도용하여 얼마나 이익을 취했는지, 피해자인 내가 증명해야 하는 시스템인 것이다. 이런 경우 증거 불충분 등으로 손해액 산정이 제대로 이루어지기 힘들고, 손해배상액은 실질 손해액에 미치지 못하는 것이 보통이다. 실제로 통계를 보면 평균 배상액이 1억 원을 넘지 않는다.

현실이 이러다 보니, 다른 사람의 지식재산이 탐이 나면 일단 침해하고 보는 경향이 있다. 침해하여 문제가 생기면, 그 때가서 법정에서 다투게 되는데, 지금까지의 통계로 보면 침해자에게 유리한 상황이 전개된다.

이러한 상황 때문에 한국에서는 특허를 정당한 가격을 주고 매입하거나 다른 회사를 M&A 하는 일이 거의 생기지 않는다. 애써서 지식재산을 개발하려는 동기와 의지도 약해질 수밖에 없다. 이 문제를 해결해야 한다. 특허청과 특허법원의 업무 방식과 관행을 바꾸어 특허 무효율을 50% 이하로 낮추고, 손해액의 3배까지 배상하게 하는 징벌적 손해배상이 가능하도록 특허법이 개정되어야 한다.

창업 실패 용인 제도

마지막으로 4차 산업혁명이 우리나라에서 꽃피우기 위해서는 사회적으로 창업의 실패를 용인하는 분위기가 조성되어야 한다. 미국 실리콘밸리에서 성공한 기업가의 경력을 보면 평균 2.5회 실패의 경험이 있다고 한다. 창업국가로 알려진 이스라엘이 세계적으로 앞설 수 있는 이유 중에 핵심은, 실패를 용인하고 재도전을 할 수 있게 지원하는 제도가 잘 마련되어 있기 때문이다.

반면 우리나라는 창업 후 실패하면 무한책임을 져야 하는 연대보증으로 신용불량자가 되어 경제활동이 원천적으로 차단된다. 담보와 보증은 원래 융자에서 있는 개념이다. 그런데 우리나라에서는 융자뿐

〈그림 2〉 창업의 실패를 용인하게 하는 사회안전망의 구축은 도전을 꽃피우게 한다.

아니라 투자에도 요구하는 경우가 대부분이다. 회사가 실패하면 대표이사가 책임을 떠안게 된다. 회사가 잘못되면 창업자는 신용불량자가 되어 모든 경제활동이 불가능해진다.

창업은 사회적으로 매우 필요한 일이다. 제품과 서비스를 창조하여 사회적 부를 창출하고 일자리를 만들어 사회복지에 기여한다. 창업의 혜택은 사회 전체가 누리지만, 위험 부담은 창업자 혼자서 감당하게 되어 있다. 이는 불공평한 일이다. 어떤 사람이 용감하게 사회적으로 일을 대신하면 그 위험을 분산시켜 사회가 공동으로 부담해주어야 한다.

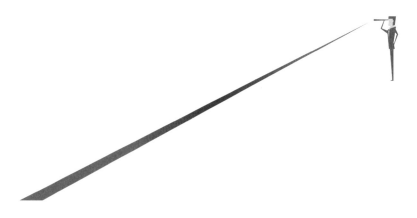

대학이
나아갈 방향

　　교육은 미래사회와 국가의 100년 후를 바라보고
실행되어야 하는 백년대계의 정책이라고 한다. 그러나 우리나라의 교
육에서는 사회와 국가를 위한 교육과 창의적인 교육이 전혀 이루어지
지 못하고 있다. 교육의 공익적인 역할에 대해, 미래 교육이 가야 할
방향에 대해 심각하게 고민할 시점이라고 생각하는 이유다.

　그런 의미에서 필자가 학생들을 가르치고 있는 대학인 카이스트의
이야기를 통해 앞으로 대학 교육이 나아갈 방법을 모색해보는 것도
하나의 방법이라고 여겨진다. 카이스트는 지난 1년 동안 '비전 2031
위원회'를 구성해 새로운 비전을 설정하고 전략을 수립했다. 143명이
나 되는 교수, 학생, 외부전문가들이 모여서 교육환경의 변화와 대학

의 미래에 대해 논의했다. 그리고 최근에는 카이스트가 바라보는 미래 세계와 발전전략을 담은 보고서가 나왔다. 카이스트의 미래와 발전전략은 특정 대학을 넘어서 다른 대학과 국가적인 관심사일 수 있기 때문에 간단히 소개해 본다.

먼저 카이스트의 역사를 잠깐 살펴보면 카이스트는 1971년에 출범했다. 그 당시 우리나라의 1인당 국민소득은 북한보다 적은 100달러가 안 되는 수준이었다. 카이스트 설립의 기본정신은 한국 산업발전을 위한 인력 양성과 기술을 개발하는 것이었다. 설립 47년이 지난 오늘을 돌이켜보면 상당 부분 설립목적을 달성했다고 생각한다. 하지만 지금 눈을 밖으로 돌려보면 만족스럽지 못한 부분이 있다.

카이스트는 국가가 집중 육성하는 대학이다. 그럼에도 불구하고 국제적인 평가를 보면 세계 대학 순위에서 40위 정도에 맴돌고 있다. 세계적으로 활동하는 졸업생을 배출하지 못했다. 과학의 물줄기를 돌릴 수 있는 연구결과를 내놓지도 못했다. 학생들을 실험실이라는 동굴에 가둬 기른 것은 아닌지 반성하고 있다. 실속이 적은 연구논문 숫자에 매몰되었거나 한국이라는 우물 안 개구리로 머물지는 않았는지 반성하게 된다.

급변하는 교육 환경
이런 상황에서 교육환경은 급속도로 변하고 있다. 우선 사이버교육

시스템의 발달로 대학의 존재 자체에 대한 의문을 가지는 시대가 되었다. 온라인 공개강좌MOOC 등의 공개 교육 시스템은 대학의 울타리를 파괴하고 있다. 언어의 장벽이 낮아지면서 국경을 넘어서는 교육 경쟁이 가속화될 것으로 예상되고 있다. 동영상 교육의 발달로 굳이 교수가 교실에 들어오지 않고서도 교육은 거의 차질 없이 진행될 수 있다. 몇몇 스타 교수만 있으면 되는 시대로 접어들고 있는 것이다.

급변하는 교육환경 변화 속에서 카이스트는 어떻게 변화에 대응해 국가의 과학기술을 이끌어 갈 것인가. 국가가 집중 육성하는 대학답게 2031년까지는 세계 10위권 수준으로 올라서야 한다는 목표를 세웠다. 그러기 위해서는 한국 내에 안주해서는 안 된다. 대학의 역할을 교육뿐만 아니라 연구와 기술사업화로 확대 발전시켜야 한다. 연구와 창업 활동은 몇몇 인터넷 스타 교수들이 해낼 수 있는 일이 아니다. '글로벌 가치를 창출하는 대학'이 되어야 한다. 세계인에게 도움이 되는 연구를 하고, 세계인을 위해 봉사하는 인재를 길러야 한다. 이러한 비전을 달성하기 위한 미래 전략을 교육, 연구, 기술사업화, 국제화, 미래 전략 분야로 나누어 살펴보자.

교육 혁신: 창의·도전·배려

먼저 교육 분야에서는 미래에 맞는 인재를 기르는 것이다. 당연히 창의와 도전을 가장 중요한 가치로 생각한다. 여기에 배려를 추가해야 한다. 나 자신만을 위한 과학이 되는 것이 아니라 모든 사람을 위한 과학을 연구하는 인재를 길러야 한다. 즉, 과학기술의 사회적 가치를 높이는 인재를 기른다. 그리고 새로운 교육 기기를 적극 활용할 필요가 있다. 이미 적용되고 있는 Education 4.0 방식과 MOOC 방식을 더욱 확대 적용할 필요가 있다. 그리고 협동심과 학생주도성을 기를 수 있는 팀 프로젝트 방식의 확대가 필요하다.

연구 혁신: 난제에 도전

연구 분야에서는 인류와 국가의 난제를 해결해야 한다. 남들이 연구하는 것을 따라가지 않고, 인류가 필요로 하는 문제를 찾아서 해결하는 연구를 한다. 그다지 의미가 적은 SCI(과학기술논문 인용색인)급 논문 개수에서 해방돼, 진정으로 의미 있는 연구에 도전하는 분위기를 조성해야 한다. 그동안 교수와 그 연구결과를 평가할 때 논문의 개수를 중심으로 평가해온 것이 사실이다. 그러다 보니 어렵고 위험한 연구보다 남들이 많이 하는 안전한 연구를 많이 하게 됐다. 도전적인 연구를 하는 교수는 위험해진다. 도전을 피하다 보니, 세계와 국가를 파괴적으로 바꾸는 연구결과를 내지 못했다. 이 점이 향후 카이스트의 운명을 결정할 가장 중요한 요소가 될 것이다.

기술사업화 혁신: 창업

이어 기술사업화는 교육과 연구에 이어서 대학의 중요한 임무가 되고 있다. 상아탑이라는 과거의 개념에서 벗어나, 개발한 기술을 사업화하여 일자리와 부를 창출하는 일을 중요한 임무로 생각한다. 카이스트가 많은 벤처기업을 배출하기는 했으나 세계적인 기업을 배출하지는 못했다. 앞으로는 글로벌 기업가정신 교육을 강화하고 기술투자 기업을 활성화해야 한다.

국제화 혁신: 외국인 25%로

또한 국제화는 카이스트뿐만 아니라 한국의 모든 대학이 크게 뒤처진 분야이다. 현재 카이스트 내의 외국인 교수는 8%, 외국인 학생은 6% 수준이다. 외국 경쟁대학의 외국인 비율은 25% 이상이다. 외국인들이 생활하기 편리한 이중 언어 캠퍼스를 구축하는 것이 가장 시급한 일이다. 외국인 교수를 유치할 때에 그들이 현지에서 받는 처우를 그대로 존중하는 풍토 또한 필요하다. 현재 우리나라는 한국 기준의 제도와 처우를 강요하는 면이 있다. 최근 급성장하고 있는 홍콩과기대와 싱가포르난양공대는 모두 이러한 점을 개선해 우수 외국인 교수를 유치하고 있다. 그리고 통일 시대를 위하여 남북교류에 신경을 써야 한다.

대학의 미래 전략: 문제를 정의하는 대학

끝으로는 미래 전략 분야이다. 대학의 미래 전략은 어떠한 인재를 기르고, 어떠한 연구를 해야 할 것인지를 연구하는 것이다. 그동안에는 큰 생각 없이 남들이 중요하다고 말하는 분야를 연구하는 경향이 있었다. 세상은 변하고 새로운 주제는 떠오른다. 새로운 주제를 먼저 선점하고 준비하는 사람이 미래의 주인공이 된다. 남들이 정의해 놓은 문제를 해결하는 'How' 대학에서, 새로운 문제를 정의하는 'What' 대학으로 거듭나야 한다.

이상 여기서 소개한 카이스트의 반성과 발전전략은 다른 대학에도 비슷한 시사점이 있을 것이다. 왜냐하면 동일한 환경 변화 속에서 동일한 고민을 하고 있기 때문이다. 그러나 일부에서 예상하듯이 미래에는 대학이 없어질 것이라 생각하지는 않는다. 여기에서도 인간을 보면 답이 보인다. 인간은 게으른 동물이다. 지금도 세상의 교육 콘텐츠를 이용하여 스스로 공부할 수 있다. 그러나 "작심삼일"이다. 몇년 동안을 스스로 공부하는 사람은 극히 소수이다. 결국 많은 학비를 내고, 스스로를 구속하여 교수들에게 공부시켜 달라고 요청하는 제도가 대학이다. 인간의 특성이 변하지 않을 것이기 때문에, 필자는 대학의 교육 기능은 영원할 것이라 생각한다.

'미존(未存)': 세상에 존재하지 않는 것

필자는 몇 년 전부터 새로운 교육 실험을 하고 있다. '미존未存'이라는 수업이 바로 그것이다. 미존은 세상에 존재하지 않는 것Non-existing objects을 말한다. 세상에 존재하는 사물은 미존이 아니다. 이미 어느 누군가의 머릿속에서 상상되었던 개념은 미존이 아니다. 아무도 상상해 보지 않은 사물이나 새로운 개념을 미존이라 말한다. 미존 수업은 오직 미존만을 말하는 시간이다. 이미 존재하는 것을 말하면 안 된다. 미래는 미친 소리 같은 상상이 현실이 되는 경우가 많다. 일단 미친 상상을 하는 연습시간이다.

이 교실에서는 교수가 가르치지 않는다. 교수가 학생들에게 수많은 미존을 보여주면 좋겠다고 생각할지도 모르겠다. 하지만 교수는 그럴 능력도 없고 그렇게 하는 것은 교육 목적에도 어긋난다. 교실에 모인 교수와 학생은 모두 다 어떤 내용을 다룰지 모른다. 일단 모여서 머리를 쥐어짜본다. 이 시간에는 교수와 학생이 자신이 생각하는 미존을 하나씩 말한다. 듣는 사람은 그것에 대하여 질문은 하지만, 비판하면 안 된다. 비판은 우리의 상상력을 위축시키기 때문이다. 즉, 미존의 교실에는 '상상'과 '질문'만 존재한다.

물론 미존의 수업 방식도 미존이다. 첫날 수업시간에 학생들은 나에게 수업을 어떻게 진행하시냐고 물었다. 나는 미존이라 답변했다. 미존이기 때문에 우리 서로 좋은 아이디어를 내보자 했다. 어떤 날은 서서 수업을 했다. 그 다음 날은 앉아서 수업을 했다. 둘러 앉아 마주보며 수업하기도 했다. 미존이라서 학생들도 갖가지 새로운 수업 방식을 제안했다. 거꾸로 물구나무서서 수업해보자는 의견도 나왔지만 실현되지는 못했다. 그래도 학교 수업이기 때문에, 끝에 점수는 주어야 했다. 미존 수업답게 점수도 없으면 좋겠다고 생각했지만, 그것까지 깨뜨릴 수 없었다. 이 시간에는 정말로 이상한 말을 하는 학생이 좋은 점수를 받는다.

미존이라는 이상한 수업의 아이디어도 학생들과의 대화에서 나왔다. 2014년 어느 날, 몇 명의 학생들과 식사를 하고 있었다. 세상의 변화에 대하여 이야기 했다. 몇 년 후에는 지금 상상하지 않는 세상이 눈앞에 펼쳐진다. 현재 존재하지 않지만, 앞으로 현실이 되어질 것들을 뭐라고 부를까 이야기했다. 먼저 영어로 'Non-existing object'라고 불러봤다. 이를 한국어로 바꾸니 미존未存이 떠올랐다. 멋진 이름이란 생각이 들었다. 미래未來는 아직 오지 않는 것을 말한다. 미생未生은 바둑에서 아직 살지 않은 바둑알을 말한다. 미존은 아직 존재하지 않는 것이다. 이러한 미존을 연구하는 수업이 있으면 좋겠다고 말했다. 미존이라는 수업의 제목을 정한 우리는 서로를 바라보며 얼굴에 번지는 기쁨을 확인했다. 그리고 2015년 여름에 특강으로 수업을 개설해봤다. 인생에서 가장 멋진 교실이었다는 평가를 받았다. 그 후 매년 개설하여 매년 약 20명 정도가 수강하고 있다.

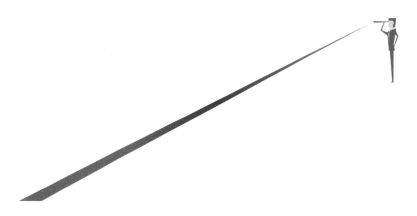

로봇이 아닌
'로봇'의 세계로

　　　　　2017년 5월, 중국의 저장성에서 열린 인공지능
바둑대회는 커제 9단과 알파고의 대결로 유명하다. 알려졌다시피 알
파고가 커제 9단을 3대 0으로 이겼다. 그러나 경기는 커제 9단과 알
파고의 대결만 있었던 것은 아니다. 인간과 AI가 한 팀을 이룬 혼식
페어 바둑도 있었다. 이때 A팀은 구리 9단과 알파고 A가, B팀은 렌
샤오 8단과 알파고 B가 한 팀이었다.

　많은 사람은 A팀의 승리를 예상했지만 결과는 그 반대였다. B팀이
220수로 불계승했다. 알파고의 사고 작용과 행동패턴을 이해하고 호
흡을 맞추어준 렌샤오 8단이 이긴 것이다. 이 사건이 시사하는 바가
있다. 앞으로 다가올 미래사회는 인간과 AI가 함께 어울려 협력하는

사회가 될 것이며, AI와 협력을 잘 하는 사람이 인재가 될 것이라는 것이다. 이제 로봇은 단순한 기계가 아니라 '로벗'이 되는 시대로 가고 있다.

로봇과 소통하는 법을 배우는 코딩 교육

그런 의미에서 컴퓨터와 소통하는 법을 배우는 코딩 교육이 2018년부터 중학교에서 의무화되고, 2019년부터는 초등학교 5, 6학년으로 확대 적용될 예정이라는 것은 반가운 소식이다. 우리나라에서는 일주일에 1시간 정도의 코딩 교육을 받게 될 것이지만 이미 영국·미국·중국 등 발 빠른 나라에서는 코딩 교육을 실시하고 있다. 영국 정부는 2013년부터 코딩 교육을 준비해 2015년부터는 초·중·고교에서 코딩을 필수과목으로 가르치고 있다. 미국은 2014년 오바마 대통령이 직접 코딩 교육을 강조해 '1주일에 1시간 코딩하기'라는 캠페인을 벌이기도 했다.

이런 적극적인 코딩 교육 중요성의 설파에 힘입어, 2016년 기준 미국의 초·중·고 학생 중 약 4분의 1이 코딩 교육을 받고 있으며, 51개 주 중 28개 주가 고등학생 대상의 코딩 교육을 제공하고 있다. 코딩 교육이란 컴퓨터 프로그래밍 언어교육의 다른 말이다. 예를 들어 AI 알파고를 만드는 일, 게임이나 홈페이지를 만드는 일, 그리고 윈도나 백신과 같은 프로그램을 만드는 일을 모두 코딩이라고 한다. 다시 말하면 내가 원하는 대로 컴퓨터가 일하도록 명령을 내리는 명령어를 배우는 것이다.

컴퓨터에게 명령하기 위해서는 컴퓨터의 언어를 이용해야 한다. 그래서 코딩 교육은 컴퓨터 언어를 배우는 과정이라고도 할 수 있다. 우리 인간이 사용하는 자연 언어에 한국어·영어·일본어·프랑스어가 있듯이, 컴퓨터 언어에도 포트란^{Fortran}, 베이직^{Basic}, C, C++, 자바^{Java}, 파이선^{Python} 등 다양한 언어가 있다. 그러나 컴퓨터 언어를 공부할 때 모든 컴퓨터 언어를 공부할 필요는 없다. 살아가면서 듣게 되는 모든 언어를 알지 않아도 되는 것과 같은 이치다. 우리는 한 개의 언어를 사용할 줄 알면 생각을 정리하고 다른 사람과 소통할 수 있는 능력을 가지게 된다. 프로그램 언어를 배운다는 것은 컴퓨터의 사고 작용과 논리를 이해하고 소통할 수 있는 방식을 배우는 것이다.

코딩 교육의 3단계

일반적으로 프로그래밍 교육은 다음 세 가지 단계로 이루어진다. 첫째, 컴퓨터에게 시킬 일을 정의하는 것이다. 컴퓨터가 해야 할 일을 정확히 규정하고 입력과 출력을 정의한다. 예를 들어 자판기가 스스로 돈을 받고, 물건을 팔고, 거스름돈을 돌려주도록 하는 프로그램을 만든다고 가정해 보자. 사람이 하는 일이 어디까지이고 자판기가 해야 할 일이 무엇인지를 명확히 해야 한다. 사람이 원하는 물건을 선택하고 돈을 넣는다는 것은 입력행위이다. 자판기는 선택된 물건과 함께 거스름돈을 돌려주는 출력 행위를 한다.

두 번째는 자판기가 내부적으로 해야 할 일을 단계별로 세분화해 정의한다. 입력된 돈과 선택된 물건의 가격을 비교하고, 입력된 돈이 크면 물건과 거스름돈을 준다. 그 반대이면 물건을 주지 않고 돈이 부족하다는 신호를 표시한다. 거스름돈을 계산할 때에는 단순한 뺄셈을 한다. 이와 같이 계산과정을 논리적으로 설계한 것을 알고리즘이라 부른다.

세 번째는 앞에서 정의된 알고리즘을 컴퓨터 언어로 변환한다. 이때 사용하는 컴퓨터 언어는 어떤 것이 되더라도 상관없다. 마치 우리가 머릿속에서 생각하는 내용을 한국어로 표현하든 영어로 말하든 상관없듯이 말이다. 이와 같이 아이디어를 실제로 컴퓨터 언어로 바꾸는 과정을 특별히 코딩이라 부른다.

제3의 법을 만드는 글로벌 기업

이러한 코딩 교육은 두 가지 측면에서 미래 인공지능 사회의 승자와 패자를 나누는 중요한 지점이 될 수 있다. 첫째는 자신만의 코딩으로 AI를 만드는 사람이 AI의 활용방식을 규정하게 되고, 결국 이것이 사회의 규범처럼 되고 만다는 점이다.

예를 들어서 현재 마이크로소프트의 윈도우가 널리 사용되다 보니,

윈도우가 제시하는 데이터 입출력 방식이 데이터 사용의 규범처럼 되고 말았다. 애플과 구글이 개발한 스마트폰 운영체제도 모바일 데이터 사용방식을 규정하고 있다. 이와 같이 프로그램을 스스로 개발하지 못하는 사람은 남이 개발해 놓은 것을 사용할 수밖에 없고, 남이 만들어 놓은 방식에 따라 살 수밖에 없다. 더 나아가 프로그램을 이용한 비즈니스를 개발할 가능성이 떨어진다.

이처럼 몇몇 회사들이 정보 활용의 플랫폼을 정해 놓으면, 우리는 마지못해 가입하여, 그들이 규정해 놓은 규칙에 적응하며 살아야 한다. 선택의 여지가 없기 때문이다. 이것은 국가가 정한 법이 아니다. 국제조약에 의해서 정한 것도 아니다. 그런데도 대부분의 사람은 그들의 규칙을 따르며 살고 있다. '제3의 법'이라 할 수 있다. 글로벌 지배 회사들이 제3의 법을 만드는 시대가 되었다. 기계를 알지 못하면 새로운 비즈니스 모델도, 제3의 법도 만들지 못하고, 종속되어 살 수밖에 없다.

공존시대를 준비하는 코딩 교육

두 번째는 협력 방식에 관한 것이다. AI 기계와 함께 협력하며 일해야 하는 세상에서 우리는 기계를 이해해야 한다. 이해하지 못하면 파트너인 AI와 호흡을 맞출 수 없다. 기계와 하는 소통의 첫걸음은 기계의 언어를 이해하고, 기계의 사고방식을 이해하고, 기계의 행동을

<그림 3> AI 기계와 함께 협력하며 일해야 하는 세상에서 우리는 기계를 이해해야 한다.

예측해 그에 맞추어 주는 것이다. 만약 기계에 맞춰 주지 못하는 사람은 능력을 인정받지 못할 것이다.

어떤 사람들은 묻는다. 코딩 교육을 받지 않으면 안 될까요? 나는 당연히 문제없이 살 수 있다고 말한다. 영어를 몰라도 살 수 있는 것과 마찬가지다. 다만 영어를 모르면 정보 습득이 늦고 외국인이 있는 곳을 슬슬 피하며 살게 된다. 코딩도 마찬가지다. 코딩을 몰라도 사는 데 문제는 없다. 다만 남들이 규정해 놓은 방식에 따라 데이터 생활을 하고, 남이 만들어 놓은 회사를 이용하며 살면 된다.

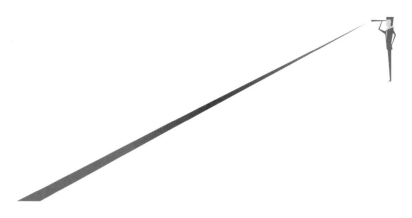

참여 민주주의의
세상으로

민주주의란 무엇인가? 모든 권력은 국민으로부터 나온다고 하는데, 과연 그런 것인가? 현대사회의 대의 민주주의는 아직도 유효한 것인가? 유효하다면 주권재민의 사상에 의하여 국민이 권력을 위정자들에게 위임했는데, 그 권력을 회수하거나 제도를 고치는 것은 왜 이렇게 힘든 것일까?

민주주의의 출발

민주주의democracy는 고대 그리스의 도시국가에서 발전했다. '국민demo'과 '지배kratos'의 두 낱말을 합친 것으로서 '국민의 지배'를 의미한다. 초기에는 인구가 1만 명 내외의 소규모 도시국가에서 실시된, 모든 시민이 정치적 결정에 직접 참여하는 '직접 민주주의' 방식이었다. 인구가 늘어나면서 국민이 선출한 대표들을 통하여 정치적 권한을 행사하는 '대의 민주주의'가 발달하게 되었다. 그리스의 민주주의는 BC 5세기를 전후하여 크게 융성하였으나, BC 2세기에 과두독재국가인 로마에 정복당함으로써 민주주의는 인류역사 속에서 약 2000년 동안 자취를 감추게 되었다.

이후 영국의 사상가 존 로크는 1690년 『시민정부론』에서 정부는 사회계약에 의하여 조직되었으며, 시민의 재산·생명·자유를 보장할 의무가 있다고 주장하였다. 만약 통치자가 시민의 권리를 침범할 경우 사회는 저항권을 가진다고 말했다. 프랑스의 몽테스키외는 1748년 『법의 정신』에서 행정·입법·사법의 삼권분립의 필요성을 강조하였다. 그 후 1762년 프랑스의 루소는 『사회계약론』을 통하여 국민주권론을 폈다.

저항권은 권력을 위임받은 통치자가 국민의 기본권을 침해하든지 또는 권력을 불법적으로 행사할 경우에 저항할 수 있는 국민의 권리를 말한다. 근대적 의미의 저항권은 17~18세기에 이르러 자연법 사상과 사회계약설, 주권재민 사상을 통하여 정립되었다. 그 후 미국의 독립전쟁과 프랑스혁명 등을 통하여 자유, 평등의 기본권 사상으로 발전하였다.

대의 민주주의의 모순

현재는 민주주의를 시행하고 있는 대부분의 나라가 대의 민주주의를 행하고 있다. 대의 민주주의란 국민을 대표하는 사람을 뽑아 간접적으로 국민의 주권을 행사하는 민주주의의 방식이다.

요즘 이 대의 민주주의의 모순에 대한 질문이 떠오르고 있다. 2013년 이탈리아에서는 '오성운동'이라는 이름의 신생 정당이 제3당이 되는 돌풍을 일으켰다. 코미디언 출신의 베페 그릴로^{Giuseppe "Beppe'"Grillo}는 기성정치인의 부패와 기득권에 혐오를 느껴 오성운동이라는 정당을 만들었다. 이 당은 대의 민주주의의 모순을 지적하고, 인터넷과 SNS를 기반으로 한 시민 참여 정치를 지향한다. 2018년에 오성운동은 이탈리아의 제1당이 되었다.

2014년 1월에 창당된 스페인의 신생 정당 포데모스^{Podemos} 역시 스페인의 신생 정당이다. 풀뿌리 민주주의를 지향하며 출발한 포데모스는 기성 정치 조직에 비판적인 시민들로부터 폭발적인 지지를 받기 시작했다. 2015년 12월에 열린 스페인 총선거에서는 21%의 득표를 받아 스페인 제3당의 자리를 차지하였다.

그리고 미국에서는 디지털 기술을 이용한 입법 청원이 강력한 흐름을 만들어내고 있다. 세계 최대 청원사이트인 미국의 '체인지^{change.org}'는 1억 6700만 명이 넘는 사람들이 2만 개 가까운 청원을 국가와 의회에 제기하고 있다. 누구든지 자신의 제안을 이 사이트에 올리고 공감을 얻어내면 법을 바꾸는 과정으로 나아갈 수 있다. 성폭행 피해자

어맨다 응우옌은 이곳에서 성폭행 피해자 특별법을 제안하여 법으로 제정되는 성과를 이뤘다.

디지털 민주주의

이처럼 뉴미디어와 정보기술이 빠르게 발전하면서 국민들의 의사 표현 수단이 다양해지게 되었다. 기존에는 투표를 통한 의사표시가 거의 유일한 방법이었지만, 현재는 인터넷과 SNS를 이용한 선거운동이 거의 기본적인 활동으로 자리 잡게 되었다. 인터넷을 통한 여론 수렴, 선거 캠페인 및 홍보, 온라인 투표, 사이버 국회, 전자공청회, 정책결정에 따른 시민의 참여가 활성화되고 있다. 이와 같이 새로운 미디어를 이용한 민주주의를 '전자 민주주의' 또는 '디지털 민주주의'라고 부르기도 한다.

디지털 민주주의는 국민들이 인터넷을 통해 직접 정치과정에 참여함으로써, 대의 민주주의의 한계를 극복하고, 새로운 형태의 '참여 민주주의'의 가능성을 보이고 있다. 그리고 미래에는 참여 민주주의의 형태가 더욱 확대될 것으로 보인다. 이러한 추세에 따라서, 우리나라에서도 청와대 청원이 20만을 넘어가는 사안에 대해서는 청와대가 공식적인 답변을 하고 있다.

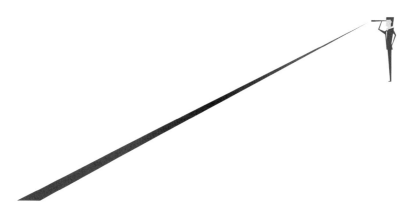

대한민국의
비전과 전략

대한민국의 비전은 무엇인가? 우리는 이에 대한 답을 가지고 있는가? 어느 누구도 쉽게 답을 하지 못하는 것 같다. 모든 조직이나 기관은 비전을 가지고 있으며 구성원들이 그것을 인지하고 있다. 그러나 우리 대한민국은 그렇지 못한 것 같다. 어떤 사람은 홍익인간을 말하기도 한다. 그러나 21세기의 현대사회에서 홍익인간을 국가의 나아갈 길이라 동의하는 것 같지는 않다. 비전이 없으니 당연히 미래 전략도 없다.

국가가 처한 위기에 대응하고 해결할 주체는 두말할 것도 없이 정부다. 정치가 사회의 갈등을 조정하고 새로운 대안을 제시하며 이끌고 나가야 한다. 그러나 우리나라는 갈등을 조정해 앞으로 나아가는 능력이 크게 낙후돼 있다. 더욱이 정권이 바뀔 때마다 국정운영의 기조가 바뀌면서 이전 정권의 업적과 정책은 무시됐다. 국가정책은 그야말로 갈 지(之)자 행보를 하고 있다. 예로 노무현 대통령의 '혁신경제'는 이명박 대통령에 의해 부정됐고, 이명박 대통령의 '녹색경제'는 박근혜 대통령에 의해 소외됐다. 마찬가지로 박근혜 대통령의 '창조경제'도 비슷한 운명이 되었다.

장기 비전, 전략이 없는 대한민국

정권마다 장기적인 전략을 추진하지 않은 것은 아니다. 노태우 대통령은 '21세기위원회', 김영삼 대통령은 '세계화추진위원회', 김대중 대통령은 '새천년위원회'를 각각 설립했고, 노무현 대통령은 '국가비전 2030', 이명박 대통령은 '대한민국 중장기 정책과제'를 작성했다. 여러 정부 출연 연구기관에서도 분야별로 장기전략 연구보고서를 발행했다. 그러나 그것들은 정권이 바뀌면서 도서관의 서고로 들어가 잠자는 신세가 되고 말았다.

미래학도로서 국가의 통치자가 바뀔 때마다 흔들리는 정책을 보면 가슴이 아프다. 미래 전략은 대체로 10년 이상의 장기적 시간을 대상으로 한다. 수립된 전략이 10년 이상 지속적으로 일관되게 실행되도록 하는 것이 과제다. 국가의 미래 전략은 말할 것도 없다. 10년 이상의 장기적인 안목으로 정책이 수립되고, 실행되며, 유지되어야 한다.

그럼에도 우리나라에서는 정부나 기관의 대표자가 바뀌면 앞사람들이 하던 일을 무시하고 배척하는 경우가 많이 있다. 이러한 악순환을 끊고 전임자의 좋은 점을 이어받아 계승 발전시키는 전통을 수립하는 것이 무엇보다 중요한 국가의 과제다.

대한민국 국가미래 전략 보고서

그런 의미에서 필자가 소속된 대학원은 2014년부터 국가미래 전략 보고서를 출판하고 있다. 우리나라에 제대로 된 국가미래 전략이 존재하지 않는다는 안타까움이 출판의 계기다. 정부가 바뀔 때마다 앞 정부의 전략과 계획을 무시하고 배척하는 악순환을 어떻게 하면 끊을 수 있을까 고민하다가 결국 민간인들이 나서는 수밖에 없다고 생각했다.

물론 민간인 차원에서 하는 일이라 여러 가지 부족한 면은 있다고 생각한다. 정부기관이 수립하는 국가전략처럼 많은 인력과 재원을 동원할 수 없기 때문이다. 또한 실행력이 뒷받침되지 않기 때문에 공허한 이야기처럼 들릴 수도 있다. 그러나 어느 정권이 들어서더라도 무시하거나 배척당할 위험성이 없다. 오히려 내용이 좋다면 정부가 채용하여 실행할 가능성도 있다. 즉, 민간인들이 수립하는 미래 전략은 내용만 좋다면 실행력과 지속가능성 면에서 유리하다고 볼 수 있다. 이것이 바로 매년 국가미래 전략 보고서를 출판하기로 결정한 배경이다.

우리는 이 보고서를 쓰면서 기본 철학을 정했다. '선비정신'이다. 우리 조상은 나라가 어려울 때가 되면 목숨을 아끼지 않고 목소리를 냈다. 어떠한 세력이나 권력, 금력에 휘둘리지 않는다. 오직 국가와 사회만 바라보며 집필한다. 보고서에서 우리는 대한민국의 비전도 정했다. '아시아 평화중심 창조국가'다. 미래에는 아시아가 세계의 중심이 되어 있을 것이다. 통일이라는 과제를 안고 있는 우리는 평화정신을 가지고 내부와 외부의 협조를 얻어야 하며, 창조국가가 되어 번영과 발전을 도모해야 한다.

미래 대학의 비전과 전략

앞에서 언급했듯이 필자는 2017년부터 1년 동안 2031년을 목표로 카이스트의 비전과 전략을 수립하는 일을 책임지고 일한 적이 있다. 교수 100여 명이 참여하는 큰 작업이었다. 국가와 마찬가지로 학교도 새로운 총장이 오면 매번 새로운 발전계획을 세우고 일을 한다. 목표 시점 2031년까지는 적어도 3명의 총장이 오갈 것이다. 이 가운데 총장이 바뀌어도 지속가능성을 확보할 수 있는 비전과 전략을 수립하도록 노력했다. 이를 위해서는 첫 번째로 내용이 좋아야 한다.

둘째는 많은 참여와 소통을 통하여 구성원들이 공감하게 만들어야 한다. 공감을 확보하면 총장이 바뀌어도 계획을 바꾸려는 마음이 적을 것이다. 셋째는 계승하는 전통의 수립이다. 앞 총장들이 세웠던 전략을 최대한 계승하여 계승하는 전통을 만든다. 결국 미래 전략의 성공 여부는 후진들이 이것을 계승하게 만드는 점에 달려 있다고 볼 수 있다.

필자는 카이스트의 미래 전략보고서를 작성할 때, 전통의 계승을 중시했다. 전임 총장들의 업적을 계승하고 발전시키는 내용을 강조했다. 이렇게 하여 계승의 전통을 세우기 위함이다. 지금 시대에는 대학이나 기관이 앞으로 나아갈 길을 알지 못해서 미래 전략을 세우지 못하는 것이 아니라, 실행을 하지 못하기 때문에 그렇게 못 하고 있는 것이 아닐까 한다.

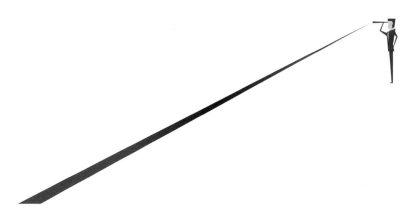

통일 강국의 조건,
관용

　　폴 케네디는 1988년『강대국의 흥망』이라는 책에서 과거 세계사의 강대국이었던 포르투갈, 스페인, 영국, 프랑스, 그리고 현재 세계 제일의 강대국인 미국의 사례를 통해 강대국의 흥망에 관여하는 '핵심동인'이 무엇인지 찾고자 했다. 그에 따르면 강대국으로 성장하는 나라는 시장의 개척이나 신기술의 발전으로 '산업생산력'이 크게 성장한다. 그리고 산업 경쟁력의 바탕에는 기술이 있다. 그렇게 성장한 나라는 쌓아 놓은 경제력을 이용해 군사력을 기른다. 이후 강한 군사력으로 영토를 확장하거나 영향력을 확대해 강대국으로 부상한다.

　　일단 강대국이 되면 국제 정치에서 참견할 일이 많아진다. 당연히 더욱 강한 군사력이 필요하게 된다. 비대해진 군사력을 유지하기 위해 지출이 많아지고 국가의 생산력은 떨어진다. 군사력과 생산력의 균형이 무너지면 드디어 쇠락의 길로 들어선다. 북한과 과거 소련이 예로 떠오른다. 결국 케네디는 강대국의 핵심동인으로 '군사력'과 '경제력'을 꼽았는데, 좀 더 근원적인 것은 '경제력'이라고 말한다.

강대국 흥망의 열쇠: 관용

에이미 추아Amy Chua 예일대 교수는 2007년 출간한 『제국의 미래』에서 또 다른 강대국의 핵심동인을 찾고자 했다. 고대 페르시아와 로마를 시작으로 동양의 당나라와 몽골, 서양의 네덜란드와 영국을 거쳐 미국에 이르기까지 세계 제국의 흥망사를 연구했다. 추아 교수는 강대국의 핵심동인으로 군사력과 경제력 외에 더욱 근원적인 요소로 '관용'을 찾아냈다.

역사상 막강한 군사력과 경제력으로 세계를 지배했던 초강대국들은 그 당시 개방적이고 포용적인 정책을 썼다. 국가가 불관용으로 돌아서고 종교·인종·민족의 배타성을 갖는 순간부터 쇠퇴기로 접어들었다. 물론 관용이 강대국의 충분조건은 아니다. 하지만 관용정책 없이 폐쇄된 국가는 결코 제국으로 성장할 수 없다. 세계 제국이 되기 위해서는 각국에서 다양한 인종, 문화, 종교, 기술을 가진 종족이 모여야 한다. 관용은 바로 이러한 것을 묶어주는 접착제 같은 것이다.

과거 로마와 원나라는 초기에는 관용적이었지만 후기에는 폐쇄적으로 바뀌었고, 결국 멸망에 이르게 되었다는 점을 기억해야 한다.

중국이 미국을 능가하기 어려운 이유

중국이 미국을 능가하기 어려운 이유도 바로 개방과 관용에 있다. 미국과 중국 중에 어느 나라가 개방적이고 관용 정책을 펼치고 있는가에 대한 대답은 뻔하다. 이 질문은 바꾸어 말하면, 어느 나라에 인재가 몰리고 있는가 하는 질문과 같다. 이미 알고 있듯이 전 세계의 많은 인재가 미국에 살기를 원하고 있다. 미국에서는 외국인도 능력만 있으면 교수·변호사·의사 등의 전문직에 진출할 수 있고 자신의 꿈을 이룰 수 있다.

실제로 현재 미국을 움직이는 많은 사람이 이민자 또는 이민자 2세다. 오바마 대통령과 스티브잡스도 이민자 2세다. 그 외에도 일론 머스크(테슬라, 남아프리카), 세르게이 브린(구글, 러시아), 앤드 그로브(인텔, 헝가리), 제리 양(야후, 대만), 피에르 오미디어(이베이, 프랑스) 등이 이민자의 자손들이다. 2014년에 미국정책재단NFAP은 2000년 이후 미국의 노벨상 수상자 68명 중에서 24명(35%)이 이민자 출신이라는 보고서를 냈다. 또한 2016년 4월에는 자산 가치 10억 달러 이상인 신생 창업기업 87개 중에 44개(51%)가 이민자가 세운 회사라는 통계자료를 발표했다.

관용을 통한 다문화 통일 국가

반면 중국에 가서 살기를 원하는 사람은 적다. 세계적인 강대국으로 떠오르고 있는 현재에도 중국에서 이민자들은 각종 국가시험을 볼 수 없고 국적을 얻기도 어렵다. 답은 나온 것이다. 현재와 같은 정책을 유지하는 한 중국은 미국을 능가할 수 없다. 마찬가지의 이유로 한국도 현재와 같은 상태로 가면 강국으로 성장할 수 없다. 외국인이 한국에 와서 발붙이기 어렵게 되어있기 때문이다.

우리나라 역시 외국인들이 각종 국가시험에 응시할 수 없다. 외국의 뛰어난 인재, 문화, 자본, 아이디어가 유입될 가능성이 원천적으로 차단되고 있는 것이다. 외국에서 이주해온 외국인을 차별하는 일이 자주 일어나고 있다. 탈북자들이 제대로 적응하지 못하여 다시 떠나는 일도 있다고 한다. 한국에 가니, 포근하고 살기 좋다는 소문이 나야, 북한 주민들도 한국을 동경하고 통일을 기다릴 것이다. 개방과 관용의 길로 나아갈 때 우리나라는 통일을 이루고 선진국이 될 수 있다.

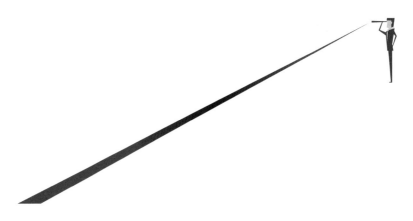

미래의 숙제,
청년에게 희망을

세계 3대 투자자로 알려진 짐 로저스Jim Rogers는 2017년 KBS1 TV 〈명견만리〉 프로에 출연해 이렇게 말한 바 있다. "나는 20년 전 한국의 IMF 외환위기 시절 한국에 투자해 크게 성공한 바 있다. 그러나 지금은 투자하지 않고 있다. 그 이유는 서울 노량진에 가 보면 알 수 있다."

그는 "지금 한국은 소수 재벌에 자본과 권력이 집중돼 관료적이고 폐쇄적인 경제 구조로 전락했다. 청년들이 '도전'보다 '안정'을 추구하는 사회에서는 혁신이 일어나기 어렵다"고 말했다.

청년 희망이 없는 나라는 죽은 것과 같다

우리나라에는 최근 젊은이 사이에서 연애, 결혼, 출산을 포기하다는 의미의 '3포 세대', 여러 가지를 포기하는 세대라는 의미의 'N포 세대'라는 자조적인 단어가 유행하고 있다. 우리나라에서 사는 것이 지옥 같다고 해서 '헬조선'이란 말도 떠돌고 있다. 절벽처럼 막혀 있는 앞길을 한탄하는 말이다.

이런 말을 들을 때마다 일제의 압박 속에서 민족혼을 일깨우는 강연을 한 도산 안창호 선생의 말이 생각난다. 안창호 선생은 "낙망은 청년의 죽음이요, 청년이 죽으면 민족이 죽는다"고 말했다.

실제로 결혼 기피, 저출산, 높은 자살률 등 청년 문제는 국가적 난

〈그림 4〉 "낙망은 청년의 죽음이요, 청년이 죽으면 민족이 죽는다." 도산 안창호 선생은 청년에게 희망을 불어넣는 것이 중요하다고 말했다.

세상의 미래

제와도 이 현상과 직결돼 있다. 그러므로 현재 그리고 미래의 대한민국에 있어서도 가장 큰 과제는 어떻게 하면 청년들에게 희망을 불어넣느냐 하는 것이다.

이를 해결하기 위해서는 현재 우리나라의 계급적 불평등과 사회계층간의 이동성을 살펴볼 필요가 있다. 과연 현재 우리나라의 불평등 정도는 얼마나 심각한지를 국가의 불평등 정도를 나타내는 지니계수를 통해 알아보자.

지니계수는 1에 가까울수록 불평등이 크다는 것을 의미한다. 통계청 자료에 의하면 우리나라의 지니계수는 2008년 0.314, 2009년 0.314, 2010년 0.310, 2011년 0.311, 2012년 0.307, 2013년 0.302, 2014년 0.302, 2015년 0.295로 나타난다. 이는 지하경제를 감안하더라도 위험수준이라 불리는 0.4보다 낮은 수치다.

개인별 경제적인 불평등을 보여주는 요소에는 토지, 자본 등의 재산소득과 일해서 버는 노동소득의 비율이 있다. 앞에서 본 바와 같이 장하성 교수의 책에 의하면, 불평등은 근로소득에서 크게 나타나고 있음을 알 수 있다. 노동소득의 격차를 줄이는 방향으로 노력을 집중할 필요가 있다.

한편, 2018년에 5월에 통계청은 소득격차에 대한 자료를 발표했다. 하위 20% 소득대비 상위 20%의 소득배율이 증가하고 있다. 2015년 4.86배에서 2018년에는 5.95배로 변했다.

사회 이동성 제고가 시급

사회가 얼마나 불평등한지를 알아보기 위해서는 사회계층간의 사회이동성을 살펴보는 방법도 있다. 명저 『사회이동』을 쓴 러시아 출신 미국 사회학자 피티림 소로킨Pitirim Sorokin은 사회가 다수의 개인과 집단의 계층으로 이루어졌고, 계층 사이의 무수한 충돌로 변화하고 있다고 봤다. 그리고 개인이나 집단이 어느 사회적 위치로부터 다른 위치로 이동하는 현상을 '사회이동'이라는 개념으로 정리했다.

그 후 계층간 이동의 정도를 나타내는 사회이동성 개념은 불평등의 경직성 정도를 나타내는 척도로 많이 이용되고 있다. 일반적으로 사회 이동성은 봉건사회보다 근대사회에서, 촌락사회보다는 도시사회에서 높게 나타난다. '세대 내' 사회이동성은 한 사람의 일생에서 발생하는 계층 이동을 지칭하고, '세대 간' 이동성은 부모와 자식 세대에서 계층간 변화가 발생하는 정도를 말한다.

세대 내의 이동성은 전년도 소득분위와 올해의 소득분위를 비교하면 어느 정도의 이동이 있었는지를 확인할 수 있다. 또한 세대 간의 이동성은 부모의 소득과 자식의 소득 변화를 보면 알 수 있다.

한국 사회에서 '세대 내' 소득지위의 이동은 국제적인 수준에서는 높지만, 점차 낮아지고 있다. '세대 간' 소득지위의 이동도 낮아지고 있는 것으로 확인된다. 통계청 사회조사(2016년)에 의하면 한국인의 사회이동성 변화에 대한 인식이 잘 나타나고 있다. 설문조사에서 '본인 세대'의 계층 이동 가능성이 높은 편이라는 응답은 2009년 37.6%

에서, 2011년 32.3%, 2013년 31.2%, 2015년 22.8%로 하락하고 있다. 한편 다음 세대의 계층 이동 가능성에 대해서 높은 편이라는 응답도 2009년 48.3%, 2011년 41.4%, 2013년 39.6%, 2015년 30.1%로 하락했다.

청년들이 살고 있는 불평등 사회

또한, 과학기술정책연구원의 박성원 연구팀은 2013년부터 2015년까지 3년 동안 세 차례에 걸쳐 전국 성인 20~60대 1,000명을 대상으로 미래인식을 조사했다. 현재든 미래든 미래를 부정적으로 인식하는 비율은 2013년 34%, 2014년 37%, 2015년 45%로 나왔다. 연령별로 보면 주로 20~30대가 더 부정적으로 인식했다.

결론적으로 말하자면 대한민국의 젊은이들은 어두운 미래를 바라보며 살아가고 있다는 말이다. 이 불평등이 지속되는 한 청년들이 희망을 갖고 삶을 영위하기는 어렵다. 젊은이들이 체감하는 이 불평등을 해소해야만 대한민국의 미래가 밝아질 수 있다. 그 방법을 찾아가는 것이 미래의 커다란 숙제가 될 것이다.

물론 불평등이라는 커다란 숙제는 한 번에 풀리지 않는다. 그렇다고 포기할 수는 없는 문제다. 사회전반에서 다양한 각도의 노력이 필요하다. 그 중 여기에서는 공정한 교육과 상생의 사업을 통한 사다리 복원에 대해 이야기해 보고자 한다.

일반적으로 사람은 현재의 상태보다 변화의 방향을 더욱 민감하게 느낀다. 즉, 현 상태보다 앞으로 나아질 수 있는 희망이 있느냐 없느냐가 더욱 중요하다는 말이다. 통계를 봐도 불평등의 실체보다, 사회 이동성에 대한 불안감이 더욱 큰 것을 알 수 있다. 미래세대가 자신들의 미래를 암울하게 생각하는 이유는 부모 세대의 경우보다 사회 이동성이 감소하고 있다고 보기 때문이다. 사회 계층이 고착화되어 가고 있다고 느낀다는 말이다.

계층 이동의 두 가지 사다리

사회 계층 이동에는 크게 두 가지 사다리가 있다. 교육이 가장 전형적인 사회적 신분 이동 수단이라 할 수 있다. '개천에서 용 난다'는 말도 거의 교육에 의한 신분 상승을 말한다. 하지만 현재 한국 사회에는 부모의 재력과 교육수준이 자식의 교육에 영향을 미치고, 다시 취업과 사회적 신분에 이어진다는 믿음이 존재하고 있다. 경제적 능력을 가진 좋은 부모를 만나지 못하면 희망이 없다는 말이 된다. 이를 타개하기 위해서는 교육의 기회를 공정하게 제공해 교육 사다리가 회복되게 해야 한다. 그래야 공정한 교육을 통해서 능력에 따라 좋은 직장을 갖고 신분의 변화를 도모할 수 있게 된다. 교육 사다리 복원은 공교육의 정상화, 다양한 진로교육, 학력 차별금지, 사교육 철폐 등에 의해서 가능하다.

또 하나의 사회 이동 사다리는 사업을 통한 성공이다. 과거에는 제대로 교육을 받지 못했더라도 좋은 아이디어와 성실성으로 사업을 성공시켜 사회적인 신분 변화를 이룬 사례가 많았다. 그러나 지금의 한국 상황은 너무 달라졌다. 미국과 중국은 말할 것도 없고, 일본에서도 자수성가하여 부자가 되는 사례가 많지만 한국은 다르다. 2015년 CEO스코어에 의하면 일본의 50대 부자 중에 80%가 창업자인 데 비해 한국에서는 30대 부자 중에 창업자가 20%에 불과하다.

한국에서도 성실성과 기술만 가져도 사업을 펼치고 성공하는 사회를 만들어야 한다. 사업 성공으로 신분 상승을 이루는 사례를 많이 보는 국가에서는 젊은이들이 계속 도전한다. 이를 위해 창업 지원정책, 창업자 연대보증 금지, 실패용인, 패자부활, 대중소기업 상생 등 여러 가지 관련된 문제들에 대한 고민이 필요하다. 정규직과 비정규직, 대기업과 중소기업의 이중구조로 이루어진 노동시장도 개선해야 한다.

한반도 평화를 위한 미래 관리 5단계

한반도를 중심으로 한 남북과 미국의 협상과 정치는 미래학 방법론이 적용될 수 있는 전형적인 사례이다. 김정은이 좋은 약속을 많이 했지만, 그것이 5년, 10년 후에도 유지될 것이라는 보장은 없다. 그 이유는 여러 가지가 있을 것이다. 김정은 자신의 마음이 변할 수도 있고, 또는 본인의 북한 장악력이 약화되어 어쩔 수 없는 상황 또한 생각할 수 있다. 중국의 개입으로 상황이 뒤틀릴 가능성도 있다. 따라서 북한의 입장은 유동적이라고 봐야 할 것이다.

그에 따른 미국의 대응책도 시간에 따라서 미지수로 생각하는 것이 좋다. 미국의 정권이 교체되면 상황이 많이 변할 수 있다. 지금 우리 앞에 놓인 문제를 해결하는 과정에서 북한과 미국이 만드는 여러 개의 미래가 존재한다. 그리고 우리는 그 복수의 미래에 따라서 각각 대응전략을 준비해야 한다. 한반도 평화 정착은 1, 2년 안에 끝날 일이 아니다. 10년, 아니 20년 이상 전개될 줄다리기의 시작일 가능성이 높다. 우리 남측에서도 정권 교체에 따른 변화를 고려해야 한다. 전형적으로 불확실성이 많은 미래학 문제이다.

'미래관리 5단계'는 불확실한 미래를 예측하고 전략을 수립하고 실행하는 과정을 도와주는 방법론이다. 한반도의 평화를 관리한다고 가정하고, 아래와 같은 미래관리 5단계를 상정해봤다. 필자가 국제정치에 문외한이라는 점을 참고하여 예제를 봐주기를 바란다.

1단계(미래예측): 9개의 미래 도출

미래관리의 첫 단계는 '미래예측'이다. 이 단계에서는 발생 가능한 여러 개의 미래를 예측한다. 이번 문제는 한국, 북한, 미국의 3개의 플레이어가 있다. 이것은 상대가 있는 협상이기 때문에 북한과 미국이 어떻게 나오느냐에 따라서 우리의 대응책이 달라진다. 예를 들어서 북한은 세 가지 선택(A, B, C)을 가지고 있다고 가정하자.

- A: 진정으로 과감하게 핵을 폐기하고 평화 협정 합의
- B: 엄청나게 많은 경제적인 대가를 받아낸 후 핵 폐기 여부 결정
- C: 핵 폐기 없이 시간을 지연하며 현재의 유엔 제재를 회피

북한의 속마음을 단기간에 알기는 어려울 것이다. 그러니 끝까지 우리에게는 불확실한 상황이 계속될 것이다. 이러한 상황에 대하여 미국의 대응책도 세 가지(1, 2, 3)가 있다고 가정해보자.

- 1번: 유화적인 입장으로 북한 회유 노력
- 2번: 경제제재와 무력시위를 동원하여 압박을 지속
- 3번: 무력을 사용하여 북한을 공격

이와 같이 북한과 미국의 선택이 결정되면, 그것들의 조합은 우리에게는 주어진 미래가 된다. 즉, 예제에서는 3x3 = 9개의 미래가 있다고 볼 수 있다. 예를 들어서 A1, A2, A3, B1, 등이다. 이와 같이 발생 가능한 9개의 미래가 도출되었다.

미국 \ 북한	A	B	C
1	A1	B1	C1
2	A2	B2	C2
3	A3	B3	C3

〈표 1〉 발생 가능한 9개의 미래

2단계(희망 미래): 미래별로 목표 설정

미래관리의 두 번째 단계는 '희망 미래' 설계이다. 이 단계에서는 예측된 미래들을 참고하여 목표를 설정한다. 희망 미래는 통합적으로 하나를 정할 수도 있고, 예측된 미래에 따라서 각각 희망하는 바를 정할 수도 있다. 우리의 예제에서는 9개의 미래가 있다.

예를 들어서 A1 미래(북한의 과감한 핵 폐기, 미국의 유화적 태도)가 되면, 우리는 1년 이내에 완전한 핵 폐기와 평화협정을 목표로 할 수 있다. 마찬가지로 B1(북한이 돈을 요구하며 핵 폐기에 소극적, 미국은 유화적으로 설득)에 대해서 우리는 3년 이내의 점진적인 핵 폐기를 목표로 세울 수 있을 것이다. 또는 어떠한 미래에도 무조건 2년 이내에 핵 폐기와 평화협정이라는 공통 목표를 정할 수도 있을 것이다.

3단계(미래 전략): 9개 전략 수립

미래관리의 세 번째 단계는 '미래 전략' 수립이다. 미래 전략은 예상되는 미래에 따라서 각각 수립하는 것이 원칙이다. 예를 들어서 A1 미래에 대해서는 우리가 주도적으로 상황을 이끌어 가면서 핵 폐기를 도와주고 평화협정을 추진하는 전략이다. B1 미래에 대해서는 돈을 미국과 절반씩 분담하며 북한과 미국을 설득하는 전략이 있을 수 있다. 이러한 전략들을 시나리오처럼 기술할 수도 있다.

우리 앞에는 앞으로 전개될 가능성이 있는 9개의 미래가 있다. 그래서 9개 미래에 대응할 9개의 전략 시나리오를 준비해야 한다. 그래야 정작 어떤 미래가 현실화 되었을 때, 그에 맞는 전략을 꺼내어 사용할 수 있다. 희망 미래만을 중심으로 전략을 세워서는 안 된다. 부정적인 미래를 포함하여 발생 가능한 모든 미래에 대하여 전략을 준비해야 한다.

4단계(전략검토 및 계획): 전략 비교와 실행계획 수립

네 번째 미래관리는 '전략의 검토와 실행계획'이다. 앞에서 세운 전략 중 어떤 전략은 어느 특정한 미래에 대해서만 효과가 있고, 다른 미래에 대해서는 효과가 없든지 또는 해가 될 수도 있다. 또한 어느 전략은 여러 개의 미래에 대하여 효과적일 수도 있다. 이와 같이 수립된 전략을 비교해보면 어느 전략이 더 많은 경우에 효과를 발휘할 것인지 알 수 있다. 예를 들어, 과감한 핵 폐기 전략은 A1 미래에만 효과가 있을 수 있다. 그러나 경제적 지원 전략은 B1과 B2 미래에 대하여 모두 효과가 있을 수 있다.

또한 미래는 한꺼번에 전개되는 것이 아니라 많은 시간을 두고 서서히 드러 난다. 처음에는 A1인 것으로 판단하고 그에 맞는 전략을 적용했는데, 중간에 보니 B1 미래가 전개되는 것을 알게 될 수도 있다. 이처럼 상황 변화에 따라 서 전략을 선택 적용할 수 있다. 그러한 상황을 대비하여 처음부터 더 많은 미래에 효과를 내는 전략을 선택할 수 있다. 그리고 이 단계에서는 구체적인 실행계획도 수립한다. 각 미래와 전략을 비교 검토하는 가운데 실행계획도 구체화되기 쉽다.

5단계(유지보수): 상황변화에 따른 전략 업데이트

미래관리의 다섯 번째 단계는 '유지보수' 단계이다. 일반적으로 미래학에서 는 장기적인 미래를 다룬다. 실행에는 많은 시간이 소요되고, 그 사이에 많 은 환경 변화가 일어난다. 변수가 생기면 미래관리의 전체적인 단계가 영향 을 받게 된다. 미래 전략이 효과적으로 실행되기 위해서는 상황 변화에 따라 수시로 업데이트 되어야 한다. 진행 중에 새로운 변수들이 나타날 것이다. 그럴 때에는 미래관리의 첫 단계인 미래예측 단계에서부터 새로운 변수를 반영하여 다시 검토해야 한다. 정기적으로 피드백을 받아서 유지보수를 해 야 살아있는 미래 전략이 된다.

[희망의 뇌과학]

새해가 오면 사람들은 떠오르는 태양을 바라보며 새해 소망을 기원하고, 책상 위나 수첩 등에 새해 각오를 써 놓기도 한다. 입시나 취업을 앞에 둔 학생들은 새해에는 합격하게 해달라는 기도문을 벽에 붙여 놓고 기도하며, 어느 택시 운전사는 '안전운전'이라는 글 옆에 가족사진을 붙여 놓는다. 사람이 행하는 이러한 기원과 소망의 행위들이 실제로 효과가 있을까? 희망이나 각오를 적은 글과 사랑하는 가족사진을 보면 우리의 뇌 속에서는 어떤 현상이 발생할까? 실제로 의사결정이나 행동에 변화가 일어나는 것일까?

인간의 뇌는 매우 유연한 물체이다. 무게는 약 1.4kg 정도로 전체 체중의 2% 정도밖에 안 되는데, 에너지의 20%를 사용한다. 언뜻 보기에는 물에 떠 있는 두부나 순두부처럼 손을 대기만 해도 변형될 것 같다. 그러나 이러한 우리의 뇌 속에는 약 1,000억 개의 뇌세포가 있고, 각 뇌세포는 각자 1,000개 정도의 시냅스를 가지고 있다.

앞에서 설명한 바와 같이, 우리가 어떤 단어를 기억한다는 것은 이 뇌세포들이 서로 연결된다는 것을 말한다. 시냅스가 다른 뇌세포에 달라붙어 회로를 만들어 전기가 통하게 하는 것이다. 회로가 만들어져 전기가 흐르면, 그에 해당하는 단어를 기억하는 상태가 된다. 마치 전자회로가 연결돼야 기억도 하고 소리도 나오는 것과 비슷한 이치라 할 수 있다.

하지만 어느 특정 단어를 사용하지 않으면, 시냅스 연결이 약해져서 회로가 흐릿하게 된다. 어느 단어를 자주 사용하면 그에 해당하는 회로는 강하게 활성화된다. 즉 자주 사용하는 시냅스는 강하게 연결돼 전기가 잘 통한다. 오랫동안 사용하지 않는 단어는 결국 연결이 사라져 버리기도 한다. 오래되면 단어를 아예 기억하지 못하는 일이 바로 이 경우다. 그리고 새로운 단어가 기억될 때는 기존의 단어(지식)와 연결하면서 회로가 만들어진다고 알려져 있다.

예를 들어 어떤 사람이 '환희'라는 단어를 기억할 때는 기존에 알고 있는 '기쁨'이란 단어와 연관 지어 회로가 만들어진다. 즉, '환희 회로'와 '기쁨 회로' 사이에는 시냅스 연결이 만들어진다. 이 경우 사람은, 환희라는 단어를 들으면, 기쁨이란 단어도 떠올라 한동안 머릿속을 맴돈다. 또한 이 사람의 뇌 속에 '기쁨' 단어가 '희망' 단어와 연결돼 있었다고 하면, '희망'이란 단어도 떠오를 것이다. 이런 식으로 특정 단어가 활성화되면, 그와 연결된 단어들이 떠올라 통합적인 인식이 가능하게 된다.

미국 컬럼비아대학의 위너 교수팀은 이렇게 활성화된 기억들이 의사결정에 어떻게 영향을 주는지를 연구했다. 우리의 뇌는 끊임없이 학습해 뇌세포회로를 변화시키면서 동시에 의사결정을 한다. 의사결정은 외부입력이나 신체 상태에 따라 항상 영향을 받는다. 가령 추운 날씨에는 발걸음을 빨리 움직이는 결정을 한다. 배가 고플 때는 성급한 결정을 하곤 한다.

뇌 속에 활성화된 단어도 의사결정에 영향을 준다. 뇌 속에 기쁨·희망·환희 등의 단어들이 떠올라 있으면, 긍정적인 결정을 할 가능성이 높다. 반대로 머릿속에 슬픔·좌절·고통 등의 어두운 단어가 자리 잡고 있다면, 부정적인 결정을 할 가능성이 높아진다.

우리는 이러한 사실을 경험적으로 알고 있다. 사람을 설득할 일이 있는데 대상자의 심기가 좋지 않을 때는 만나지 않는다. 설득을 잘하는 사람은 대상자를 기분 좋게 만들어 놓고 슬그머니 본론을 꺼낸다. 이것은 스스로에게도 마찬가지다. 스스로를 긍정적인 상태로 만들어 놓으면, 긍정적인 방향의 의사결정을 하게 될 가능성이 높아진다.

결론적으로 말하자면 인간은 희망을 되새길수록 성공 가능성이 높아진다는 의미다. 불확실한 미래에 대해서도 마찬가지다. 우리가 미래를 디스토피아가 아닌 유토피아로 만들겠다고 생각하고 노력할수록 미래는 우리가 원하는 행복하고 즐거운 세상이 될 가능성이 높다. 미래학은 바로 단순히 미래를 예측하는 것에 그치는 것이 아니라 우리가 원하는 방향, 희망의 미래로 이끌어가기 위한 학문임을 알아주길 바란다. 개인과 사회, 국가 모두가 희망의 뇌과학을 믿으며 미래를 준비하고 설계할 때이다.

Adolphis R., Goselin F., Buchanan T.W., Tranel D., Schyns P. & Damasio A.R.(2005), "A mechanism for impaired fear recognition after amygdala damage", Nature, 433: 68-72

Bateson M., Nettle D., & Roberts G. (2006), "Cues of being watched enhance cooperation in a real-world setting", Biological Letters, 2: 412-414

Ferguson MA, Nielsen JS, King J, Dai L, Giangrasso D, Holman RH, Korenberg JR, Anderson JS.(2016), "Reward, Salience, and Attentional Networks are Activated by Religious Expe rience in Devout Mormons". Social Neuroscience. 27:1-13

Hermann B., Thoni C. & Gachter S.(2008), "Antisocial punishemnt across societies", Science, 319: 1362-1367

Horner AJ et al.(2015), "Evidence for holistic episodic recollection via hipopcampal pattern completion", Nature communication, 6: 1-11

KAIST 문술미래전략대학원(2016), "MESIA 신산업 추격전략", 지식공감

KAIST 문술미래전략대학원(2016), "미래를 보는 7개의 시선", 지식공감

KAIST 문술미래전략대학원(2017), "대한민국 미래교육전략", 김영사

KAIST 문술미래전략대학원(2017), "리빌드 코리아", MID

KAIST 문술미래전략대학원(2018), "인구전쟁 2045", 크리에이터

KAIST 문술미래전략대학원, KCERN(2017), "대한민국의 4차산업혁명", KCERN

Kim K. Lee S,. Lee D, Lee KH(2017), "Coupling effects on turning points of infectious diseases epidemics in scale-free networks", BMC Bioinformatics, 18(7): 250

KT경제경영연구소(2017), "한국형 4차산업혁명의 미래", 한스미디어

Lee Hak J. (2014), "Crossing haeveans border", Stanford APARC

Lee JH, Shin HS, Lee KH,(2015), "LFP-guided targeting of a cortical barrel column for in vivo two-photon calcium imaging", Scientific reports, 5: 15905

Lee KH(2004), "Three Dimensional Creativity", Springer

Monk CS, Klein RG, telzer EH, Schroth FA, Mannuzza S. et al.(2008), "Amygdala and nucleus accumbens activation to emotional facial expresssion inadolescents at risk for major depression", Am J. Psychiatry 165(2):266

O'Relly RC & Munakata Y.(2000), "Computational exploration in cognitive neuroscience", MIT Press

Warneken F. & Tomasello M.(2008), "Extrinsic rewards undermine altruistic tendencies in 20-month-olds", developmental pycology, 44: 1785-1788

Whalen P.J., Kagan J., Cook R.G., Davis F.G., Kim H., Polis S., et al.(2004), "Human amygdala respositivity to masked fearful eye whites", Science, 306: 2061

Wimmer GE & Shohamy D. (2012), "Preference by association: How memory mechanisms in the hoppocampus bias decisions", Science 338: 270-273

가우탐 무쿤다(2014), "인디스펜서블", 을유문화사

가케이유스케(2016), "인구감소x디자인", KMAC

강봉균 외,(2016), "모든 길은 뇌로 통한다", 카오스재단 휴머니스트

강석기(2015), "사이언스 칵테일", MID

강석기(2016), "생명과학의 기원을 찾아서", MID

강석기(2018), "캠패니언 사이언스" MID

고정식(2011), "지식경영의 미래", 한국경제신문

공병호(2016), "3년후 한국은 없다", 21세기북스

곽영직(2018), "과학지의 철학 노트", MID

국회4차산업혁명특별위원회(2018), "4차산업혁명 국가로드맵", 이민화 연구보고서

권용주(2017), "자동차의 미래권력", 크라운출판사

김대식(2014), "김대식의 빅퀘스천", 동아시아

김대식(2014), "내 머리속에선 무슨 일이 벌어지고 있을까", 문학동네

김병일(2015), "선비 처럼", 나남

김시준, 김현우, 박재용(2014). "생명진화의 끝과 시작, 멸종", MID

김시준, 김현우, 박재용(2015). "생명진화의 은밀한 기원, 짝짓기", MID

김은, 김미정 외(2017), "4차산업혁명과 제조업의 귀환", 클라우드나인

김의중(2016), "인공지능 머신러닝 딥러닝 입문", 위키북스

김정섭(2016), "외교 상상력, 지나간 100년 다가올 세상", MID

김정태(2014), "어떻게 하면 소셜 이노베이터가 될 수 있나요", 에이지21

김태유, 김대륜(2017), "패권의 비밀", 서울대학교출판문화원

김학진(2017), "이타주의자의 은밀한 뇌구조", 갈대나무

내서날지오그래픽(2012), "세상을 바꾸는 생각의 힘", 지식갤러리

노경원(2017), "브레인 샤워", 위너스북

노무라 나오유키(2017), "인공지능이 바꾸는 미래 비즈니스", 21세기북스

닉스 보스트롬(2017), "슈퍼인텔리전스, 경로 위험 전략", 까치

다니엘 핑크(2006), "새로운 미래가 온다", 한국경제신문

다사카히로시(2009), "미래를 예견하는 다섯가지 법칙", 나라원

대니얼 엘트먼(2011), "10년 후 미래", 청림출판

대한과학진흥회(2015), "인간과 도구의 발달", 스원미디어

두산백과사전(2018), http://www.doopedia.co.kr/, 안테넷판(2018.6.24)

라이프사이언스(2016), "세계 5대 종교 역사도감", 이다미디어

레오나르드 믈로디노프(2017), "호모사피엔스와 과학적 사고의 역사, 돌도끼에서 양자혁명까지", 까치

레이 커즈와일(2007), "특이점이 온다", 김영사

로버트투르번스타인, 미셸 투르번스타인(2006), "생각의 탄생", 에코의 서재

리챠드 도킨스(2009), "지상 최대의 쇼", 비지니스북스

리챠드 탈러, 캐스 선스타인(2009), 똑똑한 선택을 이끄는 힘, 넛지", 리더스북

마티아스 호르크스(2014), "메가트렌드 2045", 한국경제신문

매리 홀링스위스(2009), "세계 미술사의 재발견", 마로니에북스

매튜 리버만(2015), "사회적 뇌, 인류성공의 비밀", 시공사

미국국가정보위원회(2017), "글로벌 트렌드 2035", 한울

미래창조과학부 미래준비위원회(2015), "10년 후 대한민국, 미래이슈 보고서", 지식공감

미래창조과학부 미래준비위원회(2017), "10년후 대한민국, 4차산업혁명 시대의 생산과 소비", 지식공감

미래창조과학부 미래준비위원회(2017), "10년후 대한민국, 미래 일자리의 길을 찾다", 지식공감

미술대사전(2018), https://terms.naver.com/list.nhn?cid=42636&categoryId=42636, 인터넷판 (2018.6.24)

박문호(2008), "뇌 생각의 출현", 휴머니스트

박문호(2017), "박문호의 뇌과학 공부", 김영사

박범순, 우태민, 신유정(2016), "사회 속의 기초과학", 한울

박병률, 유윤정(2014), "돈이 되는 빅데이터", 프리이코노미북스

박성원(2017), "우리는 어떤 미래를 원하는가", 도서출판이세

박영숙, 제롬글렌(2007), "전략적 사고를 위한 미래예측", 교보문고

박영준(2017), "혁신가의 질문", 북107

배철현(2017), "인간의 위대한 여정", 21세기북스

버트런드 러셀(2011), "종교와 과학, 러셀리 풀어 쓴 종교 과학의 400년 논쟁사", 동녘

변재규(2017), "과학의 지평", MID

살만 칸(20130, "나는 공짜로 공부한다", RHK

세계경영연구원(2012), "팔리지 않으면 크리에티브가 아니다", IGM북스

손철주(2017), "그림 보는 만큼 보인다", 오픈하우스(개정판)

손철주(2017), "그림 아는 만큼 보인다", 오픈하우스(개정판)

송민령(2017), "송민령의 뇌과학 연구소", 동아시아

승현준(2014), "커넥톰, 뇌의 지도", 김영사

아드리안돈(2013), "무엇이 세상을 바꾸는가", 미래의 창

안데르스 에릭슨, 로버트 풀(2016), "1만 시간의 재발견", 비지니스북스

애드워드 윌슨(2013), "지구의 정복자", 사이언스북스

앵거스 디턴(2014), "위대한 탈출" 한국경제신문

에릭 갈랜드(2008), "미래를 읽는 기술", 한국경제신문

에릭 캔델(2009), "기억을 찾아서", RHK

에릭 캔델(2014), "통찰의 시대", RHK

에이미 추아(2008), "제국의 미래", 비아북

우메어하크(2011), "새로운 자본주의 선언" 동아일보사

위키피디아(2018), https://en.wikipedia.org/, 2018.6.24

유발 하라리(2015), "사피엔스", 김영사

유발 하라리(2017), "호모데우스, 미래의 역사", 김영사

유홍준(2017), "안목, 유홍준의 미를 보는 눈", 눌와

윤덕중(2017), "두뇌 사회", 렛츠북

윤종록(2015), "이매지노베이션", 하우

이광형(2012), "3차원 창의력 개발법", 비시니스맵

이광형(2015), "3차원 미래예측으로 보는 미래경영", 생능

이광형(2015), "누가 내 머리속에 창의력을 심어 놨지", 문학동네

이대영(2017), "지능의 탄생, RNA에서 인공지능까지", 바다출판사

이민화(2016), "4차 산업혁명으로 가는 길", KCERN

이민화(2018), "공유 플랫폼 경제로 가는 길", KCERN

이은기, 김미정(2006), "서양 미술사", 미진사

이재홍(2017), 4차산업혁명 시대, 대한민국의 기회", 메디치

이주은(2012), "이미지로 생각해요", 조선북스

이주호, 이민화, 유명희(2017), "제4차산업 혁명 선도국가", 한반도선진화재단

이주희(2014), "강자의 조건, 군림할 것인가 매혹할 것인가", MID

이주희(2017), "생존의 조건, 절망을 이기는 철학" MID

이현청(2015), "왜 대학은 사라지는가", 카모마일북스

일레인 볼드윈, 외(2008), "문화코드 어떻게 읽을 것인가", 한울

임창환(2015), "뇌를 바꾼 공학, 공학을 바꾼 뇌", MID

임창환(2017), "바이오닉 맨", MID

임춘택, 이광형 외(2012), "미래를 생각한다", 비지니스맵

입케 박스무트(2014), "커뮤니케이션, 인간 동물 인공지능", 서울대학교출판문화원

장하성(2015), "왜 분노해야 하는가", 헤이북스

장하준(2014), "장하준의 경제학 강의", 부키㈜

전영수(2014), "인구 충격의 미래한국", 프롬북스

정봉찬(2016), "미래학 인문학을 만나다", 지식공감

정봉찬(2017), "미래를 디자인하라", 지식공감

정연보(2017), "초유기체 인간", 김영사

제런 러니어(2016), "미래는 누구의 것인가", 열린책들

제레드 다이어몬드(1998), "총,균,쇠", 문학사상사

제임스 두데스텟(2004), "대학 혁명", 성균관대학교출판부

조윤제(2017), "생존의 경제학", 한울

조지 프리드먼(2011), "넥스트 디케이드", 샘앤파커스

조지프 루드(2005), "시냅스와 자아", 동녘사이언스

중앙일보미래탐사팀(2012), "10년후 세상", 청림출판

지그문트 프로이드(1997), "종교의 기원", 열린책들

질 플라자(2007), "이미지로 보는 서양미술사", 마로니에북스

차두원, 김홍석 외(2017), "4차산업혁명과 빅뱅 파괴의 시대", 한스미디어

철학사전(2018), https://terms.naver.com/list.nhn?cid=41985&categoryId=41985, 인터넷판 (2018.6.24)

최연구(2017), "4차산업혁명 시대 문화경제의 힘", 중앙경제평론사

최연구(2017), "미래를 보는 눈, 미래보다 중요한 미래예측", 한울

카이스트(2018), "2031 카이스트 미래보고서", 김영사

캐빈캘리(2017), "인에비터블 미래의 정체", 청림출판

클라우스 슈밥 외(2016), "4차산업혁명의 충격", 흐름출판

클라우스 슈밥(2016), "제4차산업혁명" 새로운현재

타일러코웬(2017), "4차산엽혁명 강력한 인간의 시대", 마일스톤

토마 피케티(2014), "21세기 자본", 글항아리

토마 피키티 외(2017), "애프터 피케티", 율리시즈

토머스 웨스트(2011), "이미지로 창조하는 사람", 지식갤러리

토인비 AJ(1978), "역사의 연구 I", 동서문화사

토인비 AJ(1978), "역사의 연구 II", 동서문화사

팀루인스(2016), "과학한다 고로 철학한다", MID

폴쿠그먼(2012), "새로운 미래를 말하다", 앨도라도

피터 A 글루어, 스코트 M 쿠퍼(2008), "쿨헌팅, 트렌드를 읽는 기술", 비지니스맵
피터슈어츠(2004), "미래를 읽는 기술", 비지니스북스
하나 모니어, 마르틴 게스만(2017), "기억은 미래를 향한다", 문예출판사
하원규, 최난희(2015), "4차산엽혁명" 콘텐츠하다
한국과학기술총연합회(2016), "국가발전 리더들이 토론하다. II", 과총
한국과학창의재단(2018), "4차산업혁명시대 혁신 영재교육". 연구보고서
한국정보화진흥원(2014), "데이터로 준비하는 창조적 미래사회", NIA
한국표준협회(2018), "2018 글로벌 산업혁신 컨퍼런스", 자료집
한반도평화만들기(2018), "북한 비핵화의 출발: 평화공존을 향한 접근", 연구보고서
한상욱(2010), "지재의 창으로 미래를 보다", 예온
한스 게오르크 호이젤(2008), "뇌 욕망의 비밀을 풀다", 흐름출판
한정화(2017), "대한민국을 살리는 중소기업의 힘", 메디치
함승희 외(2017), "세상을 바꿔라", 도서출판오래
핸릭베일가드(2008), "트랜드를 읽는 기술", 비지니스북스
현대경영연구소(2012), "미래예측, 기술 산업 세계", 숭산서관
홍석현(2016), "우리가 있기에 내가 있습니다", 샘앤파커스
홍석현(2017), "홍석현의 한반도 평화만들기", 나남

323

인류가 겪을 변화를 통찰하는
미래학의 향연

세상의 미래

초판 1쇄 인쇄   2018년 7월 2일
초판 3쇄 발행   2020년 1월 21일

지 은 이   이광형
펴 낸 곳   MID (엠아이디)
펴 낸 이   최성훈
구   성   이경선
편   집   최종현
교   정   김한나
디 자 인   김민정

주   소   서울특별시 마포구 토정로 222 한국출판콘텐츠센터 303호
전   화   (02) 704-3448
팩   스   (02) 6351-3448
이 메 일   mid@bookmid.com
홈페이지   www.bookmid.com
등   록   제2011-000250호

I S B N   979-11-87601-73-9 03330

본 도서는 세계일보의 "이광형의 미래학 향연"과
중앙일보의 "이광형의 퍼스펙티브"에 연재된 칼럼 일부를 포함하고 있습니다.

이 도서의 국립중앙도서관 출판예정도서목록(CIP)은 서지정보유통지원시스템 홈페이지
(http://seoji.nl.go.kr)와 국가자료공동목록시스템(http://www.nl.go.kr/kolisnet)에서
이용하실 수 있습니다. (CIP제어번호: CIP2018020391)